JORGE MARIO BERGOGLIO

Nació en Buenos Aires el 17 de diciembre de 1936. Primogénito de cinco hermanos, hijos de un matrimonio de emigrantes italianos que se había establecido en el barrio de Flores, se diplomó como técnico químico, se licenció en Filosofía en 1963 y fue ordenado sacerdote en 1969. En 1973 fue provincial de los jesuitas de Argentina; en 1992, obispo auxiliar; en 1998, arzobispo de Buenos Aires; en 2001, elevado a la categoría de cardenal, y, desde el 13 de marzo de 2013, es obispo de Roma y 266.º papa de la Iglesia católica. En 2025, coincidiendo con el duodécimo año de su pontificado, ha convocado un nuevo jubileo con el lema «Peregrinos de la esperanza».

ESPERANZA, escrito en colaboración con Carlo Musso, se publicará simultáneamente en más de cien países traducido a los principales idiomas.

PAPA FRANCISCO

PAPA FRANCISCO
con Carlo Musso

ESPERANZA

La autobiografía

Traducción de
Ana Ciurans y César Palma

Título original: *Spera*

Primera edición: enero de 2025

© 2025 Mondadori Libri S.p.A., Milano
© 2025, Penguin Random House Grupo Editorial, S. A. U.
Travessera de Gràcia, 47-49. 08021 Barcelona
© 2025, Penguin Random House Grupo Editorial USA, LLC
8950 SW 74th Court, Suite 2010 Miami, FL 33156

© 2025, Ana Ciurans y César Palma, por la traducción

Publicado por Origen®, marca registrada de
Penguin Random House Grupo Editorial USA, LLC

Penguin Random House Grupo Editorial apoya la protección de los derechos de autor. Los derechos de autor estimulan la creatividad, fomentan la diversidad de voces, promueven la libertad de expresión y crean un ambiente cultural vivo. Gracias por comprar una edición autorizada de este libro y por cumplir con las leyes de derechos de autor al no reproducir, escanear ni distribuir cualquier parte de este en cualquier forma sin permiso. Está apoyando a los escritores y permitiendo que PRHGE continúe publicando libros para todos los lectores.
Ninguna parte de este libro puede ser utilizada ni reproducida de ninguna manera con el propósito de entrenar tecnologías o sistemas de inteligencia artificial.

Impreso en Colombia - *Printed in Colombia*

ISBN: 979-8-89098-323-7

25 26 27 28 29   10 9 8 7 6 5 4 3 2 1

Directos y sinceros, tal y como son se muestran: testarudos, pulso firme e hígado sano, hablan poco, pero saben lo que dicen; aunque caminan despacio, van lejos.

NINO COSTA

El futuro entra en nosotros, para transformarse dentro de nosotros, mucho antes de que ocurra.

RAINER MARIA RILKE

Si hablara las lenguas de los hombres y de los ángeles, pero no tengo amor, no sería más que un metal que resuena o un címbalo que aturde.

Primera Carta a los Corintios

Introducción

Todo nace para florecer

El libro de mi vida es el relato de un camino de esperanza que no puedo imaginar separado del de mi familia, de mi gente, de todo el pueblo de Dios. Y, en cada página, en cada paso, también el libro de quien ha caminado conmigo, de quien me ha precedido, de quien nos seguirá.

Una autobiografía no es nuestra literatura privada, sino más bien nuestra bolsa de viaje. Y la memoria no es solo lo que recordamos, sino también lo que nos rodea. No habla únicamente de lo que fue, sino de lo que será. La memoria es un presente que nunca termina de pasar, dice un poeta mexicano.

Parece ayer y, en cambio, es mañana.

En italiano se dice habitualmente «*aspetta e spera*», aguarda y ten esperanza, mientras que en castellano *esperar* reúne en un solo verbo los dos significados. Pero la esperanza es sobre todo la virtud del movimiento y el motor del cambio: es la tensión que une memoria y utopía para construir como es debido los sueños que nos aguardan. Y, si un sueño se debilita, hay que volver a soñarlo otra vez, en nuevas formas, recurriendo con esperanza a las ascuas de la memoria.

Los cristianos hemos de saber que la esperanza no engaña ni desilusiona: todo nace para florecer en una eterna primavera.

Al final, solo diremos: no recuerdo nada en lo que no estés Tú.

Prólogo

Contaron que se oyó una sacudida metálica, como un terremoto. A lo largo de todo el viaje hubo vibraciones fuertes y amenazadoras, y «tanta era la inclinación que por la mañana no podíamos soltar las tazas de café porque se habrían volcado», pero eso era otra cosa: parecía más una explosión, como una bomba. Los pasajeros salieron de los salones y de los camarotes e invadieron las cubiertas para tratar de averiguar qué estaba ocurriendo. Era el atardecer y el buque iba rumbo a las costas de Brasil, hacia Porto Seguro. No era una bomba, sino un trueno sordo. El buque seguía avanzando, pero ahora lo hacía sin gobierno, como un caballo desbocado, se inclinaba mucho, e iba más lento. Un hombre, después de haber permanecido horas en el mar agarrado a un palo, declararía más tarde que había visto con claridad soltarse la hélice y el eje del motor de la izquierda. Del todo. La hélice, contaron, le había producido al casco una profunda herida: el agua entraba a raudales, hasta inundar la sala de máquinas, y no tardó en anegar también la bodega, pues tampoco las puertas estancas funcionaron bien.

Contaron que alguien intentó reparar la avería con paneles de metal. Inútilmente.

Contaron que los músicos de la orquesta recibieron la orden de seguir tocando. Sin interrupción.

El buque se ladeaba cada vez más, anochecía, el mar se encrespaba.

Cuando fue evidente que los pasajeros no iban a seguir atendiendo más llamadas a la calma, el comandante ordenó parar las máquinas, hizo sonar la sirena de alarma y los operadores de radio lanzaron el primer SOS.

La señal de socorro fue recibida por varias embarcaciones, dos buques y hasta un par de trasatlánticos que se hallaban en las proximidades. Acudieron enseguida, pero todos tuvieron que detenerse a cierta distancia, pues una llamativa columna de humo blanco hacía temer una desastrosa explosión de las calderas.

Desde el puente, con su megáfono, el comandante trataba de pedir, con creciente desesperación, calma, y coordinaba las operaciones de rescate, dando prioridad a mujeres y niños. Sin embargo, cuando se hizo de noche, una noche muy oscura de luna nueva, y además el suministro de energía eléctrica a bordo se interrumpió, la situación empeoró aún más.

Bajaron los botes salvavidas, pero la inclinación del barco ya era enorme. Muchos cayeron de golpe, chocando contra el casco, otros estaban ruinosos y eran inservibles: les entraba agua y los pasajeros tenían que achicar con sus sombreros. Y otros, tomados al asalto, se volcaron o se hundieron por el sobrepeso. Muchos hombres, artesanos o campesinos de los valles o de las llanuras, nunca habían visto el mar antes y no sabían nadar. Rezos y gritos se mezclaban.

Cundió el pánico. Un buen número de pasajeros cayó o se lanzó al mar, y se ahogó. Algunos, eso contaron, fueron vencidos por la desesperación. Y otros, como informó la prensa local, fueron devorados vivos por los tiburones.

En ese alboroto las trifulcas eran innumerables, pero también los gestos de valor y de abnegación. Tras haber socorrido a docenas de personas, un joven al que le habían dado un chaleco salvavidas estaba esperando su turno para lanzarse al agua. Entonces vio a un anciano que no sabía nadar y que no había encontrado sitio en ninguna embarcación: pedía ayuda. El muchacho le puso su chaleco salvavidas, se lanzó al mar con el anciano y trató de llegar al bote más próximo. Nadó con fuerza cuando desde las olas se elevaron gritos cada vez más desesperados: ¡tiburones! ¡Hay tiburones! Lo atacaron. Un compañero suyo logró subirlo a un bote, pero estaba gravemente herido. Poco después murió.

Cuando su historia fue contada por los supervivientes, Argentina se conmovió. En su país de nacimiento, en la provincia de Entre Ríos, a una escuela se le puso su nombre. Era hijo de un inmigrante piamontés y de una argentina, y acababa de cumplir veintiún años: se llamaba Anacleto Bernardi.

Mucho antes de la medianoche el buque, ya completamente inundado de agua, se levantó verticalmente por la proa y con un último gemido estruendoso, casi bestial, se hundió a pique, hasta más de mil cuatrocientos metros de profundidad. Varios testigos coincidieron en afirmar que el comandante permaneció a bordo hasta el final, e hizo que los componentes de la orquesta que todavía quedaban tocaran la Marcha real. Su cuerpo nunca se halló. Justo antes de que el buque se hundiese, se oyeron muchos disparos, hechos, se dijo, por los oficiales que, después de hacer cuanto pudieron por los pasajeros, decidieron no enfrentarse al tormento del ahogamiento.

Algunos botes lograron alcanzar los barcos que se encontraban cerca y, junto con los procedentes de las otras embarcaciones que habían acudido, salvaron a varios centenares de personas.

El rescate de los pocos supervivientes que trataban de mantenerse a flote como podían siguió hasta altas horas de la noche. Unos buques brasileños que llegaron antes del amanecer al lugar de la tragedia ya no encontraron ningún superviviente.

Aquel barco, de ciento cincuenta metros de eslora, había sido a principios de siglo el orgullo de la marina mercante, el más prestigioso trasatlántico de la flota italiana, en el que habían viajado personajes como Arturo Toscanini, Luigi Pirandello o Carlos Gardel, una leyenda del tango argentino. Pero aquellos tiempos ya habían quedado atrás. Entretanto había habido una guerra mundial, y la usura, el abandono y el escaso mantenimiento habían hecho el resto. Para entonces el barco era conocido como «el inestable», por las dudosas condiciones generales. Cuando partió rumbo a su último viaje, su propio comandante vio perplejo que transportaba a más de mil doscientos pasajeros, en su mayoría emigrantes piamonteses, ligures y vénetos. Pero también de Las Marcas, de Basilicata o de Calabria.

Según los datos de las autoridades italianas de la época, en la tragedia murieron algo más de trescientas personas, sobre todo miembros de la tripulación, dijeron; sin embargo, los periódicos sudamericanos dieron una *cifra mucho mayor, de más del doble de fallecidos, incluyendo los polizones, bastantes docenas de emigrantes sirios y los peones agrícolas que desde los campos italianos iban a Sudamérica para la temporada invernal.*

Minimizado o encubierto por los órganos del régimen, aquel naufragio fue el Titanic italiano.

Ignoro cuántas veces he oído contar la historia del buque que llevaba el nombre de la hija del rey Víctor Manuel III, destinada también a una muerte trágica en el campo de concentración de Buchenwald, varios años más tarde, hacia el final de otra espantosa guerra. El Principessa Mafalda. Esa historia se contaba en mi familia.

Se contaba en el barrio.

Se cantaba en las canciones populares de los emigrantes, de un lado a otro del océano: «De Italia Mafalda zarpaba con más de mil pasajeros… Padres y madres decían adiós a sus hijos que desaparecían entre las olas».

Mis abuelos y su único hijo, Mario, el muchacho que iba a ser mi padre, compraron el pasaje para esa larga travesía en aquel buque que zarpó del puerto de Génova el 11 de octubre de 1927, rumbo a Buenos Aires.

Pero no embarcaron.

Por mucho que lo intentaron, no consiguieron vender a tiempo cuanto tenían. Al cabo, muy a su pesar, los Bergoglio tuvieron que devolver el pasaje y aplazar la partida para Argentina.

Por eso estoy ahora aquí.

No se imaginan la de veces que se lo he agradecido a la Divina Providencia.

1

Que se me pegue la lengua al paladar

Por fin embarcaron.

Mis abuelos consiguieron vender sus escasos bienes en la campiña piamontesa, y llegaron al puerto de Génova para zarpar en el Giulio Cesare, con un pasaje de solo ida.

Esperaron a que terminase la operación de embarque de los pasajeros de primera clase y a que tocase el turno de los de tercera, el suyo. En cuanto el buque llegó a mar abierto y las últimas luces del faro, la vieja Linterna, desaparecieron en el horizonte, supieron que ya no volverían a ver nunca más Italia y que tendrían que empezar de nuevo su vida en el otro lado del mundo.

Era el 1 de febrero de 1929. Uno de los inviernos más fríos que iba a haber en todo el siglo: en Turín, el termómetro alcanzó los quince grados bajo cero, y en otras partes del país descendió incluso hasta los veinticinco grados bajo cero. Fue lo que Federico Fellini llamaría en una de sus películas «el año de la gran nevada». Toda Europa quedó cubierta por una gruesa capa de nieve, desde los montes Urales hasta las costas del Mediterráneo; la propia cúpula de San Pedro quedó completamente blanca.

Cuando, al cabo de las dos semanas de navegación, después de haber hecho escala en Villefranche-sur-Mer, Barcelona, Río de Janeiro, Santos y Montevideo, el barco arribó por fin al puerto de Buenos Aires, mi abuela Rosa, a pesar de que hacía un calor húmedo de casi treinta grados, seguía con el grueso abrigo con el que había salido de Italia. Como era entonces costumbre, lo había adornado con un cuello de piel de zorro y ahí, en un forro interno, entre la piel y la seda, había cosido todas sus posesiones, todas sus riquezas. Lo siguió llevando puesto, casi como si fuese un uniforme, incluso cuando desembarcaron, mientras se internaban en el país, remontando agonizantes el río Paraná quinientos kilómetros más, hasta que llegaron a su meta. Solo entonces la Luchadora, como luego la apodaron, decidió que podía bajar la guardia.

En el puerto de llegada los tres fueron inscritos como «inmigrantes de ultramar». El abuelo Giovanni, que, tras ser campesino había conseguido abrir una cafetería-pastelería, figuró como «comerciante»; su esposa Rosa, como «casera» (ama de casa), y su hijo Mario, mi padre, que con gran satisfacción de sus padres había sacado el título de contable, como «contador».

Una multitud había compartido con ellos ese largo viaje de esperanza. Muchos millones irían desde Italia hacia *la Merica* a lo largo de un siglo, fundamentalmente hacia Estados Unidos, Brasil y Argentina. Hacia Buenos Aires fueron más de doscientos mil solamente en los últimos cuatro años anteriores a 1929.

El recuerdo de terribles naufragios, como el del Mafalda, era una herida todavía fresca y en absoluto aislada desde finales del siglo anterior. Eran los años del «*mamma mia dammi cento lire che in America voglio andar*» —«mamá, dame cien liras que me quiero marchar a América»; la canción de generaciones de emigrantes, y que significativamente terminaba con un desastre naval—, aquellos en los que fue particularmente intensa también la emigración temporal. Salían de Génova en otoño, cuando la cosecha en Italia había concluido, y se marchaban a hacer otra al hemisferio austral, donde el verano empezaba. Solían regresar a casa en primavera, con unos cientos de liras en el bolsillo, la mayor parte de las cuales acababan en los bolsillos de los organizadores y los intermediarios. Tras pagar a estos y el viaje, por lo general solo les quedaban unas pocas liras como retribución de cuatro o cinco meses de duro trabajo.

Pero también la muerte durante la travesía era compañera indeseable y no infrecuente. Perecieron cincuenta personas de hambre y desnutrición en los barcos Matteo Bruzzo y Carlo Raggio, que en 1888 zarparon de Génova rumbo a Brasil. Unos veinte pasajeros por asfixia en el Frisca. En 1893, tras embarcarse en el Remo, los emigrantes se dieron cuenta de que los pasajes vendidos duplicaban las plazas con las que contaba el buque, y el cólera estalló. Los muertos fueron arrojados al mar. El número de pasajeros no hacía más que disminuir todos los días. Y, al final, no fue siquiera aceptado en el puerto. Después se produjo el naufragio del Sirio, en el que quinientos emigrantes italianos que iban a Buenos Aires perdieron la vida. En las canciones populares, tanto en las colinas de Piamonte como en las teclas de los acordeones de los barrios argentinos, la historia de esas tragedias se fusionaba y mezclaba, el Sirio se convertía en el Mafalda y viceversa; nuevas palabras se adaptaban a la misma música melancólica.

El Sirio, el Frisca, el Mafalda: aquellas tragedias se fusionaban y mezclaban.

Sin embargo, el viaje se seguía emprendiendo. Sobre todo, por pobreza, a veces por rabia, por cambiar el destino, por escapar de la tragedia de una guerra mundial, tanto de la primera como de la segunda, que ya se anunciaba, para librarse del servicio militar o después de haber visto la muerte de cerca, para reunir a la familia, para no sufrir más calamidades, para buscar mejores condiciones de vida. No es una historia nueva, es de ayer tanto como de hoy. «Peor que como estaba no podré estar. A lo sumo, me tocará sufrir el hambre allí abajo como la sufría en casa. *Dighio ben?*», dice un emigrante en la obra *En el océano*, de Edmondo de Amicis, otro piamontés, el autor de *Corazón*.

Quien emigraba solía afrontar todo tipo de problemas y sacrificios para embarcarse. Casi siempre, tras haber sido convencido por agentes y subagentes de inmigración. Estos recorrían las aldeas durante las ferias, hablaban de América como de una nueva «tierra prometida», de un mundo de maravillas. Retribuidos por la empresa de emigración por cada una de las familias que conseguían convencer de que abandonara su propia tierra, una parte de la prensa de entonces llegaba incluso a comparar a aquellos agentes con los comerciantes de esclavos. Aldeas y pueblos estaban inundados de folletos, así como de cartas falsificadas de los que ya habían dado el salto al otro lado del mundo. Había quien juraba que un campesino que se había quedado incapacitado para trabajar en América podía contar con una generosa jubilación, quien garantizaba un fácil acceso a la propiedad de la tierra.

Para quien se marchaba, el primer desafío consistía en llegar al puerto. Vendían sus pocas pertenencias para pagar a los intermediarios, por norma codiciosos y con pocos escrúpulos, quienes, en más de una ocasión, al menos hasta que una nueva ley trató de poner algo de orden en el tema, se esfumaban con el dinero.

El camino para llegar al puerto era un peregrinaje de una sola persona; en otras ocasiones, de la familia; en otras, incluso de toda la comunidad: caminaban como en procesión, todos juntos, al sonido de las campanas que, a veces, llevaban luego consigo en los barcos. Como a menudo tardaban varios días en embarcar, acampaban en el muelle.

Algunos no llegaron nunca a la tierra anhelada, porque el océano los rechazó o se los tragó.

En cambio, los muchísimos que sí lo consiguieron y desembarcaron en Buenos Aires, se encontraron entonces ante una realidad triste y dura, como una bofetada, la del Hotel de Inmigrantes: un enorme barracón donde, tras ser examinados por un médico, registrados y desinfectados, podían permanecer no más de cinco días, el plazo de tiempo que tenían para encontrar trabajo en la ciudad o en el campo. Así lo contó a principios del siglo XX un gran corresponsal del *Corriere della Sera*: «En estos tres últimos días han llegado tres mil ochocientos inmigrantes, gran parte de los cuales son compatriotas nuestros. El Hotel de los Inmigrantes está repleto [...]. Ese lugar (¡que llaman hotel!) está en un páramo indefinible, irregular, cenagoso, entre el turbio y tempestuoso Río de la Plata y la ciudad [...]. El olor agrio del ácido fénico no logra imponerse al hedor nauseabundo que asciende del suelo húmedo y sucio, que emanan las viejas paredes de madera, que entra por las puertas abiertas; un olor a humanidad amontonada, a miseria [...]. Más arriba, las vigas conservan el olor más vivo de este doloroso tránsito: las huellas, diría, de las almas. Son nombres, fechas, frases de amor, imprecaciones, recuerdos, obscenidades raspadas en la pintura o trazadas con lápiz, a veces grabadas en la madera. El dibujo más repetido es el del barco».

Sin duda, no es casual ese dibujo que mira hacia atrás, esa nostalgia. «Que se me pegue la lengua al paladar si no me acuerdo de ti», dicen en el salmo los exiliados recordando Jerusalén (Sal 137, 6). Y también los magos de Oriente manifiestan en el fondo el mismo sentimiento: tienen nostalgia de Dios; es la actitud que rompe los conformismos e impulsa a comprometerse por el cambio que todos anhelamos y necesitamos. La nostalgia es un sentimiento sano, la nostalgia de las raíces, pues un pueblo sin raíces está perdido, y una persona sin raíces está enferma. De ellas se toma la fuerza para avanzar, para dar fruto, para florecer; como dice un poeta argentino, Francisco Luis Bernárdez, «lo que el árbol tiene de florido vive de lo que tiene sepultado».

Aquellas descripciones de ayer, esas marcas, esos arañazos, remiten al hoy, a otros puertos, a otros mares.

Mi familia tuvo más suerte. Llegaron a Buenos Aires llamados por los hermanos de mi abuelo, que estaban en Argentina desde 1922 y que habían prosperado: habían empezado como obreros, asfaltando calles que desde el puerto fluvial llegaban hasta el campo, y en poco tiempo habían creado una empresa de adoquines y asfalto que les fue bien. Tras la identificación, no se detuvieron en el Hotel de Inmigrantes, sino que siguieron hacia la región de Entre Ríos, hasta Paraná, donde mis tíos abuelos los esperaban con ansia. Vivían en una casa de cuatro plantas, el edificio Bergoglio, que habían construido ellos mismos, la primera de toda la ciudad con ascensor. Cada uno de los hermanos podía vivir en una de las cuatro plantas: Giovanni Lorenzo, Eugenio, Ernesto y ahora también mi abuelo Giovanni Angelo. Solo dos hermanos del abuelo se quedarían en el Piamonte: Carlo, el primogénito, y Luisa, la única chica, que al casarse pasó a ser una Martinengo. En la medida de lo posible, la familia estaba por fin reunida, que era por lo que fundamentalmente mis abuelos se habían marchado de Italia.

Mi padre, que era un joven contable, iba a trabajar como administrador.

Pero eso no duró mucho tiempo. La crisis mundial de 1929, la Gran Depresión, estaba extendiendo sus tentáculos. Mientras tanto, el presidente de la empresa, uno de mis tíos abuelos, Giovanni (Juan) Lorenzo, enfermó de leucemia y linfosarcoma, y murió, dejando una viuda, Elisa, y tres hijos. La crisis de la recesión, junto con el luto familiar, los destrozó, con consecuencias aciagas. En 1932 tuvieron que venderlo todo: la maquinaria, la empresa, la casa, hasta la capilla del cementerio. Se quedaron sin nada y se sumieron en la pobreza. Con una mano delante y otra detrás, decían.

Tendrían que empezar de nuevo desde cero, y así fue. Con la misma decisión de la primera vez.

Sin embargo, como es lógico, nada de esto sabían mi abuelo, mi padre ni mi abuela, que desafiaba el tremendo calor envuelta en su abrigo de lana, cuando pisaron por primera vez tierra argentina en aquella calurosa mañana de febrero.

Como tampoco lo sabían los miles, los millones de mujeres y hombres que en esa misma ruta los precedieron ni los que irían después de ellos. Eran artesanos, leñadores, albañiles, mineros, enfermeros, herreros, carpinteros, zapateros, sastres, panaderos, mecánicos, cristaleros, pintores, cocineros, criados, heladeros, peluqueros, albañiles de canteras y de mármoles, comerciantes y contables, y una infinidad de campesinos y jornaleros. Llevaban consigo miseria, tragedias, heridas de su condición, pero también fuerza, valentía, perseverancia, fe. Y una multitud de talentos que, como en la parábola del Evangelio de Mateo, esperaban una oportunidad para poder dar sus frutos. Si se les brindaba, esa multitud desposeída podía hacer de todo en esa otra parte del mundo y, en efecto, en gran medida así fue. Gente libre y testaruda («*rassa nostrana libera e testarda»),* como en un hermoso y desgarrador poema de Nino Costa, uno de los mayores poetas piamonteses de la época, que murió de tristeza por el asesinato de su hijo, joven partisano de diecinueve años, y que la abuela Rosa me hizo aprender de memoria siendo yo niño, en dialecto. «Oh rubias de grano, llanuras argentinas [...] ¿nunca oís pasar un aire monferrino o el estribillo de una canción de montaña?», decían aquellos versos dedicados a los piamonteses que trabajaban fuera de Italia. A veces aquellos hombres y aquellas mujeres regresaban, «y con el dinero que han ahorrado pueden comprar una casita o un trozo de tierra, y entonces crían a sus hijas...». Otras, «una fiebre o una enfermedad laboral los clava en una triste tumba», perdida en un camposanto extranjero. «*Un camp-sant foresté*».

También por eso, al cabo de muchos años, en mi primer viaje como pontífice fuera del Vaticano, creí que tenía que ir a Lampedusa, la minúscula isla del Mediterráneo que se ha convertido en puesto avanzado de esperanza y solidaridad, pero también en el símbolo de las contradicciones y de la tragedia de las migraciones y en el cementerio marino de muchas, de demasiadas muertes. Cuando pocas semanas antes conocí la noticia de un nuevo naufragio, pensé una y otra vez en ello, era como una espina en el corazón que causa sufrimiento. El viaje no estaba programado, pero tenía que ir. Yo también había nacido en una familia de emigrantes; mi padre, mi abuelo, mi abuela, como tantos otros italianos, se habían ido a Argentina y habían conocido el destino de quien se queda sin nada. Yo también podría haber conocido el destino del que se queda sin nada. Yo también habría podido estar entre los descartados de hoy, de ahí que mi corazón albergue siempre una pregunta: ¿por qué ellos y yo no?

Tenía que ir a Lampedusa para rezar, para ofrecer un gesto de cercanía, para manifestar mi gratitud y mi ánimo a los voluntarios y a la población de aquella pequeña realidad que sabía ofrecer ejemplos de solidaridad concretos. Y, sobre todo, para despertar nuestras conciencias y hacer un llamamiento a nuestra responsabilidad.

En la literatura española hay una obra teatral de Lope de Vega que narra cómo los habitantes de la ciudad de Fuente Ovejuna matan al gobernador porque es un tirano, y lo hacen de manera que no se sepa quién ha llevado a cabo la ejecución. Así, cuando el juez del rey pregunta quién ha matado al gobernador, todos responden: «Fuente Ovejuna, señor». Todos y nadie.

Hoy también ese interrogante se impone con fuerza: ¿quién es el responsable de esta sangre? ¡Nadie! Todos respondemos así: yo no, yo no tengo nada que ver, serán otros, desde luego que yo no.

Ante la globalización de la indiferencia, que nos hace a todos seres «innominados», como aquel personaje de *Los novios,* la novela de Alessandro Manzoni, responsables sin nombre y sin rostro, sin memoria de nuestra propia historia y de nuestro destino, ante un miedo que puede volvernos locos, resuena siempre la pregunta de Dios a Caín: «¿Dónde está tu hermano? La sangre de tu hermano me está gritando desde el suelo».

2

Demasiado llevo viviendo con
los que odian la paz

La emigración y la guerra son las dos caras de la misma moneda. Como se ha escrito, la mayor fábrica de emigrantes es la guerra. Y, de una manera u otra, también porque los cambios climáticos y la pobreza son, en gran medida, el fruto enfermo de una guerra sorda que el hombre ha declarado: a una más equitativa distribución de los recursos, a la naturaleza, a su propio planeta.

Hoy el mundo nos parece cada día más elitista, y cada día más cruel con los excluidos y los descartados. A los países en vías de desarrollo se los sigue dejando sin sus mejores recursos naturales y humanos para provecho de unos pocos mercados privilegiados.

Mientras que el desarrollo auténtico es inclusivo, fecundo, mira hacia el futuro y hacia las nuevas generaciones, el falso desarrollo exclusivista vuelve a los ricos más ricos y a los pobres más pobres, siempre y en todas partes. Y a los pobres no se les perdona nada, ni siquiera su propia pobreza. No pueden permitirse la timidez o el desánimo, se los considera amenazas o gente inútil, no se les consiente ver el final del túnel de su miseria. Hasta se ha llegado a plantear y llevar a cabo una arquitectura agresiva, con el fin de librarse de su presencia, de no verlos incluso en las calles.

Pueden construir muros y atrancar las puertas para creerse protegidos de cuantos se encuentran fuera. Pero no será así siempre. «El día del Señor», como describen los profetas (Am 5, 18; Is 2-5; Gál 1-3), destruirá las barreras creadas entre países y cambiará la arrogancia de pocos por la solidaridad de muchos. La condición de marginación en la que son vejadas millones de personas no puede seguir durando mucho tiempo. Su grito crece y abarca toda la tierra. Como escribía el padre Primo Mazzolari, uno de los grandes párrocos de Italia, rostro profético, luminoso e «incómodo» de un clero no clerical: «El pobre es una protesta continua contra nuestras injusticias; el pobre es un polvorín. Si lo prendes, el mundo estalla».

No se puede eludir la apremiante llamada que la palabra de Dios hace a los pobres. Ahí donde se dirige la mirada, la brújula de las Sagradas Escrituras señala a los que no tienen lo necesario para vivir, a los oprimidos, a los postrados en la tierra, al huérfano, a la viuda, al extranjero, al emigrante. Con ese innumerable grupo, Jesús no temió identificarse: «Cada vez que lo hicisteis con uno de estos, mis hermanos más pequeños, conmigo lo hicisteis» (Mt 25, 40). No a los más semejantes, no a mi grupo, sino a los más pequeños, hambrientos, sedientos, desnudos. Huir de esa identificación equivale a diluir la revelación, falsear el Evangelio, convertirlo en folclore y exhibición, en no presencia. Porque para los cristianos no existe un «primero» que no sea el de «los últimos serán los primeros». Los «últimos» que todos los días le piden a gritos al Señor que los libere de los males que los afligen. Los últimos del extrarradio existencial de nuestras ciudades. Los últimos engañados y abandonados en el desierto hasta morir; los últimos maltratados, torturados y violados en los campos de detención; los que desafían las olas de un mar despiadado.

Hoy las guerras tienen lugar en ciertas partes del mundo, pero las armas que se emplean en ellas se fabrican en otros lugares, los mismos que después rechazan y expulsan a los refugiados que las armas y los conflictos han creado.

Mi abuelo Giovanni fue quien me enseñó lo que es la guerra, cuando yo era un niño. Sus labios me contaron por vez primera aquellas historias dolorosas. Durante la guerra, mi abuelo combatió en el río Piave.

Con veinte años, de metro sesenta y seis de estatura, moreno, pelo rizado, ojos castaños, quedó «exento» por «insuficiencia torácica» en la revisión médica: era junio de 1904. Al muchacho lo dispensaron de los tres años de servicio militar y regresó a casa, a su Portacomaro, y dos años después, a principios de 1906, se trasladó a Turín, para trabajar primero como chico para todo en la tienda de telas del tío Carlo, uno de los primeros que dio el salto a la ciudad, y luego en una cafetería. «Licorista», se decía entonces. Una historia pareja a la de muchos otros jóvenes de la época, que coincide con el nacimiento de los primeros grandes centros industriales y el abandono del campo para buscar la emancipación y la liberación en las ciudades, tratando de huir de un presente de penurias y privaciones.

Pero cada emigrante tiene su lugar en el alma, y para los Bergoglio ese lugar fue siempre la granja de Portacomaro, con pronunciadas cuestas y bosques de avellanos. También por eso, en febrero de 2001, apenas unas horas antes de que Juan Pablo II me nombrara cardenal de Buenos Aires, fui por carretera a Bricco Marmorito por última vez. Vi las colinas, los viñedos, la gran casa. Hundí las manos en aquella tierra y extraje un puñado. Ahí había nacido mi abuelo, ahí había muerto su padre Francesco, ahí se hundían nuestras raíces.

Siendo papa, he regresado a Portacomaro, por el nonagésimo cumpleaños de mi prima Carla, a su casa. Con ella y mi primo Elio comimos *agnolotti* y bebimos grignolino, el vino típico de la zona. De vez en cuando los llamo, hablamos en *piemontèis*, el primer idioma que aprendí. A lo mejor Elio está en el club de bolos y entonces charlo un poco con todos. Ahí sigo siendo Giorgio.

Sin embargo, fue en la ciudad donde Giovanni conoció a Rosa, mi abuela. Rosa Margherita Vassallo tenía los mismos años que él y también era inmigrante. Había nacido a los pies del santuario del Todocco, en Piana Crixia, provincia de Savona, entre Liguria y Piamonte, y había llegado a Turín de niña, porque la familia era numerosa: la octava de nueve hermanos, fue confiada a su tía materna Rosa, encargada de la portería de un edificio del centro con su marido Giuseppe, que era zapatero. No había sido una decisión fácil para sus padres, Angela y Pietro, mis bisabuelos. Lo pensaron y lo hablaron largamente, incluso con el párroco y la maestra, y, al cabo, con el consejo de todos, se decidieron: aquella niña despierta, curiosa, inteligente, que pese a las dificultades de la vida parecía tan predispuesta al estudio, debía al menos acabar la escuela primaria y tener un futuro mejor. Con ocho años, Rosa había afrontado un viaje de más de ciento cuarenta kilómetros, se había marchado de su tierra a aquella gran ciudad donde las calles y las plazas parecían enormes, las casas estaban pegadas unas a otras y las luces de las farolas parecía que no se apagaban nunca gracias a ese invento llegado de París que se llamaba electricidad, un prodigio que movía los tranvías sin necesidad de que los arrastraran los caballos. Los tíos no habían tenido hijos y ambos superaban los cincuenta años: recibieron a la pequeña con alegría, como si fuese su propia hija. Mi abuela le guardaría siempre mucho cariño a su tía Rosa, así como a sus padres y a sus hermanos, por supuesto, y ya desde el otro lado del mundo siguió manteniendo contacto con todos ellos mediante cartas, noticias, fotografías.

En el Turín de principios del siglo XX, cuando mi abuelo la vio, era una chica menuda, de pelo castaño y ojos grandes como su valentía. Era costurera.

Los dos jóvenes se enamoraron y el 20 de agosto de 1907 se casaron en la iglesia de Santa Teresa. Se fueron a vivir a dos pasos de esa iglesia, y, cuando al año siguiente, el 2 de abril de 1908, nació su primer hijo, Mario Giuseppe Francesco, mi padre, ahí lo bautizaron.

Quise parar para rezar en esa pequeña joya barroca que fue tan importante para mis abuelos y para mi padre cuando, en junio de 2015, fui en visita pastoral a Turín para la ostensión de la

Síndone. Besar aquella fuente bautismal fue, de algún modo, como regresar a casa.

Ahora, el abuelo Giovanni tenía esposa y un niño.

Él y la abuela ya se habían enfrentado con valor a muchos dolores. Eso no los libraría del estallido del conflicto mundial, en la década siguiente. La bestia de la guerra no dejaba de exigir nueva carne, por lo que también los reservistas del ejército fueron llamados. Ya tenía treinta años.

> *La tradotta che parte da Torino*
> *a Milano non si ferma più*
> *ma la va diretta al Piave,*
> *cimitero della gioventù.* *

Al abuelo se le asignó la matrícula 15.543; el examinador lo describió como un joven de mandíbula redonda (como es la mía) y nariz afilada, de profesión «cafetero». Su tórax no había cambiado, pero esta vez para los encargados del reclutamiento eso no parecía constituir un impedimento. A principios de julio de 1916 fue asignado al 78.° regimiento de infantería, con base en Casale Monferrato, y en noviembre fue enviado a primera línea en el Piave y el Isonzo, en la frontera entre Italia y Eslovenia, al norte de Gorizia, en la zona del monte Sabotino. En ese mismo monte, con el 28.° de artillería, el padre Mazzolari había perdido hacía poco a su único hermano.

El abuelo estuvo en las trincheras muchos meses, en el infierno de batallas cada vez más duras.

Aprendí muchas cosas de sus relatos. Incluso las canciones irónicas contra los peces gordos del ejército, y contra el rey y la reina.

---

* «El tren militar que va de Turín / a Milán ya no para, / va directamente al Piave, / cementerio de la juventud». *(N. de los T.).*

Il general Cadorna ha scritto alla regina:
«Se vuoi veder Trieste te la mando in cartolina».
Bom bom bom al rombo del cannon.

Il general Cadorna si mangia le bistecche
ai poveri soldati ci dà castagne secche.

Il general Cadorna 'l mangia 'l beve 'l dorma
e il povero soldato va in guerra e non ritorna.

Il general Cadorna faceva il carrettiere
e per asinello aveva Vittorio Emanuele.
*Bom bom bom al rombo del cannon.**

Hubo quien, como un sargento de permiso, un joven albañil de los valles de Bérgamo, por haber cantado algunas de esas estrofas, fue condenado a seis años de reclusión militar por los delitos de derrotismo e insubordinación...

El abuelo me habló del horror, el dolor, el miedo, de la absurda y alienante inutilidad de la guerra. Pero también de los episodios de fraternidad con las tropas enemigas, entre infanterías integradas en ambos frentes por campesinos, obreros, trabajadores, gente humilde que se contaba chistes, con el lenguaje de los gestos y de la mímica, y con lo poco que conseguían decir en el idioma del otro. O bien un poco de tabaco, un trozo de pan, cualquier cosa: se inventaban como fuera pequeñas treguas para aliviar los tormentos y la alienación de la vida de trinchera. Siempre con mucho cuidado, por supuesto, a escondidas, porque los mandos podían

---

* «El general Cadorna le ha escrito a la reina: / "Si quieres ver Trieste te la mando en postal". / Bum bum bum al estruendo del cañón. / El general Cadorna se come los filetes / a los pobres soldados nos da castañas secas. / El general Cadorna come bebe y duerme / y el pobre soldado va a la guerra y no vuelve. / El general Cadorna hacía de carretero / y como mulita tenía a Víctor Manuel. / Bum bum bum al estruendo del cañón». (*N. de los T.*).

reaccionar ante esos gestos de humanidad con extrema violencia, incluso con fusilamientos, y en algunos casos llegar a enviar a la artillería contra sus propias tropas, a sus propias trincheras, para evitar contactos entre soldados que, conforme pasaban los meses y los años, comprendían cada vez más que los enemigos, vistos de cerca, mirados a los ojos, no se parecían a esos monstruos deformes que describía la propaganda bélica. Eran unos pobres infelices como ellos, con la misma mirada cansada y asustada, hundidos en el mismo barro, que padecían las mismas penalidades. De «tu misma condición, pero con un uniforme de otro color», dice la letra de un cantautor italiano.

¿Qué deja una guerra? Su macabra contabilidad, ante todo. Al final, solo en el regimiento de mi abuelo, el 78.°, hubo 882 muertos, 1.573 desaparecidos y 3.846 heridos: sus camaradas, compañeros, amigos.

«Los mandos parecían enloquecidos —escribió en sus memorias otro piamontés, un teniente que estaba en la vanguardia del Isonzo con el 68.°—: ¡Adelante! ¡No se puede! ¿Qué más da? Adelante de todos modos. Era una borrachera. Las órdenes se daban desde lejos; y el espectáculo de la infantería que avanzaba, visto con prismáticos, debía de ser apasionante. Los generales no estaban con nosotros; solo habían visto la alambrada en las esquinas de sus despachos».

«Las municiones que nunca faltan son los hombres», anotaba por su parte, con cínica brutalidad, el jefe del Estado Mayor, el general Cadorna. Mientras, otro alto oficial informaba con dramatismo al gobierno: «En el Isonzo están muriendo auténticas riadas humanas».

En todo el conflicto mundial hubo millones de víctimas. La mitad de los soldados movilizados murieron, fueron gravemente heridos o desaparecieron. Y, entre civiles y militares, se contabilizaron al menos quince millones de cruces, según los cálculos más prudentes. Sin embargo, esa cifra puede incluso cuadruplicarse si se tienen en cuenta los efectos de la gripe española, la epidemia que, de manera trágica, coincidió con la guerra, como con mucha frecuencia sigue pasando aún hoy en los conflictos.

Al final, fue realmente una enorme e «inútil masacre», como denunció el papa Benedicto XV en su afligida carta a los jefes de los países beligerantes. El suicidio de un continente, dijo.

El abuelo se salvó y, tras estar en el 9.° de los *bersaglieri* de Asti, dejó los campos de batalla; en diciembre de 1918 lo licenciaron definitivamente, le dieron un certificado de «buena conducta» y le pagaron doscientas liras. Más o menos trescientos euros de hoy: el premio por no haber muerto. Habían pasado tres años cuando pudo por fin reunirse de nuevo con la familia. «Demasiado llevo viviendo con los que odian la paz» (Sal 120, 6). Como muchos otros abuelos de Italia y de Europa, volvería a la vida dos veces: como veterano de guerra y superviviente primero y como testigo después, en beneficio de sus hijos y nietos.

¿Qué más deja una guerra? Injusticia que se suma a más injusticia. Resuenan en la mente las palabras que don Lorenzo Milani, cura y maestro, un ser extraordinario, educador revolucionario, escribió con sus muchachos en 1965: «De modo que hemos abierto nuestros libros y recorrido cien años de historia italiana en busca de una "guerra justa". No tenemos la culpa de no haberla encontrado [...]. Cuando nosotros íbamos a la escuela, nuestros maestros, que Dios los perdone, nos engañaron miserablemente. Algunos de ellos se lo creían de verdad: nos engañaron porque a ellos también los habían engañado. Otros sabían que nos engañaban, pero tenían miedo. La mayoría tal vez solo eran superficiales. Según contaban, todas las guerras se hacían "por la patria". Nuestros maestros se olvidaban de señalarnos algo evidente, a saber, que los ejércitos marchan a las órdenes de la clase dominante [...]. No puedo dejar de señalar a mis chicos que sus infelices padres sufrieron e hicieron sufrir en la guerra para defender los intereses de una pequeña clase (¡de la que ni siquiera formaban parte!), y no los intereses de la patria [...]. Algunos me acusan de haber faltado al respeto a los caídos. No es verdad. Respeto a aquellas infelices víctimas. Justo por eso me parecía que las ofendía si elogiaba a quienes las habían mandado a morir y después se habían puesto a salvo [...]. Por otro lado, el respeto a los muertos no puede hacer que olvide a mis hijos vivos. No quiero que ellos tengan este trágico final. Si un día saben ofrecer su vida en sacrificio, me sentiré orgulloso de ellos, pero que sea por la causa de Dios y de los pobres, no por el señor Saboya o el señor Krupp».

¿Qué deja, insisto, una guerra? Por norma, los gérmenes para un nuevo conflicto, para otra violencia, para otros errores y horrores. Muchos historiadores ponen de relieve que, de distintas maneras, el régimen nazi y el ultranacionalismo, en varias regiones europeas, no son más que producto del conflicto previo. Y tampoco hoy la carrera armamentista, la extensión de las zonas de influencia, las políticas agresivas y violentas conllevan estabilidad. Jamás. No existe la guerra inteligente: la guerra solo sabe causar miseria; las armas, únicamente muerte. La guerra es idiota. Es algo que la gente casi siempre ha comprendido, la gente no es idiota. Albert Einstein escribió: «Aprecio tanto a la humanidad que estoy convencido de que este fantasma maligno habría desaparecido hace mucho tiempo si el sentido común de los pueblos no hubiese sido sistemáticamente corrompido [...] por los especuladores del mundo político y del mundo de los negocios».

A Giovanni Angelo Bergoglio, hijo de Francesco Giuseppe y Maria Brugnano, nacido el 13 de agosto de 1884 en la localidad de Bricco Marmorito de Portacomaro Stazione, mi abuelo, la guerra, la que ya había habido y la que iba a haber, le dejó también un arraigado sentimiento antimonárquico, que lo acompañaría el resto de su vida. «¡No es justo! —decía—. ¡No es justo que el pueblo tenga que mantener a esta camarilla de vagos y gorrones, y encima que tenga que pagar con la piel por sus privilegios y sus culpas! ¡Que trabajen!». Recuerdo su felicidad cuando, en junio de 1946, se conoció la noticia de la derrota del frente monárquico en el referéndum que proclamaría en Italia la República, y en el que votaron por primera vez también las mujeres. Solo con la princesa Mafalda, que la comunidad de veteranos de guerra y de expatriados llamaba con sarcasmo *Malfait,* no era radicalmente antisaboyano: ella no, ella ha sufrido mucho, ha pagado por todos, decía.

Después de emigrar al otro lado del mundo, su madre Maria, mi bisabuela, hizo dos veces la larga travesía desde Italia para visitarlo a él y a sus hermanos. Era una mujer muy buena. Y, la segunda vez que fue, ella, que había nacido en 1862 en San Martino Alfieri, a unos pocos kilómetros de Asti, murió en Argentina, a principios de los años treinta. Ocurrió en la provincia de Santa Fe, porque los hijos estaban asfaltando esa parte de la Ruta, la carretera nacional, y allí fue enterrada.

Durante años sentí que algo me faltaba, porque la devoción hacia los difuntos es un sentimiento que en mi familia siempre nos han inculcado a todos. A los cinco años de una inhumación, había que exhumar los restos y trasladarlos a un ataúd más pequeño, y recuerdo el amor y la entrega con la que mi madre se ocupaba de esas piadosas tareas, limpiando incluso los huesos con alcohol. En fin, sentía que la bisabuela faltaba. Hasta que, hace unos veinte años, logré por fin identificar su sepultura y trasladarla a la tumba familiar, junto con sus hijos y el resto de parientes. Ahora reposa, con la familia de su hijo Eugenio, en el cementerio inglés de José C. Paz. En el de Jardín de Paz, en cambio, con ochenta años cumplidos, fue enterrado su hijo Giovanni, mi abuelo. Se fue cuando yo enseñaba en Santa Fe, el 30 de octubre de 1964, en el Hospital Italiano, debido a un tumor en las vías biliares.

Si la Primera Guerra Mundial me la contó mi abuelo, la Segunda la conocí en Buenos Aires por los relatos de muchos inmigrantes que llegaron después de aquella nueva carnicería, o huyendo de ella. Muchos, muchos, muchos. Millones. Italianos, alemanes, polacos... Muchos polacos fueron a trabajar como obreros a la fábrica donde encontraría trabajo mi padre. Fue escuchando a aquellos hombres y a aquellas mujeres como los jóvenes supimos lo que había pasado, como nos enteramos de los bombardeos, de las persecuciones, de las deportaciones, de los campos de concentración y de detención, como comprendimos lo que había sido ese nuevo, terrible conflicto. Por eso sé que es muy importante que los jóvenes conozcan los efectos de las guerras mundiales del siglo pasado: esa memoria es un tesoro, doloroso pero sumamente útil, para crear conciencias.

Un tesoro que impulsó incluso el arte italiano y europeo.

Nuestros padres nos llevaron a ver todas las películas de aquel momento: Rossellini, De Sica, Visconti, los grandes del neorrealismo. Entonces se proyectaban tres películas seguidas, la principal y dos menores; nos llevábamos de casa un bocadillo y nos pasábamos el día en el cine. Estoy convencido de que el cine italiano de la posguerra, el neorrealismo, es una gran escuela de humanismo. *Los niños nos miran*, con la que De Sica anticipa esa corriente, tendría que verse en los cursos prematrimoniales todavía hoy, y yo hablo de ella en las bodas que celebro. Y hay escenas de *Roma, ciudad abierta* de las que conservo un recuerdo imborrable: Anna Magnani y Aldo Fabrizi han sido nuestros maestros. También de lucha, de esperanza, de sabiduría. Cito a menudo una frase que a Magnani le encantaba decirle al maquillador en el escenario: «Déjame todas las arrugas, no me quites ni una. He tardado toda la vida en conseguir que me salgan». También sabía ser sabia, Nannarella.

Y además, además estaba Fellini. A mi Fellini de cuando yo era chico, el de hasta *La dolce vita*, lo quise muchísimo. Y en *La strada*, que vi cuando tenía dieciocho años, incluso me identifico.

En una escena clave, el joven acróbata, que representa probablemente su personaje más franciscano, el Matto, le dice a su disparatada tocadora de trompeta, Gelsomina, a la que da vida Giulietta Masina:

—No lo creerás, pero todo lo que hay en este mundo sirve para algo. Mira, agarra esa piedra, por ejemplo…
—¿Cuál?
—Esta… Una cualquiera… Bueno, también esta sirve para algo: también esta piedrecita.
—¿Y para qué sirve?
—Sirve… ¿Y yo qué sé? Si lo supiese, ¿sabes quién sería?
—¿Quién?
—Dios, que lo sabe todo: cuándo naces, cuándo mueres. Yo no sé para qué sirve esta piedra, pero para algo tiene que servir. Porque, si es inútil, entonces todo es inútil: también las estrellas. Y también tú, tú también sirves para algo, con lo tonta que eres.

Está san Francisco en esa escena. Está la piedra. Nosotros, piedrecitas en el suelo, y «la piedra que desecharon los arquitectos» pero que «es ahora la piedra angular» (Mt 21, 42). Y que le da sentido a todo, incluso a lo que no comprendemos. Está el «buscar a Dios en todas las cosas», por decirlo con las palabras de la espiritualidad de san Ignacio.

Sé perfectamente que en su día esas películas, sobre todo *La dolce vita*, fueron atacadas por ciertos círculos, también clericales. Pero cada época tiene sus intolerancias, que pueden centrarse en una chica exuberante que se bañaba en la Fontana di Trevi.

Luego está la sustancia, una sustancia pétrea, que ahonda en la profundidad, propia del auténtico arte.

Pier Paolo Pasolini dijo que esa película indagaba en la «relación entre pecado e inocencia», y que nos hallábamos ante un alto y absoluto producto del catolicismo contemporáneo. El padre jesuita Nazareno Taddei habló de «gran espiritualidad cristiana». Y otro jesuita, el padre Virgilio Fantuzzi, que era amigo del cineasta, escribió que «cada obra de este autor está inspirada por el soplo misterioso de un Dios oculto».

De una manera u otra, los tres tenían razón. Esas películas son sobre todo tesoros a los que hay que recurrir. Son pedagogía para este momento.

Como también la cinematografía argentina de aquellos años —pienso en *Los isleros* de Lucas Demare— era profundamente humana, parte integrante de la cultura familiar, y además inspiración para reflexiones morales en las charlas diarias de los muchachos. El cine argentino también era bueno, tenía un nivel muy alto.

Es importante que los jóvenes puedan recuperar de sus abuelos, de sus padres y de sus madres aquella memoria y aquellas raíces, para que no haya un vacío o para que no se cometan los mismos errores. Que conozcan, por ejemplo, cómo nace y crece un perverso populismo, el soberanismo que se resguarda y se aísla: solo hay que pensar en las elecciones federales alemanas de 1932-1933 y en Adolf Hitler, el antiguo soldado de infantería obsesionado con la derrota en la Primera Guerra Mundial y con la «pureza de la sangre», que había prometido el desarrollo de Alemania después de un gobierno que había fracasado. Pues bien, que los jóvenes sepan de qué modo empiezan los populismos. Y de qué manera pueden terminar. Las promesas que se basan en el miedo, el miedo al otro ante todo, son las proclamas habituales del populismo, y el principio de las dictaduras y de las guerras. Porque, para el otro, el otro eres tú.

Las palabras de mi abuelo Giovanni me resonaban en los oídos y en el corazón cuando, en septiembre de 2014, fui al cementerio de Redipuglia, en Gorizia, el inmenso camposanto de la Gran Guerra en el que hay enterrados más de cien mil soldados italianos, sesenta mil de ellos desconocidos: se les había robado todo, hasta el nombre, hasta la posibilidad, para sus parientes y para sus padres, de llorarlos en una tumba. Poco antes había estado en Fogliano, donde estaban enterrados quince mil soldados «enemigos» de cinco países diferentes, de los cuales solo una mínima parte habían sido identificados.

Acababa de contemplar la desgarradora belleza del paisaje de toda aquella zona, hombres y mujeres que trabajan y sacan adelante a sus familias, niños que juegan, personas mayores que sueñan... y ahora caminaba entre miles y miles de tumbas, todas iguales. Lápidas de hombres jóvenes. Así, mientras celebraba la misa, en aquel lugar, junto a los obispos y a los sacerdotes que habían llegado de todos los países involucrados en el conflicto de 1915-1918, solo se me ocurrió decir: ¡la guerra es una locura! Tenía delante de los ojos una demostración plástica, de brutal evidencia. Mientras Dios saca adelante su creación, y nos pide a todos que colaboremos en su obra, la guerra lo destruye todo. Hasta lo más hermoso que Dios ha creado: el ser humano. Lo

Ese día en el cementerio militar de Redipuglia, lloré.

trastorna todo, también el vínculo entre los hermanos. La guerra es locura, y su disparatado plan de desarrollo es la destrucción. En la entrada de ese cementerio se lee el irónico lema de todas las guerras: «¿Qué más me da?». Es la respuesta de Caín a Dios: «¿Soy yo el guardián de mi hermano?» (Gén 4, 9). Una respuesta que no mira a la cara a nadie: ancianos, niños, madres, padres...

Ese día, en Redipuglia, lloré. Y lo mismo me ocurriría en Anzio, en 2017, cuando celebraba por los muertos de todas las guerras en el cementerio norteamericano de Nettuno y caminaba por una extensión interminable de cruces blancas. Cruces muy parecidas a aquellas con las que, dos años después, se conmemoraría en Normandía el 75.º aniversario del desembarco: miles de soldados caídos en un solo día en la lucha contra la barbarie nazi, y una multitud todavía mayor de víctimas civiles. Sin olvidar los diez mil soldados que, por el lado alemán, lucharon y murieron obedeciendo a un régimen que tenía una ideología asesina. También todas las personas que reposaban bajo aquellas lápidas tenían proyectos, sueños, talentos que debían florecer y dar frutos, pero la humanidad les dijo sencillamente: «¿Qué más me da?».

Lo mismo ocurre hoy, por nuevos y antiguos intereses, descabellados planes geopolíticos, ansia de dinero y de poder. También hoy los planificadores del terror, los organizadores del enfrentamiento, así como los empresarios de armas, tienen grabada en el corazón la misma frase: «¿Qué más me da?». Una frase que lo contamina y lo instrumentaliza todo. Incluso lo más sagrado que tenemos. Incluso a Dios. No hay un dios de la guerra: quien hace la guerra es el maligno. Dios es padre. Dios es paz. Por eso, en el documento de fraternidad humana firmado en los Emiratos Árabes en febrero de 2019 con el Gran Imán de al-Azhar Ahmed el-Tayeb, ambos pedimos con fuerza «dejar de instrumentalizar las religiones para incitar al odio, a la violencia, al extremismo y al fanatismo ciego, y que se deje de usar el nombre de Dios para justificar actos de homicidio, de exilio, de terrorismo y de opresión». Lo pedimos «por nuestra fe común en Dios, que no creó a los hombres para que los mataran y para que se enfrentaran unos con otros, ni tampoco para ser torturados o humillados en su vida o en su existencia. En efecto, Dios, el Omnipotente, no precisa que lo defienda nadie y no quiere que Su nombre sea utilizado para aterrorizar a la gente». Invocar a Dios para avalar los pecados y los crímenes es una de las mayores blasfemias.

Es preciso hacer todo lo posible para poner fin a la carrera armamentista y a la preocupante proliferación de las armas, tanto por parte de cada individuo como por parte de los estados, tanto en los contextos de guerra como en nuestras ciudades. Y, especialmente, en los países económicamente más avanzados, en busca de un efímero acuerdo o de una engañosa sensación de seguridad. Pensar en combatir el mal con el mal inevitablemente significa construir lo peor. Y los líderes políticos que expresan esa mentalidad, que no saben dialogar y discutir, que interpretan su papel no con la humildad de quien ha sido llamado a fomentar la convivencia, sino con arrogancia, no podrán llevar a su pueblo hacia la paz, la justicia y la prosperidad. En general, lo empujarán hacia el precipicio, hacia la ruina.

Tras el desastre de una Segunda Guerra Mundial, desde el principio de mi pontificado se hicieron muy evidentes los perfiles de una tercera, luchada «a trozos», con crímenes, masacres, destrucciones, con un nivel de crueldad espantoso y cuyas primeras víctimas suelen ser civiles, ancianos, mujeres y niños. Esta parece ser la característica fundamental de las guerras actuales. Si desde siempre quien declara la guerra lo hace mandando a morir a otros en su lugar, si la guerra se hace «¡Por el rey!», pero luego muere en ella el aldeano, fue justo la Primera Guerra Mundial, la guerra de nuestros abuelos, la que abrió una especie de compuerta. Desde entonces, en todos los conflictos, de Oriente Próximo a los Balcanes, de Asia a África, la inmensa mayoría de las víctimas —hasta el 80 por ciento en este principio del siglo XXI— pertenecen a la población civil. Escribió un corresponsal de guerra: «En la guerra contemporánea las llamadas víctimas colaterales ahora son los soldados». En casi todos los conflictos de los últimos treinta años, ha sido menos difícil salir vivos vistiendo un uniforme que, digamos, la camiseta roja de un niño. Se ha masacrado, y se sigue haciendo, a los indefensos: uno de cada tres es un niño. Los que no han podido más que sufrir la locura de la guerra. Nada de heroísmo ni de retórica: la guerra no es más que vileza y vergüenza en grado sumo. Una vergüenza que todos hemos de sentir como propia, porque es penoso cuando uno llega a no avergonzarse de nada.

Lo que mi abuelo Giovanni, lo que muchos abuelos y padres nos han enseñado con el tesoro de su memoria dolorosa es que una guerra nunca está lejos; no, está muy cerca, está dentro de cada uno de nosotros: porque toda guerra empieza en el corazón.

No puede, no debe entrar en la cabeza ni en el corazón de la humanidad la idea de que se acepte que haya hombres, mujeres y niños que se ahogan una y otra vez en el Mediterráneo. No podemos aceptar la idea de que los problemas y las dificultades se encaran construyendo muros. No solo muros metafóricos, sino de ladrillos, a veces incluso con alambradas y hojas afiladas como cuchillos. Cuando me los enseñaron me quedé turbado y conmocionado, era una imagen que no era capaz de aceptar. En cuanto me quedé solo, los ojos de nuevo se me llenaron de lágrimas.

Solo quien levanta puentes sabrá avanzar: el que levanta muros acabará apresado por los muros que él mismo ha construido. Ante todo, quedará atrapado su corazón.

Sin embargo, el corazón del hombre es también el primer paso de todo camino de pacificación. Alguien podría decir: «¡Ay, Señor, Dios mío! Mira que no sé hablar, que solo soy un niño» (Jer 1, 6). No sé cómo se construye la paz, no soy una persona culta, no soy un jefe de Estado, sigo siendo un muchacho, y, sin embargo, ya soy muy viejo… Y el mundo ya es demasiado grande, demasiado complicado, demasiado lejano… Pero no están demasiado lejos tu casa, tu barrio, tu lugar de trabajo, tu escuela, porque también la opresión y la intimidación son una semilla de agresión y de guerra. Nunca están demasiado lejos tus hermanos y tus hermanas. Es el propio Jesús quien en el Evangelio nos dice cuál debe ser nuestra actitud: «Te doy gracias, Padre, Señor del cielo y de la tierra, porque has escondido estas cosas a los sabios y entendidos, y se las has revelado a los pequeños» (Mt 11, 25). Hagámonos pequeños, hagámonos humildes, hagámonos servidores de los demás. Cultivemos magnanimidad, dulzura y humildad: son las actitudes sencillas, las pequeñas cosas señaladas por san Pablo a una comunidad cristiana de los orígenes, la de los Efesios (Ef 4, 1-6), para construir la paz y consolidar la unidad en el mundo, en la sociedad humana. Es una enseñanza siempre eficaz, también hoy.

Si queremos lograr la capacidad de comprender cómo se hace la paz, y la fuerza para conseguirla, hagámonos todos pequeños.

Como un niño que va de la mano de su abuelo.

3

Los dones de una sana inquietud

Al final de la «inútil masacre», un tratado separó a los vencedores de los vencidos. Sin embargo: «Entre los vencidos, el pueblo llano pasaba hambre. / Entre los vencedores, el pueblo llano la pasaba también», como escribió en un poema Bertolt Brecht. Porque eso es lo que ocurre en las guerras.

En Turín, la ciudad que sería de los vencedores y que, para entonces, se había convertido en un gran arsenal, la situación fue muy complicada desde el principio y no mejoró después. Antes de que Italia entrase en guerra, gran parte de la capital fue ocupada por los desplazados de origen italiano huidos de Europa central, donde ya había estallado el conflicto; y a ellos se sumaron otros prófugos, los de las llamadas tierras irredentas. Eran decenas de miles y fueron instalados hasta en las escuelas, utilizadas como refugio. Mientras la ciudad se iba vaciando cada vez más de hombres jóvenes y fuertes, las obreras protestaban por los salarios de hambre y contra la guerra. El coste de la vida se había más que duplicado, los transportes públicos estaban paralizados, hasta el pan se había racionado. Estallaban tumultos y revueltas, que el ejército reprimía con sangre y con centenares de arrestos. Ahora las calles estaban llenas de mendigos, en los hospicios las colas por un plato de sopa eran interminables, muchos niños deambulaban abandonados a su suerte. Empleados, artesanos y pequeños comerciantes sufrían la crisis con dureza.

El abuelo Giovanni era uno de ellos.

LOS DONES DE UNA SANA INQUIETUD   43

En esa ciudad fue donde la abuela Rosa y su hijo esperaron, sin su marido ni su padre, a que la locura de la guerra parase.

Era sin duda una mujer valiente, Rosa Vassallo de Bergoglio. Una vez, durante la guerra, cuando llevaba sola la cafetería, a la hora en que se disponía a cerrar vio que un hombre entraba furtivamente en el almacén de la tienda. Sin embargo, no se le ocurrió huir. Nada de eso. Agarró una escoba, bajó las escaleras y, gritando y dando golpes de un lado a otro, consiguió que el ladrón se marchase corriendo.

Ese día estaba embarazada. Cuando el abuelo tuvo que marcharse al frente, la abuela esperaba una niña, Bianca. Tuvo que hacer frente sola a los últimos días del embarazo, y el 1 de enero de 1917 dio a luz en casa con la ayuda de una comadrona, como entonces solían hacer todas las mujeres del pueblo. Pero el abuelo nunca llegaría a ver a su hija, pues al día siguiente la niña murió. Fue uno más de los muchos dolores que la abuela Rosa y su marido tuvieron que padecer. Tras el nacimiento de Mario, su primogénito, la abuela tuvo otros seis embarazos y otros tantos partos: Giuseppina, Maria, Luigi, Alberto, Bianca, y otra vez Bianca. Ninguno de esos niños ni ninguna de esas niñas lograría sobrevivir unas horas después de nacer.

Mi padre, Mario, terminó siendo su primer y único hijo. Fue sietemesino, y eso fue lo que lo salvó. La patología de la abuela, de la que entonces no se sabía nada, desarrollaba sus efectos nefastos solamente a partir del octavo mes de embarazo.

Quise mucho a mi abuela Rosa, y ella me quiso mucho a mí. Representó para mí una demostración diaria de la santidad común, la santidad de la Iglesia militante de la que habla san Ignacio. Una mujer que sufrió mucho, también psíquicamente, pero que siempre siguió adelante con valor; asumió los hechos y las circunstancias de la vida, también los más dolorosos, y supo seguir, con paciencia y tenacidad, su camino y el de su familia, día a día. De ella recibí el primer anuncio cristiano, y fue precioso.

El abuelo Giovanni y la abuela Rosa, con mi padre de niño.

Ella, que solo pudo acudir a la escuela primaria, fue para mí una gran maestra. Fue ella quien confirmó mi religiosidad.

El abuelo Giovanni y la abuela Rosa tuvieron que dejar Turín. Era imposible regresar a Portacomaro, ser aparcero no garantizaba la supervivencia y, sobre todo, el pequeño Mario se vería obligado a interrumpir los estudios. En eso la abuela siempre había sido inflexible: con tal de permitir que mi padre estudiase, habría hecho cualquier sacrificio.

Faltaban todavía dos semanas para el regreso de mi abuelo de la guerra, y mi abuela y mi padre se trasladaron solos a Asti, una pequeña ciudad rodeada de colinas y viñedos, no muy lejos de la querida granja de Bricco Marmorito y con más perspectivas de trabajo que en Turín. Ahí la crisis posbélica parecía menos feroz; es más, el sector vitícola pasaba por un buen momento. Cuando el abuelo Giovanni se les unió, primero trabajó de nuevo regentando una cafetería y luego también como vigilante en una clínica, mientras que la abuela seguía siendo costurera a domicilio.

Hasta que, unos años después, los abuelos abrieron su tienda de comestibles.

Ya en Turín, de joven, la abuela Rosa había tenido los primeros contactos no solo con las distintas actividades de la parroquia, sino también con las muchas obras sociales y de caridad que, bajo el impulso de la encíclica *Rerum Novarum* de León XIII, empezaban a desarrollarse en esa gran ciudad industrial para tratar de hacer frente a una situación que se había vuelto cada vez más apremiante y complicada. Allí conoció a Pier Giorgio Frassati, joven como ella, aunque de extracción social muy diferente, entusiasta, lleno de vida, apasionado de la montaña, ruidoso animador de un sano grupo de muchachos, pero también dotado de una intensa vida interior, con capacidad para arrastrar a otros jóvenes a mil empresas solidarias, y asiduo frecuentador de las buhardillas de los pobres, de los tugurios donde enfermedad y hambre se mezclaban. Un muchacho «a contracorriente» que llevó un poco de bendita tempestad a su mundo, y también a su familia, porque la santidad siempre es revolucionaria. Un joven, el beato Pier Giorgio, que cuando alguien, para humillarlo, le preguntaba: «¿Eres un mojigato?», respondía sencillamente: «No, sigo siendo cristiano». Un muchacho auténtico y alegre, fundador con sus amigos de un «Círculo de los tipos sospechosos» basado en la solidaridad y la oración, alguien que decía que «la tristeza tiene que ser desterrada de las almas de los católicos», que hay que vivir, no sobrevivir, y que todavía puede mostrar con su ejemplo a todos —sobre todo a los que son jóvenes como lo era él— qué es el don de una sana inquietud, sin la cual la vida no es en absoluto docilidad, sino más bien cobardía, sin color ni auténtica belleza…

Pero fue en la Acción Católica de Asti —con las cicatrices de sus propias heridas y en un país que trataba con dificultad de salir del abismo de la guerra y de los desastres sociales que había causado— donde la abuela pudo involucrarse como mujer, como ciudadana y como cristiana. Conoció a Prospera Gianasso, una mujer muy activa en el asociacionismo católico de la época, profesora de francés, que en sus momentos libres le enseñó ese idioma. Y compensó los escasos estudios de mi abuela con buenas y voraces lecturas, pasión social y religiosa, y un enorme afán de aprender y de hacer.

La abuela Rosa pasó a dar conferencias y a mantener encuentros en toda la provincia, sobre todo con mujeres de todas las edades. Decía cosas que, al parecer, no gustaban nada al gobierno fascista que acababa de instalarse en el poder. Eran los años de la marcha sobre Roma, y los camisas negras actuaban por todas partes. Una vez le cerraron el salón donde tenía que hablar, y entonces ella sacó una mesa al centro de la calle, enfrente de la parroquia de San Secondo, se subió a la mesa y dio un mitin ahí mismo. En más de una ocasión amenazaron con hacerla tragar aceite de ricino. Por lo demás, sus principios y su fe no podían permitirle mirar al régimen sino con recelo y aversión: el autoritarismo, los métodos brutales de las brigadas fascistas, el totalitarismo, el culto a la violencia y a la guerra, y además las persecuciones y las deportaciones, solo podían parecerle negaciones del espíritu del Evangelio y de la hermandad. Los Vassallo nunca sintieron simpatía por el régimen. «Nada de Benito —parece que su hermano Nando les decía a sus amigos—. A ese deberían haberlo llamado *Malito*… Solo hace el mal».

Mi padre Mario, entretanto, mostraba una buena disposición para el estudio. Las buenas notas le permitían conseguir la exención del servicio militar y la reducción de las tasas a las que tenían derecho, por mérito, los que pertenecían a «familias necesitadas». Cuando terminó la secundaria, se matriculó en el Instituto Técnico Superior y, siempre con becas, en octubre de 1926 consiguió el título de contable. Lo habían logrado, todos, él y también el abuelo Giovanni y la abuela Rosa, que habían salido adelante con pan, amor y nada. Como en esa gran comedia del «neorrealismo rosa», en el diálogo entre el nuevo subteniente de carabineros del pueblo y un campesino: «¿Qué comes?». «Pan». «¿Y qué le pones dentro?». «¡Fantasía, sargento!».

Estaban radiantes y orgullosos: ese título de contable les compensaba de sus esfuerzos y de sus sacrificios.

Solo unos días después, el régimen fascista ponía en marcha con todo rigor su opresión sobre la sociedad italiana: decretó el exilio para los opositores y los objetores de conciencia, cerró muchos periódicos, arrasó o incendió edificios y sedes de organizaciones, introdujo la pena de muerte para una larga serie de delitos, disolvió todos los partidos de la oposición y muchas asociaciones. En su pequeña Asti ya había sido destruida la sede de la Cámara del Trabajo, y en los pueblos de los alrededores algunos antifascistas incluso habían sido asesinados.

El clima era cada vez más duro, pero, de momento, las asociaciones católicas resistían.

También mi padre Mario, que había recogido el testigo de su madre y sus ganas de hacer lo posible para alcanzar en la tierra algo de justicia, estaba, como muchos de sus coetáneos, implicado en las actividades de la parroquia de San Vincenzo, de la Acción Católica. Hacían deporte, actuaban con los actores del teatro parroquial y visitaban a las familias pobres y a los enfermos hospitalizados. Como la abuela, él también daba conferencias y mantenía encuentros. La primera, sin estar aún graduado, tuvo, ironía del destino, como tema «El papado». Y, según parece, fue tan bien acogida que le pidieron que la repitiera un par de años después.

Entretanto, mi padre encontró trabajo: de empleado interino en la sede de Asti del Banco de Italia. Los papeles dicen que las opiniones sobre él eran muy buenas, y la paga, de trescientas liras al mes, lo que equivaldría a menos de cuatrocientos euros de hoy. En absoluto un «salario justo para los obreros». Explica muchas cosas. Demuestra que, entonces como ahora, incluso el trabajo era y es condición indispensable, pero muchas veces insuficiente, para la emancipación del individuo, para su autonomía, o para huir de la pobreza. Hace reflexionar sobre el por qué, ayer como hoy, muchos jóvenes, con frecuencia preparados, estupendos, se han visto y se siguen viendo forzados a emigrar en busca de condiciones más dignas o, más sencillamente, para poder mantenerse, crear una familia, criar a sus hijos…

Luego llegó la primavera de 1931 y un decreto del gobierno mandó cerrar, tras las organizaciones de scouts, todos los círculos de la juventud católica y las federaciones universitarias. Varias sedes de la Acción Católica fueron destruidas y golpeados algunos de sus representantes. En las paredes de la Fulgor de Asti, la asociación deportiva en la que militaba mi padre, aparecieron pintadas amenazadoras contra los católicos y los curas. Hasta a un director de orquesta de fama mundial como Arturo Toscanini lo agredieron por negarse a ejecutar un himno del régimen, *Giovinezza*, en la apertura de un concierto. Vigilado por la policía política, no volvió a dirigir en Italia hasta que llegó la República.

Pero, cuando todo eso pasó, los abuelos y mi padre ya habían zarpado en el Giulio Cesare con destino a Buenos Aires. En cuanto a mi padre, no recuerdo haberlo oído hablar nunca en italiano, ni siquiera una vez. Con sus padres hablaba en piamontés, porque el dialecto era la lengua que utilizaban los abuelos en familia. Pero nunca lo hizo con sus hijos: solo en español, que por otro lado hablaba muy bien. Y cuando yo lo hacía, cuando le hablaba en italiano, se molestaba. Recuerdo que una vez le estaba escribiendo una carta a la profesora Gianasso y le pregunté cómo podía usar correctamente una determinada expresión; enseguida se mostró visiblemente irritado y cortó por lo sano con firmeza: «Así como lo has escrito está bien», dijo resuelto. No sé de dónde le salía exactamente ese rechazo, si era dolor u otra cosa, pero era lo que le pasaba.

LOS DONES DE UNA SANA INQUIETUD

Habían dejado Italia para siempre, pero no la Acción Católica de Asti. Desde Argentina siguieron enviando con regularidad sus impresos de inscripción. En honor de la profesora y amiga con la que tanto había compartido, la abuela Rosa los rellenó casi siempre en francés.

Muchos hechos trágicos ocurrieron a partir de ese momento en Europa y en Italia.

Con las vergonzosas leyes raciales, el Estado italiano de entonces se declaró oficialmente país racista. En las semanas previas, en un discurso a los colaboradores de la radio católica belga, el papa Pío XI había dicho: «El antisemitismo es inaceptable. Espiritualmente, todos somos semitas». Y tras la promulgación, en una audiencia privada al padre jesuita Pietro Tacchi Venturi, estalló: «Pero yo me avergüenzo…, me avergüenzo de ser italiano. ¡Y usted, padre, ya puede decírselo a Mussolini! ¡Yo, no ya como papa, sino como italiano, me avergüenzo!». En un discurso dijo que se trataba «de una auténtica apostasía», deteniéndose también en «ese nacionalismo exagerado que obstaculiza la salvación de las almas, que levanta barreras entre los pueblos, que es contrario no solo a la ley del buen Dios, sino a la misma fe, al mismo Credo». El género humano, añadió en otra ocasión, «no es más que una sola y universal raza de hombres. No hay lugar para razas especiales… La dignidad humana consiste en construir una sola y gran familia, el género humano, la raza humana. Este es el pensamiento de la Iglesia».

El arzobispo de Milán, el cardenal Schuster, por su parte, definió esas leyes en tres ocasiones como «una herejía».

A pesar de ello, y a pesar de los ejemplos de valentía, de auténtica fraternidad e incluso de heroísmo, la resistencia de muchos cristianos a las persecuciones contra los judíos —pero también contra los gitanos, los romaníes, los sinti, contra cientos de miles de discapacitados y de minorías— «no fue la que la humanidad tenía derecho a esperar de los discípulos de Cristo», dijo después san Juan Pablo II, pidiendo perdón. Y yo mismo, en 2014, he pedido perdón por las leyes raciales que han perseguido a nuestros hermanos evangélicos y pentecostales, casi como si fueran locos que «destrozan la raza». Entre quienes persiguieron y denunciaron a esos cristianos había católicos, bautizados, tentados por el maligno, que no habían comprendido que la diversidad en el Espíritu, esa diversidad que se vuelve armonía en la unidad, es la auténtica riqueza. Y todavía en 2019, cuando me reuní en Blaj con la población romaní, sentí en el corazón el peso de las discriminaciones, de las segregaciones y de los maltratos sufridos también por esas comunidades. La historia nos cuenta que tampoco los cristianos, tampoco los católicos son ajenos a tanto mal. Por eso pedí perdón, en nombre de la Iglesia, al Señor y a aquellos hombres y a aquellas mujeres: por las veces que, a lo largo de la historia, los hemos discriminado, los hemos maltratado, los hemos observado con los ojos de Caín y no con los Abel, y porque no hemos sido capaces de reconocerlos, de apreciarlos y de defenderlos en su peculiaridad. A Caín no le importaba su hermano. Y es en la indiferencia donde se alimentan los prejuicios y se fomentan los rencores. Cuántas veces juzgamos de manera imprudente, con palabras que hieren, con actitudes que siembran odio y crean distancias. Pero si permitimos que alguien quede atrás, toda la familia humana deja de caminar. No somos del todo cristianos, ni tampoco humanos, si no sabemos ver a la persona antes que a sus actos, sin dejarnos llevar por nuestros juicios y prejuicios.

Hagámoslo también nosotros, hoy, pidamos perdón por nuestro tiempo presente, y acordémonos de hacerlo siempre y ahí donde veamos que se alza de nuevo ese viento impostor.

Vivimos tiempos en los que parece que resucitan y se difunden sentimientos que muchos consideraban superados: de recelo, de temor, de desprecio, incluso de odio hacia individuos o grupos a los que se considera diferentes por su etnia, nacionalidad o reli-

LOS DONES DE UNA SANA INQUIETUD 51

gión. Son sentimientos peligrosos e insanos, que inspiran además actos de intolerancia, discriminación, violencia y negación de la dignidad de las personas y de sus derechos fundamentales. Me preocupa que en el mundo de la política se caiga en la tentación de instrumentalizar los miedos o las dificultades objetivas para ofrecer falsas promesas y por intereses electorales miopes. E igualmente me preocupa la triste constatación de que también en las comunidades católicas de Europa se den estas reacciones, que pretenden justificar con un no mejor especificado «deber moral» de conservar la identidad cultural y religiosa original. Sin embargo, basta leer la primera carta del evangelista Juan. «Si alguno dice: "Amo a Dios", y aborrece a su hermano, es un mentiroso; pues quien no ama a su hermano, a quien ve, no puede amar a Dios, a quien no ve» (1 Jn 4, 20). Si somos incapaces de amar a Dios en lo concreto, esto es, en los hermanos, en todos, no solo en aquellos que nos caen bien, o quienes nos parecen más semejantes a nosotros, o más útiles, no es cierto que amemos a Dios. Somos unos mentirosos. Somos como esos bollos de carnaval, las *chiacchiere*. En piamontés, el dialecto con el que mi abuela Rosa me crio, la lengua de sus recuerdos, a esos bollos los llaman «*bugie*» [mentiras]. Porque están llenos de aire, son inconsistentes. Así es el espíritu del mundo: está lleno de aire y engaña, porque es hijo del padre de la mentira. Es un espíritu de división, de odio, por el que no hay que dejarse embaucar ni manipular, porque mata el alma.

Cuando era niño, la abuela Rosa me hizo memorizar el principio de *Los novios*, de Alessandro Manzoni, una obra maestra atemporal de la literatura italiana: «Aquel ramal del lago de Como, que tuerce hacia mediodía, entre dos cadenas ininterrumpidas de montañas...». Fue un gran regalo. Lo he leído cuatro veces y todavía hoy lo tengo cerca de mi escritorio, para volverlo a leer. Me ha dado muchísimo. En un momento dado de la novela, un fraile capuchino, el padre Cristoforo, un hombre que ha vivido, que ha cometido un gravísimo error, que ha sufrido y se ha convertido, que como franciscano ha aprendido la ciencia de la concreción, que es auténtica sabiduría y proximidad al pueblo, le dice al joven protagonista: «Puedes odiar, y perderte; puedes, siendo consciente de ello, alejar de ti toda bendición. Pues, de cualquier manera que te vayan las cosas, cualquiera que sea tu destino, ten la seguridad de que todo será castigo». Cuán cierto es. El odio mata el alma.

Por ello hay que reaccionar con decisión contra toda mentalidad de cerrazón, de xenofobia, de repliegue sobre uno mismo y, peor aún, de odio: se lo escribí a los jóvenes del mundo, en la exhortación que presenté en el Sínodo dedicado a ellos. El odio, la división y la venganza no hacen más que envenenar la esperanza, y nos privan de todo aquello que seguramente querríamos defender, de aquello que amamos.

Y a quien, como yo, ya ha dejado atrás la juventud, y ha podido leer muchas páginas del libro de la historia y de la vida, le escribo ahora: ¿todo esto no te recuerda algo? ¿Algo que nos hace estar en guardia, para que lo peor no se cumpla?

¿Algo de lo que, antes o después, todos tenemos que huir?

4

Casi al fin del mundo

«Al mal tiempo, buena cara», se dice en español. Solo habían pasado tres años desde que habían emigrado al Río de la Plata cuando los abuelos tuvieron que hacer frente a otra caída, tras la que tuvieron otra resurrección. La turbia riada de la recesión de 1932 se lo llevó todo, también la empresa de los tíos abuelos y la casa, y el paro en el pueblo era tremendo. El abuelo Giovanni, la abuela Rosa y mi padre Mario se quedaron sin trabajo y sin dinero. Sin embargo, la experiencia de la fábrica de Paraná no sería vana: hasta hacía pocos meses, en efecto, mi padre había viajado varias veces de la provincia de Entre Ríos a Buenos Aires para ocuparse, como contable, de pedidos y proveedores; en la capital, habitualmente se alojaba en la gran casa salesiana de la calle Solís, en el barrio de Montserrat, el más antiguo de la ciudad. Su proximidad como católico piamontés a la experiencia y a la familia salesiana hizo que esa elección fuese natural y casi inevitable.

Ahí conoció al padre Enrico Pozzoli, un sacerdote de Senna Lodigiana, un pueblo de Lombardía, que había sido enviado a Buenos Aires cuando tenía poco más de veinte años, en 1906. Para él, al igual que para mi padre, el viaje hacia el Nuevo Mundo sería un pasaje solo de ida. Ambos se quedaron en Argentina toda la vida, mi padre y el sacerdote misionero salesiano que enseguida, desde 1929, se convirtió en su confesor, en la basílica de María Auxiliadora y San Carlos Borromeo, en el barrio de Almagro, y más tarde en el padre espiritual de toda nuestra familia.

Indisolublemente unidos hasta el final, hasta la muerte que les llegó a ambos el mismo año, 1961, con menos de un mes de diferencia entre uno y otro.

El encuentro con el padre Enrique sería importantísimo en la vida de mi padre, y luego también en la mía y en la de todos nosotros. Ante todo fue él quien, en un momento de máxima necesidad, cuando mis padres lo habían perdido todo, con la preocupación de un padre por «sus chicos» que están atravesando un momento difícil, los puso en contacto con alguien que les prestó los dos mil pesos que permitieron a los abuelos poner una tienda en el barrio de Flores, una zona en la que sobre todo vivían inmigrantes italianos y españoles, en el número 2280 de la calle Francisco Bilbao. Casa y tienda, todo en la misma dirección. El Almacén Bergoglio vendió alimentos de todo tipo, de harina a alubias, de aceite a vino. También productos a granel, ya que los clientes podían llevar recipientes y botellas de casa. Como buen contable, mi padre Mario era el encargado de las cuentas, y se ocupaba de las entregas.

Al menos hasta que, gracias también a la iniciativa de la abuela, encontró trabajo como empleado en una tintorería industrial de medias y otros tejidos, siempre en Flores.

Entretanto, mi padre ayudaba al sacerdote en las obras de asistencia y participaba en las actividades de la parroquia.

También fue el padre Enrique, que era además un apasionado fotógrafo, así como un buen relojero, quien le presentó a los Sivori, chicos como él que iban a los Círculos Católicos de Obreros. En primer lugar al hermano mayor, Vincente, que tenía su misma edad y mucha afinidad con el sacerdote salesiano, con quien además compartía la pasión por la fotografía. Nacidos en Buenos Aires, pero oriundos por el lado paterno de Santa Giulia, un pequeño pueblo de las montañas de Lavagna, en el interior de Liguria, los Sivori formaron también parte de la multitud de italianos que se marcharon en barco en busca de la subsistencia, la liberación o la fortuna en las lejanas Américas.

Fue así como mi padre conoció a mi madre, una inmigrante argentina de segunda generación. Su padre Francisco había nacido en Baires, donde mi bisabuelo Vincenzo había llegado de Liguria en la segunda mitad del siglo XIX; su madre, en cambio, Maria Gogna, era una piamontesa nacida en la provincia de Alessandria, hija de campesinos que zarparon desde Génova hacia *la Merica* cuando la abuela era apenas una niña de cuatro años.

Mis padres fotografiados el día de su boda, en 1935.

Regina Maria Sivori, mi madre, era una chica reservada, pequeña, con grandes ojos negros y una elegancia que parecía innata, cuando mi padre la vio por primera vez en el oratorio salesiano de San Antonio, en Almagro, en 1934. Los dos jóvenes se enamoraron y, cuando al año siguiente decidieron casarse, fue el padre Enrique quien celebró la boda, el 12 de diciembre de 1935, en la basílica de María Auxiliadora y San Carlos Borromeo. Mi padre y mi madre, que acababa de cumplir veinticuatro años, fueron a vivir a Flores, al número 268 de la calle Varela, y ahí, en ese pequeño piso alquilado de una sola planta, a las nueve de la noche del 17 de diciembre del año siguiente, nací yo, su primogénito, Jorge Mario. Me bautizaron en la misma iglesia a primera hora de la mañana del día de Navidad, y mi padrino fue mi abuelo materno, Francisco, y mi madrina, la abuela Rosa.

Por eso para mí la Navidad siempre ha sido una doble fiesta: realmente es un gran día el bautismo. Es otro cumpleaños: el cumpleaños del renacimiento. Es el día que nos enraíza, que nos regala las raíces de nuestra vida terrena y de la eterna. El día en el que nacemos para siempre. Debemos recordar ese día, porque es una llama que ha sido encendida y que tiene que ser alimentada. Si la Navidad es también el momento en que nos intercambiamos regalos, a mí me ha traído el mejor que podía recibir: porque el bautismo es un don, es siempre un don gratuito para todos. Niños o adultos, nadie se lo ha merecido; hay que cultivarlo, más bien, para que esa semilla llena de vida arraigue y dé fruto. Es un don que nos hace pertenecer a Dios, nos regala la alegría de la salvación, nos dice que no estamos solos tanteando en la oscuridad de la historia, nos adentra en su pueblo. Y nos pide que miremos la vida como la mira Él, que ve siempre en cada uno de nosotros un núcleo indeleble de belleza. La última palabra sobre la historia del hombre no es el mal, no es el odio, no es la guerra, ni es la muerte. Todo esto nos lo dice el bautismo. Es el primer encuentro con Jesús, no con un personaje del pasado, sino con una Persona que vive hoy; que no se conoce en los libros de historia, se encuentra en la vida. Y, si queremos hacernos también nosotros un regalo, empecemos por acordarnos de esa fecha, y por celebrarla como se merece.

Por supuesto, fue el padre Pozzoli quien ofició el rito, como también haría con cada uno de mis hermanos. Con todos menos con el segundo, mi hermano Óscar, pues en aquellos días, el 30 de enero de 1938, el padre Enrique se encontraba en misión en Ushuaia, en la Tierra del Fuego argentina, lo más al sur posible.

«Casi al fin del mundo», escribía en las postales que enviaba desde ahí, donde realizaba su obra entre los inmigrantes italianos y los nativos. Ushuaia, además, significa precisamente «bahía hacia el fin» en el idioma de los nativos que llegaron a las orillas del canal miles de años atrás.

Un *Boletín Salesiano* de esa misión, de la primera década del siglo XX, habla de un antiquísimo mito del diluvio narrado, precisamente en la zona de Ushuaia, por una tribu de indios yaganes, un pueblo de pescadores, muy diestros con canoas y con una lengua rica y musical: antaño la luna cayó al mar, cuenta ese mito, y por eso el agua se elevó muchísimo y lo cubrió todo; pero hombres y animales fueron corriendo a la isla Cable, que, tras desprenderse del fondo del océano, empezó a flotar como un gran barco, hasta que la luna volvió al cielo y la isla arraigó de nuevo en el fondo marino. Siempre es importante la relación con el mito, es una manera contemplativa que ayuda a abrirse al misterio de la realidad. Es por ello por lo que pueblos diferentes, a los que separan miles de años la geografía y la historia, a veces comparten mitos que muestran semejanzas; el auténtico mito interroga en lo profundo e indaga en la experiencia humana, para llegar a la esencia y a la verdad.

Qué desolador resulta ver en la actualidad la destrucción de los bosques y de las selvas, de los territorios que durante siglos y milenios los pueblos nativos han sabido respetar y preservar. Hoy esas tierras y esos pueblos son arrasados por el frenesí de un malentendido progreso. Los ríos que han conocido los juegos de los niños y que han dado de comer a sus padres están sucios, contaminados, muertos. Y es probable que los pueblos originarios nunca hayan estado tan amenazados en sus territorios como ahora. En mis viajes apostólicos a Temuco, entre el pueblo mapuche, y a Puerto Maldonado, entre los pueblos de la Amazonia, o a Chiapas, y en la conferencia de Aparecida, respiré la sabiduría, los conocimientos, y también las profundas heridas de aquellos hombres y de aquellas mujeres que saben relacionarse armoniosamente con la naturaleza, a la que respetan como fuente de sustento, como casa común y altar del compartir humano. Y sin embargo demasiadas veces, y de manera sistemática y estructural, esos pueblos han sido incomprendidos y excluidos de la sociedad. Muchos han considerado inferiores sus valores, su cultura, sus tradiciones. Muchos otros, cautivados por el ansia de poder y de dinero, los han despojado de sus tierras, que han saqueado, contaminado, invadido. En palabras de la cantautora y poeta chilena Violeta Parra: «Arauco tiene una pena que no la puedo callar, son injusticias de siglos que todos ven aplicar». Arauco es la región de los mapuches. Esos dolores, esos lutos, esas injusticias son algo por lo que toda la humanidad ha de pedir perdón.

Confundir unidad con uniformidad es una tentación diabólica. La unidad no es un simulacro de integración forzosa ni de marginación armonizadora. Es, más bien, una diferencia reconciliada. La unidad de quien se escucha y se respeta es la única arma que tenemos contra la «deforestación», y, ante todo, contra la deforestación de la esperanza y de la conciencia. La verdad, una verdad dramática y urgente, es que hoy tenemos una necesidad apremiante de esa sabiduría, de esos conocimientos, e incluso del tesoro doloroso de esas heridas. Por eso dije humildemente a los jóvenes de los pueblos indígenas: no os resignéis a lo que está pasando. No renunciéis a vuestra vida y a vuestros sueños. Preparaos, formaos, pero, por favor, no renunciéis a la herencia de vuestros abuelos, de vuestros antepasados. Porque el mundo tiene una enorme necesidad de vosotros, y os necesitamos tal como sois. Convertíos en nuestros maestros: la crisis ambiental que vivimos, una de las mayores de la historia, y sus raíces humanas y sociales, nos tocan e interpelan a todos. Ya no podemos mirar hacia otro lado.

Hace un tiempo, un joven jesuita que pertenece a la cultura maya me formuló una pregunta sobre la inculturación. Me preguntó qué pensaba de una educación que difumina la identidad, que la tapa, y de quien, aun siendo religioso, ya no se siente en sintonía con el pueblo del que procede. Recordé una vez más a mi abuela Rosa, que me contaba la historia de una chica del campo que había dejado el pueblo para ir a la universidad y durante largos años no había vuelto, tanto era así que se había olvidado hasta de los nombres y de los objetos cotidianos de sus orígenes. Esa historia graciosa, que siempre me hacía sonreír, explicaba que quien se olvida de su propia cultura, de sus raíces —de una familia de campesinos como aquella de la que procedíamos nosotros, por ejemplo—, tarde o temprano recibirá un batacazo que se la recordará, tal y como le ocurrió a esa muchacha desmemoriada cuando pisó sin darse cuenta las púas de un rastrillo. Es terrible cuando la consagración a Dios se considera un ascensor social. Le dije a aquel joven jesuita: ¡no te almidones el alma, por favor! Sé siempre maya. Jesuita y maya. Inculturarse no quiere decir en absoluto olvidarse de la cultura de uno: al revés, quiere decir hacerla crecer.

Tenemos que inculturarnos hasta el final.

En la Tierra del Fuego había mucho que hacer y el padre Enrique, que dedicó toda su vida a servir a los demás, construyó muchísimo, con el corazón y con las manos, hasta el campanario y el reloj de la iglesia. En todas partes fue un auténtico obrero del Reino, con su larga sotana negra y la cámara fotográfica en bandolera.

Para todos los Bergoglio, además, y de alguna manera incluso para mis sobrinos, que no pudieron conocerlo pero sí han podido saber de él a través de los relatos de sus padres o de sus tíos, siempre representaría una referencia constante, sabio y discreto, en muchas páginas de la vida, felices o difíciles, y a menudo cruciales. Le debemos mucho, y sobre todo el hecho de haber sabido sembrar y de hacer crecer en nuestra familia fundamentos de vida cristiana. Nos regaló esa alegría del reconocimiento que, con el paso de los años, saboreo cada día más.

«Gracias» es una palabra fundamental de la vida, empezando por la vida en familia. Junto con «permiso» o «perdón» es una clave que abre el camino para vivir bien, para vivir en la paz. Hemos de imaginarnos esas tres palabras como placas en las puertas de entrada de nuestras casas y de nuestras vidas. Pueden parecer fáciles de pronunciar, pero en realidad sabemos que no son tan sencillas de poner en práctica. Ahora bien, contienen una fuerza enorme: la fuerza de proteger la casa, incluso a través de los problemas y de las pruebas; su ausencia, en cambio, poco a poco va ensanchando las grietas que debilitan esa casa, y que incluso la pueden hundir.

A veces da la impresión de que nuestra sociedad quiere convertirse en una civilización de las malas maneras y de las malas palabras, casi como si fuesen símbolo de emancipación. Lo notamos no solo en el ámbito privado, sino incluso en el discurso público. La amabilidad, el cuidado, la capacidad de agradecer se ven a menudo como muestra de debilidad, suscitan desconfianza, a veces hasta hostilidad. Pero esta tendencia ha de ser contestada, en todas partes, desde el núcleo originario de la sociedad, desde el seno de la familia. Hemos de ser intransigentes en la educación para la gratitud y el reconocimiento: la dignidad de la persona y la justicia social pasan ambas por aquí. Si la vida familiar descuida esto, si nosotros mismos lo descuidamos, en la vida social y pública pasará lo mismo. Sobre todo para un creyente, la gratitud reside en el corazón mismo de la fe: un cristiano que no sabe agradecer es sencillamente alguien que ha olvidado el lenguaje de Dios.

Pedir permiso, a su vez, es un gesto de delicadeza con el afán de poder entrar en la vida de otro con cuidado y respeto de su autonomía. Muchas veces he experimentado eso en el padre Enrique. Hay una bella expresión en *Las florecillas de san Francisco*: «Sabe que la amabilidad es una de las propiedades de Dios [...] y la amabilidad es hermana de la caridad, la cual apaga el odio y conserva el amor». Si la realidad que vivimos es violenta y arrogante, significa que hace falta mucha amabilidad: empezando por las familias, empezando por nosotros.

Era también este, sencillamente, el significado de mi «Buenas noches» que dije a cada hermano y hermana cuando, el 13 de marzo de 2013, me asomé por primera vez al balcón de San Pedro como obispo de Roma, un obispo que mis hermanos cardenales habían ido a buscar casi al fin del mundo. Saludé, porque esa breve frase en la que casi no reparamos significa declarar nuestro cuidado, nuestra atención y, en fin, nuestro amor por el otro. Literalmente quiere decir desear la salvación («¡salve!»), y en consecuencia recordarnos mutuamente las prioridades de la vida, demostrando la alegría que sentimos por el encuentro, la felicidad de que el otro exista. Hay todo esto en cada simple expresión de saludo. Es un compromiso, no una fórmula vacía. Estamos aquí en esta tierra, hermanos y hermanas, y todos tenemos necesidad de salvación. Y por eso enseguida pedí que rezáramos todos juntos, el obispo con la comunidad y la comunidad por su obispo, para empezar ese camino de hermandad.

Del mismo modo, donde no se pide perdón falta el aire. Muchas heridas de amor, muchos desgarros empiezan por el olvido de esta palabra tan valiosa y necesaria. No por nada, en la oración que enseñó Jesús, el padrenuestro, que resume todas las peticiones esenciales para nuestra vida, encontramos la expresión: «Perdona nuestras ofensas, como también nosotros perdonamos a los que nos ofenden» (Mt 6, 12). Reconocer haber cometido una falta, y desear devolver lo que se ha quitado —respeto, sinceridad, amor—, nos hace dignos de perdón.

Es así como se para la infección.

Si no perdonamos, no seremos perdonados; si no hacemos un esfuerzo para amar, no seremos amados. «Como nosotros perdonamos a los que nos ofenden». Jesús es quien introduce en las relaciones humanas la fuerza del perdón. En la vida, no todo se resuelve con la justicia. Sobre todo ahí donde hay que parar el mal, alguien tiene que amar más allá de lo debido para reanudar una historia de gracia. Sabemos bien que el mal conoce sus venganzas: si no se le interrumpe puede inundar, ahogando el mundo entero.

Al padre Pozzoli le tengo un profundo afecto y le debo mucho. Infinidad de recuerdos hermosos. Y dos episodios dolorosos, que me gustaría vivir de nuevo para actuar de otra manera. Uno está unido a la muerte de mi padre, el 24 de septiembre de 1961, poco antes de que yo cumpliera veinticinco años. El padre Enrique viene a la capilla ardiente, quiere hacer una foto de mi padre con sus cinco hijos… Pero yo «me avergüenzo» y, con la arrogancia de los jóvenes, consigo que no haga la foto. Creo que se dio cuenta de mi actitud, pese a que no dijo nada… El segundo tuvo lugar solo unos veinte días después, cuando él mismo estaba a punto de morir. Pocos días antes de que muriera, fui a verlo al Hospital Italiano. Está dormido. No dejo que lo despierten. Salgo de la habitación y me quedo hablando con un padre que está ahí. Poco después, otro sacerdote sale y dice que el padre Pozzoli se ha despertado; le han avisado de mi visita y pregunta si sigo ahí. Pero pido que le digan que ya me he marchado. Ignoro qué me ocurrió, si era timidez, incapacidad o dolor, el dolor por la muerte de mi padre que se unía a esa nueva ocasión de luto, u otra cosa. Pero de algo no hay duda: muchas veces he sentido una profunda pena y un gran dolor por mi mentira. Cuánto me habría gustado poder «rehacer» esa escena…

Y, sin embargo, todavía hoy ese hombre es un punto de referencia en mis días, y nunca me olvido de recordarlo, también en la oración.

Junto con mi abuela Rosa, otro gran regalo que el padre Pozzoli me hizo, y por el cual le guardo una profunda gratitud, es la devoción a María. Muchas veces, en su iglesia del barrio de Almagro, me he detenido a rezar ante la figura de María Auxiliadora, que fue bendecida por el mismo don Bosco y trasladada a Buenos Aires desde Turín. En el coro de esa iglesia cantaba cuando era niño el gran Carlos Gardel, y también fue la parroquia del beato mapuche Ceferino Namuncurá, el indio santo de la Patagonia.

He experimentado en mí mismo, en mi piel, que la mirada maternal de María puede iluminar las oscuridades y reencender la esperanza. Es una mirada que sabe infundir confianza y transmitir ternura —otra palabra que hoy muchos querrían borrar del diccionario y que, en cambio, es poderosa y revolucionaria—. Esa mirada nos ayuda a enraizarnos en la historia y en la Iglesia, a ocuparnos realmente de nosotros mismos y los unos de los otros. Un mundo que mira al futuro sin mirada maternal es sencillamente miope: será capaz de crear beneficios, pero no serán para todos; al revés, serán para unos pocos, pues ese mundo ya no sabrá ver hijos en los hombres. Habitaremos la misma casa, pero no como hermanos. A lo mejor tendremos un presente, a menudo rabioso y envenenado, pero no un mañana. Nos creeremos libres y seremos esclavos.

Un día, cuando para mí la infancia había quedado atrás hacía más de veinte años, en un congreso en Bélgica coincidí con una pareja de catequistas, ambos profesores universitarios. Tenían una hermosa familia, y hablaban de Jesucristo muy bien. Así, en un momento dado pregunté: ¿y la devoción a la Virgen? «Ah, pero es que hemos superado esa etapa. Conocemos tanto a Jesús que no necesitamos a la Virgen». Y lo que enseguida pensé y me invadió el corazón fue: «¡Oh…, pobres huérfanos!». La abuela y el padre Enrique me enseñaron con su testimonio que la Virgen no es en absoluto un accesorio. No es una normativa espiritual, sino una exigencia de la vida cristiana. Pues la familia humana se funda, precisamente, en esa mirada: se funda en las madres.

Poco después de mi nacimiento, mis padres se mudaron primero a un piso pequeño, en el número 542, y, al año siguiente y de forma definitiva, al número 531 de la calle Membrillar, justo detrás de la casa y tienda de los abuelos, en Flores. Era un barrio lleno de vida, que recibía su nombre de la basílica de San José de Flores, otra de las grandes devociones —san José— del padre Enrique. Alrededor, edificios modernistas, casas de ladrillo rojo y la plazoleta Herminia Brumana, donde los niños jugaban a la pelota. A mis abuelos y a mi padre aquella atmósfera íntima, familiar, les recordaba los pueblos del Piamonte. De alguna manera nos convertimos en una familia extensa, y la abuela, quien, para ayudar a mi madre ante el aumento de tareas domésticas e hijos, me cuidaba a menudo, se convirtió en un baricentro de mi infancia y en una de las piedras angulares de mi vida.

5

Si somos muchos, mucho mejor

La puntualidad me gusta, es una virtud que he aprendido a valorar. Y ser puntual lo considero uno de mis deberes, una muestra de educación y de respeto. Sin embargo, era la primera vez y llegaba con retraso. El tiempo había vencido hacía una semana y yo seguía sin decidirme. Estar con mi madre me gustaba. Por suerte, la partera, la señora Palanconi, era una mujer capaz y experta, que encima iba a cumplir cinco mil nacimientos. Cuando consideró que no se podía esperar más, mandó llamar al médico de cabecera, que acudió corriendo. Llegó cuando mi madre estaba en la habitación, tumbada en la cama: el doctor Scanavino le hizo un reconocimiento, la tranquilizó... y después, algo que ha sido a menudo uno de los grandes relatos en nuestras reuniones familiares, se sentó sobre su barriga, presionó y «brincó» para provocar el parto. Y así fue como vine al mundo, el día de san Lázaro de Betania, el amigo al que Jesús resucitó de entre los muertos. Cuando «salí» pesaba casi cinco kilos, y mi madre, unos cuarenta y cuatro: en fin, que fue un duro trabajo...

Maria Luisa Palanconi asistiría en el parto de todos mis hermanos, y más tarde incluso en el de un hijo de mi hermana.

No conservo ningún recuerdo del nacimiento del segundo hijo, mi hermano Óscar Adrián, que recibió su nombre de un tío materno, porque entonces, el 30 de enero de 1938, tenía poco más de un año. Pero sí recuerdo el de mi hermana Marta Regina, el 24 de agosto de 1940. Y, sobre todo, el del cuarto hijo: una es-

Yo con pocos meses y con un año.

cena íntima, familiar, que tengo delante de los ojos como si estuviese ocurriendo en este momento. Todos los hermanos estamos enfermos, con gripe; Óscar y yo en nuestra habitación y nuestra hermana pequeña en la suya. Llega el doctor Rey Sumai y nos reconoce a los tres, después recorre con paso firme el pasillo, hacia la biblioteca en la que están los libros de mi padre y ahora está instalada mi madre. Entra, le pone una mano en la barriga y exclama: «¡Oh, falta poco!». Unas horas después llega la señora Palanconi, con su gran bolso. Mi padre y el tío están en la cocina. La puerta de la biblioteca se cierra delante de nosotros, mi madre y la partera están ahí dentro, y los niños nos juntamos al otro lado, con las orejas pegadas para escuchar, para captar el momento en que llegará el nuevo hermanito, el primer grito de la vida. Los mayores nos hablaban de la cigüeña que —a saber por qué, a lo mejor porque de esa ciudad, desde la Gran Exposición Universal del final del siglo anterior, parecía que venían todas las cosas más nuevas y modernas— tenía que llegar siempre de París, pero Óscar y yo ya habíamos descubierto la verdad. Sabíamos cómo nacen los niños. Y esa noche, el 16 de julio de 1942, nació Alberto Horacio. El equipo estaba casi formado.

Con mi madre y mi hermano Óscar, en 1938.

Una familia común, con dignidad. La de la dignidad ha sido siempre una enseñanza presente en las palabras y en los gestos de nuestros padres.

Desde mi segundo año de vida, hasta que cumplí los veintiuno, siempre he vivido en el número 531 de la calle Membrillar. Una casa de una sola planta, con tres habitaciones —la de mis padres, la que teníamos los varones y la de mi hermana—, un cuarto de baño, una cocina con comedor, un comedor más formal y una azotea. Esa casa y esa calle han sido para mí las raíces de Buenos Aires y las de toda Argentina. Una vivienda sencilla en un barrio sencillo, todas casas bajas; ahí se respiraba un aire tranquilo y pacífico, un clima de confianza tanto en los demás como en el futuro. Si mi madre tenía que volver a casa un poco más tarde, y temía que nosotros ya hubiésemos regresado de la escuela, le dejaba las llaves al guardia del barrio, que estaba en la esquina; pero lo cierto es que, como se suele decir, podías dormir dejando la puerta abierta. Un barrio de clase media en el corazón de una ciudad en perpetua transformación y de un gran país, uno de los más extensos del mundo. El censo nacional de 1869 había dado una población todavía lejana de los dos millones de habitantes, pero cuando nací, en 1936, ya eran doce, una cifra que aumentaba exponencialmente, y la capital se había convertido en una de las mayores metrópolis del planeta. Esos números terminarían triplicándose. Un país joven, nacido en una inmensa y perdida llanura de una de las colonias más remotas y periféricas —sin el reclamo brillante de los metales preciosos— del vasto Imperio español, y que ha sintetizado su compleja, trágica y maravillosa historia en poco más de dos siglos y en un puñado de generaciones. Mi patria, por la cual sigo sintiendo el mismo amor, un amor grande e intenso. El pueblo por el que rezo todos los días, que me ha formado, me ha preparado y después ofrecido a los demás. Mi pueblo.

Desde aquellas cuatro paredes empezó a irradiarse mi mundo de niño. A cincuenta metros se encontraba la casa de mis abuelos paternos, y cerca, la tintorería en la que mi padre volvió a trabajar de contable. Un poco más allá, hacia el barrio de Boedo, estaba la casa de mis abuelos maternos. Luego, por la calle Francisco Bilbao hasta el parque, se llegaba a la escuela infantil de Nuestra Señora de la Misericordia, a la que empecé a ir con cuatro años. Y, justo a la vuelta de la esquina, la plazoleta de tierra a la que me escapaba con mi hermano Óscar y mis amigos para jugar al balón, después de la escuela, con la camisa arremangada y, muchas veces, las rodillas arañadas. Los balones eran casi siempre de trapo, pequeños prodigios de artesanía del reciclaje, ya que no había plástico y los balones de cuero eran demasiado caros para los chicos de la plazoleta Brumana.

Éramos un bonito y pequeño grupo de niños. Pero niños de carne y hueso, no ángeles, desde luego. Los adultos del barrio ejercían también una especie de paternidad y maternidad difusa y compartida, nos vigilaban, nos orientaban, y alguna vez nos sacaban de líos. La plazoleta, la calle, el barrio eran también nuestro gimnasio, un lugar en el que aprendíamos a calibrarnos, a comprendernos, en el que nos enfrentábamos y nos peleábamos, donde conocíamos los límites. Uno de mis mejores amigos se llamaba Nené; moriría a los veinte años en un accidente de coche. Teníamos alguna discusión, alguna bronca; lo normal era que a los diez minutos hiciéramos las paces.

Pero, por supuesto, recuerdo también alguna escena de la que no me siento precisamente orgulloso. En la esquina de la plazoleta, había una casa en la que vivía una señora casada con un empleado de banca. El marido había muerto y, una vez terminado el luto —del que entonces había que dar muestra vistiendo pesados trajes negros, velos en el rostro y sombreros oscuros—, nos dimos cuenta de que la viuda hacía pasar a escondidas a su casa a uno de los policías del barrio. Los niños, yo tendría diez años, nos acercábamos silenciosamente hasta la ventana de su dormitorio y entonces empezábamos a gritar, a llamar, a golpear las ventanas…, en fin, a dar la lata. Me avergüenza un poco recordarlo, y también me da un poco de risa, pero lo cierto es que eso ocurrió. Éramos como el protagonista de *El diario de Gian Tormenta* en salsa latina.

Durante el carnaval —tendríamos entre siete y nueve años—, desfilábamos por las calles del barrio, todos disfrazados, y cantábamos: canciones pícaras y subidas de tono, algunas completamente irreproducibles, que nos enseñaba un libanés que vivía en el barrio y que todavía recuerdo perfectamente. Una vez me vestí de tirolés, con el sombrero, la pluma y todo lo demás. Otra vez, tendría once años y Óscar nueve, yo de novio y mi hermano de novia. Mientras desfilábamos, un chico tuvo la nefasta idea de darle un azote en el trasero a Óscar; él entonces se volvió de golpe, como si le hubiese caído un rayo, se levantó la falda y empezó a perseguir al otro como un loco para darle un bofetón. Todavía me da risa.

Me encanta el carnaval. Con mi padre y Óscar, en 1940.

En el barrio celebrábamos la murga, un desfile colorido y ruidoso que encarna la filosofía popular del «¡si somos muchos, mucho mejor!». Se bailaba al ritmo de las percusiones, el bombo, el tamboril, los platillos, se cantaban canciones a cambio de una monedita, y todo se completaba con el lanzamiento de generosos cubos de agua durante buena parte de la tarde. Luego, por la noche, tenía lugar el inmenso desfile de grandes carros y máscaras a lo largo de la avenida Rivadavia y de la avenida de Mayo. Adorábamos el carnaval, era una gran fiesta. Un emblema de integración. Una multitud sana, limpia y libre. No por nada, en 1976 la dictadura anuló esa fiesta incluso por decreto… Y luego llegó el día en que todos los niños fuimos a ver a Charlie Chaplin: una película en la que Charlot utilizaba su paraguas como paracaídas. De regreso en casa, se nos ocurrió la idea, no demasiado brillante, de reproducir la escena. Subimos a la azotea. ¿Quién va primero?

SI SOMOS MUCHOS, MUCHO MEJOR

Yo, dijo resuelto mi hermano Alberto, el más pequeño. Abrió el paraguas y, sin vacilar, se lanzó. El aterrizaje no fue para nada tan plácido como el que se ve en la pantalla; más bien parecía que podías oír los ruidos onomatopéyicos de los cómics, los «¡bum!» y «¡crac!» que aparecen en los tebeos, pero Alberto se incorporó enseguida, con algún golpe, algún arañazo. Cuando regresaron a casa nuestros padres, nos atizaron el resto. Protestamos un poco, pero, la verdad sea dicha, realmente no nos pareció que fuese un castigo inmerecido.

Ubicado en la zona sur de la capital, fruto exuberante de la explosión demográfica de una zona originalmente destinada a la agricultura y a la ganadería en beneficio de la ciudad y unida al territorio de Buenos Aires solo a final del siglo XIX, Flores era un caleidoscopio de etnias, religiones y profesiones, que se habían manifestado en la sociedad a través de la creación de templos, escuelas, hospitales, círculos deportivos, periódicos. Era un pequeño mundo colorido que se abría a otros mundos.

Con la abuela y con mi madre íbamos a menudo a hacer la compra al mercado callejero y, entre todos los puestos, me fascinaba el del carnicero, con su delantal blanco anudado a la espalda y el cuchillo afilado en el gran bolsillo que, como un canguro, llevaba en la barriga, donde guardaba el dinero. Era un espectáculo ver a ese hombre trocear la carne, con golpes rápidos y precisos, e incluso me parecía que ganaba mucho. Así, en aquella época, a quien me preguntaba qué quería ser de mayor le respondía: ¡carnicero! Cuando uno crece, las vocaciones se van aclarando.

Fue una infancia serena. Todo parecía ocurrir con suma naturalidad: el juego, el colegio, el estudio, así como la educación religiosa. También las enseñanzas de la fe se aprendían con la misma sencillez natural: era como una lengua, se aprendía a hablar y se aprendía a creer. Por eso me gusta decir que la transmisión de la fe se hace en dialecto, no con artificiosidad escolástica o libresca, sino de la misma manera en que se charla en familia, en que se vive todos los días. «Habla claro», se dice habitualmente, y de la misma manera podría decirse: «Reza». El domingo a las diez íbamos todos juntos a misa al colegio de Nuestra Señora de la Misericordia, donde mi hermana Marta luego estudió, y lo demás ocurría como consecuencia de ello. Recuerdo las procesiones del Viernes Santo, de noche, con velas; con la abuela nos colocábamos en el espacio peatonal, en el cruce de los raíles del tranvía, y esperábamos el paso del Cristo yacente. La abuela entonces nos pedía que nos arrodilláramos y decía: «Fijaos bien, niños. ¡Ha muerto…, pero mañana resucitará!». Y después, el sábado, que entonces era el día de la Misa de Resurrección, no bien sonaban las campanas, todos íbamos a lavarnos los ojos para ver el mundo de otra manera, con una mirada nueva. Nace también de esta raíz profunda, de estos queridos recuerdos, mi vínculo con la religiosidad popular.

La abuela Rosa era quizá la figura más religiosa, pero cada uno contribuía a la educación en la fe de sus hijos, tanto mi padre como mi madre.

El domingo era un día sagrado en la familia. Una vez en casa, las comidas eran ceremonias privadas larguísimas y ruidosas que se alargaban hasta muy tarde. A veces, en nuestra casa; otras, en la casa de los abuelos, y, en ese caso, podíamos ser unos treinta. Comidas infinitas y maravillosas, con cinco o seis platos. Y con postres. No vivíamos en absoluto en la abundancia; al revés, mi padre tenía un buen sueldo, pero también muchas bocas que alimentar, y en casa nunca se tiraba nada: una camisa rota de mi padre o un pantalón raído se arreglaban, se recortaban o se cosían para convertirse en prendas que utilizaba cualquiera de los hermanos. En una palabra, éramos dignamente pobres, pero, en la cocina, fieles a la tradición italiana.

«Tanos», así nos llaman en Argentina. Entre los primeros inmigrantes italianos que llegaron a la Plata primaban los genoveses, hasta el punto de que «xeneixes» se convirtió en el epíteto para referirse a casi todos. Entre los del norte, muchos se apellidaban Battista, y entonces «bachicha» pasó a ser el apodo habitual de los italianos. Y, en fin, cuando se sumó la gran inmigración del sur de la península, de calabreses, sicilianos, pulleses y campanos, y les preguntaban a los que desembarcaban de dónde eran y ellos respondían: «Soy *napulitano*», tano se convirtió en el nombre colectivo para señalar el todo por la parte. Todos nosotros comedores de pasta.

En casa se preparaba pasta fresca, *cappelletti*; recuerdo un día que vi que hacían cientos, enrollados con el meñique. Mi madre decía que antes de casarse con mi padre no sabía hacer ni un huevo frito. Pero que después, también gracias a los consejos de las abuelas, se convirtió en una cocinera notable.

El barrio era un microcosmos complejo, multiétnico, multirreligioso y multicultural.

Mi familia siempre tuvo estupendas relaciones con los judíos, a los que en Flores llamábamos «rusos», porque muchos de ellos procedían de la zona de Odesa, donde vivía una comunidad judía muy numerosa, que en la Segunda Guerra Mundial sufrió una brutal masacre por parte de las fuerzas de ocupación rumanas y nazis. Muchos clientes de la fábrica en la que trabajaba mi padre eran judíos que se dedicaban al sector textil, y muchos de ellos eran nuestros amigos.

Del mismo modo, en nuestro grupo de chiquillos teníamos varios amigos musulmanes, que para nosotros eran «los turcos», dado que en su mayoría habían desembarcado con pasaporte del antiguo Imperio otomano. Eran sirios y libaneses, así como también iraquíes y palestinos. El primer periódico en lengua árabe se publicó en Buenos Aires a principios del siglo XX.

Debido también a estos hábitos relacionales arraigados ya desde la infancia, siempre he prestado gran atención, en cada fase del pontificado, a las relaciones con el mundo musulmán: creo que debemos y podemos hacer mucho juntos. Incluso en mi viaje apostólico a Yakarta, en septiembre de 2024, frente al Túnel de la Amistad que conecta la Catedral de Nuestra Señora de la Asunción con la Mezquita Istiqlal, la más grande del Sudeste Asiático y una de las más grandes del mundo, tuve la oportunidad de firmar una declaración conjunta con el gran imán Nasaruddin Umar sobre principios y valores comunes: debemos buscar con atención dónde está realmente lo que nos une más allá de las diferencias, y debemos cuidar nuestros lazos, aislando la intolerancia, el fundamentalismo, los extremismos y la instrumentalización de la religión. A las numerosas señales de amenaza, a los tiempos oscuros, a la deshumanización, al abuso de la creación debemos contrarrestar con el signo de la fraternidad. En los Emiratos Árabes Unidos, en 2019, en un estadio repleto de personas, acababa de terminar de celebrar una misa, la primera celebrada por un papa en la región, y me dirigía en coche al aeropuerto para regresar al Vaticano, cuando el conductor, emocionado, me señaló una mezquita: «Mire de quién lleva el nombre», me dijo. Leí el cartel: «*Mary, Mother of Jesus*». Y durante el Jubileo de 2016, un obispo africano me dijo que tan pronto como abría su catedral por la mañana allí entraban todos: los cristianos para rezar o confesarse y los musulmanes hacia el altar de la Virgen. La devoción a María es un puente que nos une, y el diálogo es el estilo de vida que estamos llamados a salvaguardar y promover, tanto en el frenético crisol indonesio como en una calle de Flores de finales de los años cuarenta.

¿Está el turco? ¿Viene también el ruso? En el barrio de mi infancia las diferencias eran lo normal, y nos respetábamos.

Una mujer a la que queríamos mucho, una viuda que tenía dos hijos, chico y chica, trabajaba como criada en una casa en la que también vivían, y un par de veces a la semana venía a la nuestra para ayudar a mi madre con la plancha y la colada. Concepción (Concetta) Maria Minuto era una mujer enérgica y lista como el hambre que había pasado. Había emigrado a Argentina desde Sicilia con sus hijos, con poco o nada, después de que su marido muriera en la guerra, y había conseguido con una extraordinaria fuerza de ánimo mantener a su familia. Era una generación de mujeres muy fuertes; en Sicilia, en plena guerra, Concetta, cuando notó que iba a dar a luz a su hijo varón, fue sola por las vías del tren hasta el hospital. Con su castellano mezclado con italiano, esa mujer sencilla y fuerte realmente nos enseñó un montón de cosas. Nos hablaba de la «*bedda Sicilia*», del cultivo de los campos. Pero, sobre todo, nos contaba la guerra, su horror, las privaciones, los lutos.

Fue el grito de otra mujer del barrio, Mari, que tenía una hija que se llamaba como ella, y a la que, para diferenciarlas, llamábamos Mari Chica, el que rasgó el aire de un día de abril y anunció a mi madre antes que a nadie que la pesadilla había terminado: «¡Se acabó! ¡Regina, se acabó!». La radio acababa de dar la noticia de la Liberación.

Estábamos muy unidos a Concetta, pero cuando mis padres se mudaron, una vez que entré en el seminario, la perdí de vista.

Pasaron veinte años, y, cuando era rector en el Colegio Máximo de San Miguel en Córdoba, ella y su hija lo supieron y vinieron a verme. Pero ese día yo estaba muy atareado y, con una ligereza que durante mucho tiempo no me perdonaría, mandé decir que no estaba.

Cuando me di cuenta de lo que había hecho, lloré.

Rezaba para volver a verla, para que se me permitiera reparar esa injusticia, una injusticia que, ahora lo comprendía, había cometido con los pobres.

Durante años.

Hasta que, siendo ya cardenal, un sacerdote vino a verme y, no bien entró en la archidiócesis, dijo: «¿Sabes que el taxista que me ha traído aquí me ha contado que su madre trabajó en la casa de tus padres, en Membrillar?». ¡Le había dejado también el número de teléfono! Llamé enseguida a Concetta, y durante diez años ya no nos dejamos. Unos días antes de morir, sacó de su bolsillo una medallita del Sagrado Corazón y me la dio: «Quiero que te la quedes tú». Cada noche me la quito del cuello y la beso, y, cuando al día siguiente me la pongo debajo de la túnica, la imagen de esa mujer me aparece. Murió serena, con noventa y dos años, con una sonrisa en los labios y la dignidad de quien ha trabajado.

Igual que el mercado callejero, el barrio era un concentrado de variada humanidad. Laboriosa, sufriente, devota, festiva.

Había cuatro «solteronas», las señoritas Alonso, pías mujeres de origen español y emigradas a la Plata, muy hábiles bordadoras, de una técnica refinada. Un punto y un rezo, un rezo y un punto. Mi madre les mandó a mi hermana para que aprendiese, pero Marta se aburría mortalmente y protestaba: «¡Pero, mamá, esas nunca hablan, no dicen una sola palabra, solo rezan!». Eran mujeres muy buenas, y de vez en cuando acababan siendo objeto de las burlas de los muchachos. El día de mi ordenación sacerdotal, Carmen, Fina, María Ester y María Elena Alonso me regalaron una tarjeta que hoy todavía conservo. La miro y ahora todas las mañanas soy yo quien reza por ellas.

Un poco más allá, en cambio, vivía una familia que tenía una hija guapísima. Un día la chica se casó, y oí decir que no quería tener hijos «para no echar a perder su figura». Aunque solo era un chiquillo, a quien ese tipo de informaciones aún confundían, la cosa me chocó, como una bofetada en el corazón.

Y casi en la esquina de nuestra calle había una peluquería, con piso anejo; la peluquera se llamaba Margot, y tenía una hermana, que era prostituta. Compaginaba esa actividad con el lavado de pelo, el corte y la permanente. Era gente muy buena, mi madre también iba allí a veces. Un día Margot tuvo un hijo. Yo no sabía quién era el padre, y eso me asombraba y me intrigaba, pero al barrio no parecía preocuparle mucho.

En ese mismo número, en otro piso, vivía un hombre casado con una mujer que había sido bailarina de revista, y que también tenía fama de prostituta: todavía joven, murió tísica, doblegada por aquella vida. Recuerdo la precipitada tristeza de aquel funeral: el marido estaba huraño y distante, encerrado en su egoísmo, solo pendiente de que el morbo no lo afectase y de la nueva mujer que iba a reemplazar a la difunta. También la madre de esa señora, Berta, una francesa, había sido bailarina, y se contaba que se había exhibido en clubs nocturnos de París; ahora trabajaba como criada muchas horas, pero tenía un porte y una dignidad que impresionaban.

Desde niño, he conocido también el lado más oscuro y duro de la vida, ambos juntos, en la misma manzana. Así como el mundo de la cárcel: los cepillos que utilizábamos para la ropa eran objetos que comprábamos a los detenidos de la prisión local; fue así como percibí por primera vez la existencia de aquella realidad.

Otras dos chicas del barrio, también hermanas, eran prostitutas. Pero ellas eran de lujo: fijaban citas por teléfono, las recogían en coche. Las llamaban la Ciche y la Porota, y las conocían en todo el barrio.

Los años pasaron y un día, cuando ya era obispo auxiliar de Buenos Aires, sonó el teléfono en el palacio episcopal: era la Porota, que me estaba buscando. Le había perdido completamente el rastro, no la veía desde que era un chiquillo. «Oye, ¿te acuerdas de mí? He sabido que te han nombrado obispo, ¡quiero verte!». Era un río desbordado. Ven, le respondí, y la recibí en el obispado, estaba todavía en Flores, debía de ser 1993. «¿Sabes? —me dijo—, he sido prostituta en todas partes, también en Estados Unidos. Gané dinero, después me enamoré de un hombre mayor que yo, fue mi amante, y cuando murió cambié de vida. Ahora tengo una pensión. Y me dedico a limpiar a los viejitos y viejitas de las residencias de ancianos que no tienen a nadie que se ocupe de ellos. A misa no voy mucho, y con mi cuerpo he hecho de todo, pero ahora quiero ocuparme de los cuerpos que no interesan a nadie». Una Magdalena contemporánea. Me contó que también su hermana, la Ciche, había cambiado de vida, y que se pasaba muchas horas rezando en la iglesia: «¡Se ha vuelto una beata! ¡Dile tú también que tiene que mover el trasero y hacer algo por los demás!». Tenía un lenguaje pintoresco e imaginativo, cuatro imprecaciones cada cinco palabras. Y estaba enferma.

Tiempo después, cuando ya era cardenal de Buenos Aires, la Porota me volvió a llamar para decirme que quería hacer una fiesta con sus amigas, y para preguntarme si podía celebrar misa para ellas en la parroquia de San Ignacio. Sí, por supuesto, y me pregunté quiénes podían ser esas amigas. «Pero ven antes, que muchas de ellas se quieren confesar», añadió la Porota.

En aquella época me veía a menudo con el padre Pepe, don José di Paola, un joven sacerdote que había conocido al principio de mi episcopado y que desde 1997 era párroco en Virgen de Caacupé, en la Villa 21. Es un hombre de Dios, uno de los sacerdotes que siempre han hecho su obra en las villas miseria, los asentamientos de chabolas que rodean Buenos Aires; hay unas treinta solo en la capital y unas mil en toda la provincia. Las villas son un amasijo de humanidad, hormigueros con cientos de miles de personas. Familias cuya mayoría procede de Paraguay, Bolivia, Perú y del interior del país. Ahí nunca han visto al Estado, y, cuando el Estado está ausente durante cuarenta años y no da casas, luz, gas ni transporte no es difícil que se cree en su lugar una organización paralela. Con el tiempo, la droga ha empezado a circular de manera brutal, y, con la droga, se ha impuesto la violencia y la disgregación familiar. El paco, la pasta de coca, lo que sobra de la elaboración de la cocaína para los mercados ricos, es la droga de los pobres: un azote que multiplica la desesperación. Ahí, en esos extrarradios que para la Iglesia deben ser cada vez más el centro, un grupo de laicos y de sacerdotes como el padre Pepe viven y dan testimonio del Evangelio todos los días, entre los descartados de una economía que mata. Quien dice que la religión es el opio del pueblo, un tranquilizador relato para alienar las conciencias, haría bien en ir un día a las villas: vería que, gracias a la fe y a esa dedicación pastoral y cívica, han mejorado de manera increíble, pese a las enormes dificultades. También conocería una gran riqueza cultural. Experimentaría, como con la fe, que toda ayuda es siempre un encuentro, y que podemos aprender mucho de los pobres. Cuando alguien dice que soy un papa villero, solo rezo para ser siempre digno de ello.

Verme con el padre Pepe siempre le sienta bien a mi alma y a mi vida espiritual. Con el tiempo, nos hemos hecho cada vez más amigos. Ese año, creo que era 2001 y Pepe era un cura villero ya desde hacía tiempo, pasaba por una etapa complicada y difícil, de crisis en su vocación sacerdotal, que después contaría él mismo. Habló con franqueza con sus superiores, pidió que lo dispensaran del ejercicio del sacerdocio y se fue a trabajar a una fábrica de zapatos. Cuando me lo contó, le dije sencillamente: ven a verme cuando quieras. Y lo hizo. Más de una vez, a la salida del tra-

Con el padre Pepe en la Villa 31 de Buenos Aires.

bajo hacía dos horas de camino e iba a la catedral. Lo esperaba, le abría la puerta, lo escuchaba y hablábamos. Pero siempre con libertad. Un encuentro tras otro, un mes tras otro, el tiempo pasaba, hasta que una noche vino y me dijo: «Padre, aquí me tiene… Me gustaría celebrar misa…». Nos abrazamos. ¿Quieres que la celebremos juntos el 20 de julio, el día de la Fiesta del Amigo? Se alegró. Entonces vayamos a San Ignacio, dije: voy a celebrar misa ahí porque una señora de Flores me lo ha pedido.

Así que fuimos juntos. Nos dirigimos desde la archidiócesis por la calle Bolívar y llegamos a la iglesia: todas eran exprostitutas y prostitutas del «sindicato». Y todas se querían confesar. Fue una celebración preciosa. También la Porota estaba contenta, casi conmovida.

Me mandó llamar una última vez, tiempo después, cuando estaba ingresada en el hospital: «Te he pedido que vinieras para que me trajeras la extremaunción de los enfermos y la comunión, porque esta vez ya no la cuento». Todo entre una imprecación contra un médico y un grito a otro paciente; no había perdido la energía, ni siquiera entonces, postrada como estaba. «Genio y figura hasta la sepultura», decimos en Argentina.

Pero se marchó bien, porque «los publicanos y las prostitutas van por delante de vosotros en el reino de Dios» (Mt 21, 31). Y mucho la quise. El día del aniversario de su muerte nunca me olvido de rezar por ella.

6

Como una cuerda tendida

Mis abuelos maternos vivían en Almagro, en una gran casa ubicada en el número 556 de la calle Quintino Bocayuva. Si trato de evocarla, aún puedo verla: nada más entrar había un vestíbulo, al que seguía un pasillo corto que acababa en una primera puerta; a continuación, otra que se abría al patio, al que se asomaban el salón, el gran comedor, la cocina, el baño y dos dormitorios, que me parecían enormes. Luego, otras estancias y el jardín, lleno de flores, que limitaba a un lado con el gallinero y a otro con el taller donde mi abuelo, el señor Francisco Sivori, trabajaba de carpintero y ebanista, como su hermano: muebles de factura selecta, marqueterías y contrachapados, realizados y acabados con maestría e infinita paciencia.

Un amigo del abuelo, que era vendedor ambulante de anilinas, los colorantes para la madera, visitaba el taller todas las semanas. Se sentaban en el patio y charlaban mucho rato mientras bebían largos sorbos de té mezclado con vino. Para mí solo era un señor amable, de larga barba blanca, que lucía un traje oscuro y modales impecables y a quien las cosas no parecían irle muy bien. Me sorprendí cuando los mayores me dijeron que ese hombre, que se presentaba simplemente como don Elpidio, había llegado a ser vicepresidente de la nación primero y luego ministro del Interior con Hipólito Yrigoyen, en el gobierno de la Unión Cívica Radical que en 1930 sería derrocado por el primero de una larga serie de golpes militares. Se llamaba Elpidio González. Estuvo preso dos años, y cuando salió de la cárcel, pobre de solemnidad, rechazó la pensión de jubilación y cualquier otro vitalicio. Dormía en un hotel de mala muerte de la calle 9 de Julio, que más tarde derribarían para transformar esa calle en avenida. La mayor parte de sus ocupantes sería trasladada al Hotel de Inmigrantes, que era una ratonera aún peor que la primera. Cuando llegó el día del desahucio, don Elpidio recogió las cuatro cosas que poseía, las metió en una maleta ajada, salió y emprendió su acostumbrada ronda de clientes, como siempre. Contaron que poco antes un emisario del nuevo presidente, probablemente preocupado por las complicaciones que la situación habría podido causar en el ambiente político, se había presentado en el hotel con un abultado sobre lleno de billetes para el señor Elpidio, tantos que le habrían permitido adquirir cualquier vivienda de Buenos Aires. Pero él los rechazó tajantemente y le comunicó a su interlocutor que si se atrevía a insistir denunciaría el hecho como un intento de cerrarle la boca. Asimismo, cuando el Congreso de la Nación Argentina promulgó una ley que permitiría a todos aquellos que habían desempeñado cargos ejecutivos beneficiarse de una importante pensión, él la rechazó. Murió pobre, una mañana de octubre de 1951, tres años antes que su amigo Francisco. El abuelo acostumbraría a poner de ejemplo la historia de don Elpidio para inculcar en nosotros, los jóvenes, el deber de la honradez política.

Como González, mi abuelo también era un radical y un hombre de encendida pasión política. Su quinta fue la primera de Argentina que hizo el servicio militar, a finales del siglo XIX; lo mandaron a Cura Malal, en la pampa. Hasta el día de su muerte, el 26 de julio de 1954, lo recuerdo alto, siempre pulcro y elegante: creo que nunca lo vi salir sin corbata, chaleco, bastón y a menudo incluso con polainas, una prenda que se usaba entonces y que cubría la pierna desde el tobillo hasta la rodilla. Había nacido en Buenos Aires ochenta años atrás, el 12 de marzo de 1874, de padres originarios de la Riviera de Levante, de la zona de Cogorno, y era el primogénito de tres hijos. Su esposa, doña Maria Gogna, mi abuela, era en cambio inmigrante de primera generación, hija de un zapatero y de una campesina. Vino al mundo el 3 de junio de 1887 en la zona de Piamonte que ya se da un aire a Liguria, en el punto en que la verde frontera montañosa de los Apeninos une y separa las dos regiones, en el número 1 de Teo, una minúscula aldea del municipio de Cabella Ligure, que actualmente apenas cuenta con unos doce habitantes, y llegó a Buenos Aires en la primera infancia. Cuando se casaron, el 4 de abril de 1907, en la parroquia de San Carlos Borromeo, la abuela tenía diecinueve años y el abuelo treinta y tres. Pero la celebración estuvo trágicamente marcada por la muerte de la madre de la joven novia, mi bisabuela. El nombre de su madre, Regina, se grabó más si cabe en el corazón de mi abuela, que decidió ponérselo a la primera niña que diera a luz.

Antes de casarse, la abuela Maria había trabajado como criada en casa de una familia parisina afincada en Buenos Aires, y por eso, además de dominar todas las tareas domésticas, hablaba el francés a la perfección; nos enseñaba, en ese idioma, canciones que inadvertidamente aún tatareo. Era una mujer robusta, silenciosa y enérgica, una gran trabajadora que había sabido forjarse una cultura por su cuenta, pues había tenido la oportunidad de leer mucho cuando trabajaba en aquella casa. Era ella quien mandaba: todas las figuras femeninas de mi familia, por otra parte, poseían un temperamento fuerte; eran distintas, pero todas tenían carácter. Discutía continuamente con su marido, pero mi abuelo no le daba importancia: bajaba la cabeza y se ponía a trabajar.

El matrimonio tuvo cinco hijos, tres varones y dos mujeres, al igual que luego sucedería en nuestra familia, y mi madre fue la tercera, la primera mujer. Nació el 28 de noviembre de 1911 y fue bautizada el 27 de abril de dos años más tarde, también en la parroquia de San Carlos. Mi madre vivió en la casa de la calle Bocayuva hasta que se casó con mi padre.

En el centro, mis abuelos maternos, Francisco y Maria.

Pero, cuando el abuelo Francisco murió —yo contaba diecisiete años—, esa rama de la familia se quebró y se separó: peleas y rencores instauraron un doloroso clima de tensión y tristeza. La abuela se fue a vivir con la hermana de mi madre, la tía Catalina, la menor, y viviría con el dolor de ver a su familia enfrentada hasta el día de su muerte, muchos años más tarde.

Mi madre, Regina Maria Sivori, era una mujer franca y sincera como mi abuela. Una mujer práctica que siempre tuvo la ambición de que su familia progresara, también socialmente. Sobre todo mediante la cultura y los estudios. Nos hizo estudiar piano a todos sus hijos, y a Alberto, que del piano no quería ni oír hablar, violín. Una mujer ambiciosa, que a veces sufría por las estrecheces económicas que nuestra vida inevitablemente imponía. Sin embargo, nosotros, sus hijos, éramos felices y no echábamos de menos nada. En casa de los abuelos, tanto maternos como paternos, no había nevera —una barra de hielo refrigeraba la despensa de madera y chapa— y nosotros nunca tendríamos coche. Pero recuerdo muy bien el lío que se armó en las calles de Buenos Aires un domingo de 1942, cuando la conducción a la izquierda, como en el Reino Unido, pasó a la derecha, como en Europa y, sobre todo, Estados Unidos. Los primeros conductores se miraban con cara de perro rabioso, como si se olfatearan, y encaraban el cambio con recelo, desorientados, con el mismo talante que si abordaran un reto de dudoso resultado.

A pesar de las estrecheces, mi madre se las apañaba de todas formas y sobre la marcha. Si bien el televisor no llegaría hasta muchos años más tarde y en casa tampoco había tocadiscos, disponíamos de una radio, que ella convertía en una oportunidad para instruirnos y estar juntos. Todos los sábados a las dos de la tarde, la Radio del Estado retransmitía una ópera lírica. Mi madre nos reunía a los tres mayores y nos contaba los libretos, nos explicaba los personajes y las voces, hasta el más mínimo detalle. «Esta es Desdémona, que se prepara para acostarse, asaltada por un triste presentimiento. Ahora, por una puerta secreta, entra Otelo, se acerca, la besa…, pero atención, niños: ¡va a matarla! —Nos estremecíamos—. Este, en cambio, es el joven guerrero Radamés, que regresa vencedor; atención, escuchad: ¡ahora empieza la marcha triunfal!». Uno podía ver a los guerreros egipcios; parecía como si fueran a aparecer ante nuestros ojos de un momento a otro, con sus atuendos, las banderas y todo lo demás. Nos embelesaba.

Hasta tal punto que empezamos muy pronto a ir solos a la ópera: yo debía de tener unos dieciséis años y mi hermana Marta unos diez. Subíamos al gallinero, desde donde, por un peso o dos, los mayores vimos casi todo. También asistí, rodeado de una auténtica marea humana, al gran concierto que Tito Schipa dio en el anfiteatro al aire libre de Buenos Aires, una de las últimas apariciones de uno de los más grandes *tenori di grazia* de la historia de la ópera. Medio millón de personas escuchando absortas *La traviata* y *L'elisir d'amore*.

También estaba la música popular: recuerdo el año en que Carlo Buti visitó Argentina. El cantante era un abanderado del llamado *bel canto* a la italiana, que se extendió a lo largo de la primera mitad del siglo xx. En 1946, más de doscientas mil personas se aglomeraron en el Casino de Baires para oírlo cantar. Eran las canciones de la época, de antes y de después de la guerra, pero en mi casa escucharlas era como ir a misa: algo sagrado. Si la radio anunciaba su presencia, no se admitían deserciones, por ningún motivo; en aquellas ocasiones, entre *Non ti scordar di me*, *Regina della pampa* y una canción napolitana, veía renacer a mi padre. Fue así como aprendí *'O sole mio* de memoria: «*Che bella cosa na jurnata 'e sole, n'aria serena doppo na tempesta…*». Cuando, en el curso de una visita a Nápoles como pontífice, se la oí entonar a un coro de jóvenes, fue como reencontrarme con una emoción familiar.

La música popular siempre sería un nexo entre dos mundos, también en los años futuros, como una cuerda tendida de un lado a otro del océano; más adelante nos conquistarían *Parole parole* de Mina y *Zingara* de Iva Zanicchi.

Motivo de luto fue, al contrario, y no solo para la comunidad piamontesa de Buenos Aires, la noticia de la tragedia de Superga, ocurrida en mayo de 1949, cuando se supo que el avión en que viajaba el equipo del Torino, uno de los mejores del mundo, el pilar de la selección de fútbol de Italia, se había estrellado contra el muro de contención de la parte posterior de la basílica y no había habido supervivientes. Muchos años más tarde, iría en persona a visitar esa basílica y me detendría emocionado bajo la lápida con los nombres de las treinta y una víctimas. La cuerda no se rompió, el dolor popular fortaleció los lazos.

Al igual que nuestra madre, adorábamos a Beniamino Gigli y a Maria Caniglia, que quizá eran los cantantes más populares de aquella época, y, al igual que nuestro padre, adorábamos a nuestra madre. Cuando en enero de 2015, de regreso de la visita apostólica a Sri Lanka, respondiendo de forma improvisada a los periodistas acerca de la relación entre el derecho a la libertad religiosa y el derecho a la libertad de expresión, ambos sagrados, exhorté a practicar la templanza, pero añadí algo así como: «De todos modos, si alguien ofende a tu madre, que se espere un puñetazo como poco», hubo quien se sorprendió. Que conste que solo me refería al respeto que siempre debe mostrarse por los sentimientos y las creencias más profundas de los demás. Como la fe. Y como el amor visceral por una madre.

Yo, mi madre, Marta y Óscar, en 1941.

Mi padre estuvo muy enamorado de ella: le llevaba flores, le compraba pequeños regalos, detalles. Era un hombre casi siempre alegre. Fijaba las normas, era la autoridad de la casa, pero sin atisbo de machismo. Con nosotros, sus hijos, una mirada bastaba y sobraba: la mirada de reproche de mi padre era como un rayo que te fulminaba. Habrías preferido una bofetada.

Mis hermanos y yo éramos más bien traviesos. Sin embargo, en mi caso, la exuberancia de la infancia y la facilidad natural de los niños para meterse en líos iban acompañadas de repentinos ataques de nostalgia, y recuerdo muy bien el malestar interior que se siente al crecer. Más que tristeza, era melancolía.

La melancolía siempre ha sido una compañera de vida; aunque de manera no constante, desde luego, ha formado parte de mi alma y es un sentimiento que me ha acompañado y que he aprendido a reconocer. Me he sentido identificado muchas veces con los versos de Paul Verlaine: «*Les sanglots longs des violons de l'automne blessent mon coeur…*». Los largos sollozos de los violines del otoño hieren mi corazón… Recuerdo que en un cumpleaños, el 17 de diciembre —cumpliría diez u once años—, mis abuelos maternos ya habían llegado a casa y los paternos estaban a punto de llegar; yo estaba en la terraza entreteniéndome con algo, jugando solo. Mi hermana Marta vino a buscarme: «Los abuelos ya están aquí, ven». Sí, sí, respondí. Pero no me decidía a unirme a ellos. Sentía que estaba más a gusto solo, cumplir un año más me apuraba, era un desafío, qué pasará ahora, y el desafío iba acompañado de una extraña melancolía del tiempo que iba dejando atrás.

De vez en cuando ha vuelto, a veces es un lugar donde me encuentro y que he aprendido a reconocer. Y que me resulta útil para detenerme a aclarar muchas cosas. La niebla, la nebulosidad de la existencia, es un lugar de relación. Cuando me adentro en ella, sucede algo importante, es una señal que me advierte de que preste atención: algo está ocurriendo y la vida me exige una respuesta. También he aprendido a dar un paso hacia delante. Por eso siempre me han gustado los románticos, tanto en la música como en la literatura. Hölderlin me llena, me transmite alegría: «¡Feliz naturaleza! No sé qué me sucede cuando alzo mi mirada ante tu belleza, pero toda la alegría del cielo está en las lágrimas que lloro ante ti, como el amante ante su amada». Y el hermoso poema que escribió con ocasión del cumpleaños de su abuela, el que termina con las palabras: «Pueda el hombre cumplir la promesa del niño que fue».

Cuando nació María Elena, también en la casa de Membrillar, el 17 de febrero de 1948, después de que mi madre perdiera un hijo en los primeros meses de embarazo, la tribu se completó. Se in-

En la boda del tío Vincente con mis hermanos (a la izquierda, Óscar y Marta; a la derecha, Alberto de pie y María Elena debajo).

corporó a ella Churrinche, un perrito de raza indefinida e indefinible, que bautizamos así en honor de otro indómito chucho de la pampa que había pertenecido a mis abuelos maternos. Mi madre solía decir que nosotros, sus cinco hijos, éramos como los dedos de la mano: cada uno a su manera, diferentes, pero todos suyos, «porque si me pincho siento el mismo dolor en todos los dedos».

Ese último fue un parto complicado que le dejó secuelas: a mi madre le dio una especie de parálisis y necesitó un año entero para recuperarse del todo. Fue el año en que aprendí a cocinar. Tenía casi doce años, era el mayor, así que me tocaba sobre todo a mí arrimar el hombro: cuando volvíamos del colegio, encontrábamos a mi madre sentada en la butaca, con los ingredientes ya listos. Entonces empezaba la clase de cocina para Óscar y para mí: «Ahora poned esto allí y echad esto otro allá, haced el sofrito, a fuego lento, sobre todo muy lento…». Ese cursillo intensivo de cocina me resultaría de gran utilidad cuando fui rector del Colegio Máximo de San Miguel, en 1972, pues los domingos no había cocinera y era yo quien preparaba la comida para los alumnos. Mi hermana sostiene que mi mejor plato eran los calamares rellenos, y, para ser sinceros, nadie se ha muerto por comerlos…

Mis hermanos y yo siempre hemos estado unidos como los dedos de una mano. Con María Elena se estableció además una relación especial. Cuando murió mi padre, ella era aún una chiquilla apenas adolescente.

Mi padre estaba en el estadio con mi hermano Alberto cuando, mientras celebraba un gol del San Lorenzo, le dio un infarto. Lo socorrieron y lo trasladaron a casa. Por aquel entonces yo estaba con los jesuitas, en San Miguel; me avisaron y llegué corriendo. Al cabo de dos días, mientras estaba en la cama, rodeado por un vaivén de médicos, mi padre sufrió un segundo ataque cardiaco. Y al poco, cuando yo ya había llegado a su cabecera, un tercero. Fue el último. A lo largo de aquellos veinte días, la gravedad de la situación debía de ser evidente, los acontecimientos se sucedían de manera nefasta, pero hay cosas que a los hijos les cuesta admitir, aceptar, cosas como la muerte de un padre. A pesar de todas las señales, su muerte nos cogió desprevenidos. Aquel 24 de septiembre de 1961 solo tenía cincuenta y tres años.

Fue un duro golpe para todos, un trauma para la familia. Ese año, para María Elena, pasé inevitablemente de ser el hermano mayor a ser casi un padre. Estar lejos de mi hermana es quizá uno de los sacrificios más grandes, y aún hoy la sigo llamando por teléfono todos los domingos por la noche.

Unos años más tarde, el corazón de mi madre también empezó a fallar y fue necesario que se sometiera a una operación. Le cambiaron la válvula mitral por una prótesis de tejido animal, probablemente de cerdo, una técnica quirúrgica descubierta justo a principios de los años sesenta. Siguió adelante bastante tiempo, sin grandes complicaciones, pero el tejido de la válvula acabó deteriorándose y los coágulos se encargaron de hacer el resto.

Murió veinte años después que mi padre, a los sesenta y nueve, el 8 de enero de 1981.

Tras la muerte de Alberto, el último de mis hermanos, el 15 de junio de 2010 —Óscar murió el 25 de octubre de 1997 y mi hermana Marta el 11 de julio de diez años más tarde, un día que nevaba copiosamente—, solo quedamos María Elena y yo.

Y una abundante prole de sobrinos y resobrinos.

7

Jugaba con la bola de la tierra

Siempre me gustó jugar al fútbol, daba igual que no fuera muy bueno. En Buenos Aires, a los que eran como yo los llamaban «pata dura». Algo así como tener dos pies izquierdos. Pero jugaba. A menudo hacía de portero, una buena posición que le entrena a uno a encarar la realidad, a enfrentarse a los problemas; puede que no sepas de donde viene exactamente la pelota, pero eso no importa, tienes que tratar de detenerla. Como en la vida.

Jugar es un derecho, y no ser un campeón es un derecho sagrado. Detrás de cada pelota que rueda hay un chico con sus sueños y sus aspiraciones, su cuerpo y su espíritu. Todo participa, no solo los músculos, sino la personalidad en su conjunto, en todos sus aspectos, incluso los más profundos. En efecto, cuando alguien lo da todo suele decirse que «pone el alma en ello».

El juego y el deporte son una gran oportunidad para aprender a dar lo mejor de nosotros mismos, sacrificándonos si es preciso, sobre todo si es en equipo. Vivimos en una época en la que es fácil aislarse, crear lazos virtuales, a distancia. Teóricamente en contacto, pero solos en la práctica. La gracia de jugar a la pelota, en cambio, está en que se juega con los demás: pasar el balón, aprender a construir acciones, crecer como individuos y unirse como equipo... Entonces la pelota deja de ser un accesorio para convertirse en un instrumento, para invitar a las personas reales a compartir la verdadera amistad, a reunirse en un espacio concreto, a mirarse a la cara, a medirse para poner a prueba las propias habilidades. Muchos definen el fútbol como «el juego más bonito del mundo», y para mí lo ha sido. Si se vive de esa manera, como juego en el que principalmente se entrena la sociabilidad y la espontaneidad, puede ser beneficioso para todo el cuerpo, no solo para las piernas, sino también para la cabeza y el corazón. Los chicos y las chicas lo saben muy bien, lo sienten sin necesidad de que nadie se lo diga. Por eso san Juan Bosco solía decir a sus educadores: «¿Queréis chicos? ¡Lanzad al aire una pelota y antes de que caiga al suelo veréis cuántos se acercan!». Era cierto en 1841, cuando nació su primer centro juvenil, y de algún modo sigue siendo cierto hoy, en esta sociedad que exacerba el subjetivismo, la centralidad del yo, como si fuera un principio absoluto.

«Jugaba con la bola de la tierra», dice la Sabiduría en el Libro de los Proverbios (Pr 8, 31). Antes de todo. Antes de que cualquier otra cosa fuera creada.

Millones de niños y niñas de todo el mundo se imaginan que jugaba a la pelota.

Un gran escritor latinoamericano, Eduardo Galeano, cuenta que un día un periodista le preguntó a la teóloga protestante Dorothee Sölle: «¿Cómo le explicaría a un niño qué es la felicidad?». «No se lo explicaría —respondió ella—, le daría una pelota para que jugara».

No hay mejor manera de explicar a alguien qué es la felicidad que hacerlo feliz.

Y jugar hace feliz, porque a través del juego puede expresarse la propia libertad, competir de manera divertida o, simplemente, vivir la afición… Porque puede perseguirse un sueño sin que uno deba convertirse forzosamente en campeón.

Te hace feliz aunque seas un pata dura.

No obstante, mi madre, que era una Sivori, contaba que por nuestras venas también corría sangre de campeones: el abuelo de Omar Sívori, que se convertiría en uno de los más grandes delanteros de la historia del fútbol, era originario de la misma zona de Lavagna, en el interior de Liguria, de la que provenían todos. Omar, que fue el primero en ser apodado el Pibe de Oro, cuando Maradona aún era un proyecto de Dios, nació en Argentina un año antes que yo, y, tras ganar el campeonato con el River Plate, se trasladó a Italia para jugar primero en la Juventus y luego en el Nápoles. Cuando nuestra familia hablaba de los «Sivoris» y de Argentina, y a veces se sacaba a colación al futbolista, mi madre contaba que, en efecto, todos estábamos emparentados, aunque fuera de lejos, y que a lo largo de los años nos habíamos repartido entre varios puntos del país. Omar Sívori vestiría las camisetas de las dos selecciones y a principios de los años sesenta sería premiado con el Balón de Oro. Éramos casi coetáneos y parientes lejanos, pero desde luego a él no le habían tocado dos pies izquierdos…

A pesar de ser un campeón, Sívori no podía ser mi «ídolo» cuando yo era niño; los dos éramos pequeños y, además, por aquel entonces ¡yo era un forofo del San Lorenzo! En el barrio de Boedo, no muy lejos de la casa de mis abuelos maternos, el azulgrana del San Lorenzo de Almagro era la tonalidad más familiar: sus colores teñían las calles, ondeaban en los balcones, enmarcaban las ventanas. En la sociedad polideportiva fundada a principios de siglo por un sacerdote salesiano que también tenía orígenes piamonteses, el padre Lorenzo Massa, cuyos colores eran el rojo y el azul del velo de María Auxiliadora, jugaba al baloncesto mi padre, Mario, que era un hombretón. El baloncesto también me gustaba y sabía jugar un poco. Es un deporte que también puede ser una escuela de vida. Hoy en día, cuando hablo de ejes de la existencia y de la necesidad de tener los pies firmes sobre la tierra, sigo usando una imagen que tengo muy presente y que me gusta: la del pie de pivote del jugador de baloncesto, clavado en el suelo, sobre el que este gira para proteger la pelota, para encontrar un hueco por donde pasarla o para coger impulso y encestar. Pues bien, para los cristianos, y en especial para los sacerdotes, el pie clavado en el suelo, a cuyo alrededor giramos para construir cotidianamente nuestra existencia, es la cruz de Cristo.

JUGABA CON LA BOLA DE LA TIERRA

Pero, entre todos los deportes, el fútbol se llevaba la parte del león en el polideportivo. Y, si como futbolista o jugador de baloncesto dejaba que desear, como forofo era imbatible. Siempre iba con mi padre y mis hermanos Óscar y Alberto a ver jugar al San Lorenzo en el Viejo Gasómetro, el estadio cuna de los «cuervos», como nos apodaban los aficionados rivales a causa de la sotana negra de los salesianos. Mi madre nos acompañaba a menudo. Era un fútbol romántico, para familias, las peores palabras que podían oírse en las gradas eran «vendido», «desgraciado» y poco más. Antes de que empezara el partido, nos encaminábamos hacia el estadio con dos grandes recipientes de cristal, y en el trayecto mi padre entraba en una pizzería para hacer un encargo. A la vuelta, recogíamos los recipientes, que habían llenado de caracoles con salsa picante, acompañados de una humeante pizza a la piedra. Fuera cual fuese el resultado, después del partido nos esperaba una fiesta.

Tengo la sensación de percibir aún el olor de aquella pizza, puede que sea mi magdalena de Proust. A decir verdad, salir a comer una pizza es una de las pequeñas cosas que más echo de menos. Siempre me ha gustado caminar. Cuando era cardenal me encantaba recorrer las calles a pie y coger el metro. A algunos les extrañaba e insistían en acompañarme, o en que fuera en coche, pero a veces la realidad es muy sencilla: me gusta caminar. La calle me cuenta muchas cosas, en la calle aprendo. Y me gusta la ciudad, por encima y por debajo: las calles, las plazas, las tabernas, la pizza que se consume en las mesitas al aire libre y que sabe muy diferente de la que entregan a domicilio… Dentro de mi alma me considero un hombre de ciudad.

El Viejo Gasómetro del San Lorenzo ya no existe. En 1979, la dictadura militar obligó al club a jugar el último partido en ese estadio, que fue derribado para especular. El San Lorenzo fue expulsado de su barrio, Boedo. El equipo deambuló unos quince años por los campos de la ciudad, hasta que se construyó el nuevo estadio. Pero el deseo de volver a Boedo siempre ha pervivido

Tanto de niño como de arzobispo, siempre me ha encantado vivir la ciudad.

en el corazón de los cuervos. En 2019, el Club Atlético San Lorenzo de Almagro anunció que había recuperado los terrenos del viejo estadio y que tenía la intención de reconstruir allí el Gasómetro. Me han dicho que el nuevo estadio debería de llamarse Papa Francisco; la idea no me entusiasma.

Vi casi todos los partidos en casa del campeonato de 1946, que ganaríamos pocos días antes de que yo cumpliera diez años, y, más de setenta años después, tengo presente a aquel equipo como si fuera ayer: Blazina, Vanzini, Basso, Zubieta, Greco, Colombo, Imbelloni, Farro, Martino, Silva… Los diez magníficos. Y luego… Luego estaba Pontoni. René Alejandro Pontoni, el delantero centro, el goleador del San Lorenzo, el que arrastraba el Ciclón, mi preferido. Él no tenía dos pies izquierdos. Chutaba con el derecho y con el izquierdo casi indistintamente, era hábil en los regates, creativo, potente en los cabezazos, acrobático en las chilenas. Podía marcar goles de todas las maneras, y de todas las maneras se los vi marcar.

«A ver si hacen un gol como Pontoni...», dije en el encuentro con las selecciones de Argentina e Italia, capitaneadas por Messi y Buffon, con ocasión de un partido amistoso que se jugó al poco de que me nombraran papa. Los muchachos sonrieron algo perplejos, probablemente no sabían a quién me refería, pero yo tenía aquel tanto —aquel tac, tac, tac, gol— grabado en la mente, como muchas otras cosas que capta la mirada de un niño, cuando los ojos son una esponja, y permanecen para siempre. Octubre de 1946, el campeonato toca a su fin y el San Lorenzo juega contra el Racing de Avellaneda: pase cruzado por la izquierda, Pontoni recibe de espaldas en el área de la portería, controla el balón con el pecho y lo sostiene con el empeine derecho, sin dejar caer la pelota; tras amagar con irse por la derecha y zafarse del defensa contrario con una rápida media vuelta, chuta cruzado de volea y mete la pelota en la portería por la derecha del portero. ¡Goooooooooool! Porque, si cada gol en Sudamérica tiene muchas más oes que en Europa, si cada tanto, incluso cuando es un gol corriente, se convierte en un golazo, imaginémonos ese. Abrazo a mi padre, abrazo a mis hermanos, todos se abrazan. Cuando era niño, Pontoni era para mí el emblema de aquel juego, de aquel fútbol, del estar juntos, del amor por un deporte que no era solo una cuenta corriente, hasta tal punto que prefirió su club, su familia, sus amigos y sus seres queridos a las sirenas millonarias que querían atraerlo a Europa. Era un grande y siempre lo sería, incluso tras la grave lesión en un partido que dos años más tarde asestó un duro golpe a su carrera. Deambuló por un tiempo por Sudamérica, Colombia y Brasil, luego volvió al San Lorenzo antes de colgar las botas y abrir una *trattoria*. Tuvo una buena vida.

Su hijo, que se llama René, como su padre, vino a verme al Vaticano un par de años después de mi nombramiento.

No veo la televisión desde 1990 para respetar una promesa que le hice a la Virgen del Carmen la noche del 15 de julio de aquel año. Aquella noche, en la comunidad de Buenos Aires, estábamos viendo la televisión cuando en la pantalla apareció una escena sórdida que me impresionó con dureza; me levanté y me fui. Al día siguiente me iban a trasladar a Córdoba. Fue como si Dios me dijera que la televisión no era para mí, que no me sentaba bien. Durante la misa hice una promesa a la Virgen y desde entonces la he incumplido en ocasiones contadas: el 11 de septiembre de 2001; en 1999, con ocasión de un accidente aéreo en Buenos Aires, y poco más. Así que hace más de treinta años que no veo un partido del San Lorenzo en televisión. Un día, en el curso de una entrevista, llegaron a preguntarme si me sentía más «el Messi o el Mascherano» de los papas. Respondí que no lo sabía porque desconocía sus estilos, pues, aunque Messi había participado en algunos actos oficiales del Vaticano, hacía muchos años que no veía fútbol. De todas formas, ¡estoy seguro de que ninguno de los dos es un pata dura como yo! Pero me mantengo informado, desde luego. Acerca de todo, y también del San Lorenzo. Uno de los guardias suizos me deja cada semana los resultados y la clasificación sobre la mesa. El año en que me eligieron para el solio de Pedro, los azulgrana ganaron el campeonato y, por primera vez en su historia, la Copa Libertadores. Cuando, al cabo

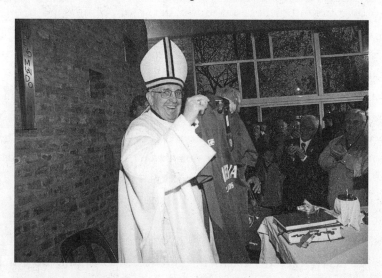

En 2011, un cardenal feliz con la camiseta azulgrana del San Lorenzo.

de unos días, la delegación me visitó con la copa de los campeones de América, al final de la audiencia general les dije lo siguiente: «Forman parte de mi identidad cultural». Eso y la mano de mi padre, llevándome al estadio de niño, el barrio, su gente, la placita, los amigos y nuestros sueños de muchachos… Como escribió un gran poeta del fútbol, Osvaldo Soriano, que también era un cuervo de Boedo: «En el fútbol no se elige un ganador. Ser del San Lorenzo es una carga que se arrastra en la vida con tanto desconcierto y orgullo como la de ser argentino».

Una vez le oí decir a un entrenador de fútbol juvenil que sobre el campo hay que caminar de puntillas para no pisar los sagrados sueños de los muchachos. Es muy importante no oprimir su vida con chantajes que bloquean su libertad y su fantasía. Tampoco hay que enseñarles a usar atajos que solo conducen a perderse en el laberinto de la existencia. Es triste que los padres se transformen en ultras de sus hijos, o en sus mánagers, como por desgracia pasa a veces. Grandes en la vida: esta es la victoria de todos, la única que realmente cuenta.

Para mí, los mejores partidos de fútbol siguen siendo los que se juegan en la plaza del barrio —da igual que se llame Herminia Brumana, como la mía, o de cualquier otra manera—, sobre el asfalto, o sobre el césped de un jardín, o en un descampado polvoriento con el sol cayendo a plomo, sin importar en qué rincón del mundo se encuentren. «Por más que los tecnócratas lo programen hasta el último detalle, por más que los poderosos lo manipulen, el fútbol sigue siendo el arte de la improvisación», escribía una vez más Galeano. Y sigue perteneciendo al pueblo.

Así pues, hagamos el sorteo y veamos quién formará parte de mi equipo; tracemos dos rayas en el suelo y finjamos que son una portería; puede que el más pata dura juegue de portero, o bien que le toque un rato a cada uno, por turnos. Todos juntos persiguiendo y domando un balón, no importa cómo te llamas, de quién eres hijo, de dónde vienes. Esa será siempre la verdadera belleza del juego. Así se crece.

8

La vida es el arte del encuentro

Es característico de la actividad deportiva unir en vez de separar. Construir puentes en vez de levantar muros. Toda auténtica actividad social combate la incultura de la marginación y del perjuicio y favorece la cultura del encuentro, que es propia de la sustancia más profunda e íntima de nuestro ser, por naturaleza proclive a las relaciones, la interacción y el descubrimiento del otro. Como escribió Romano Guardini, un gran teólogo nacido en Italia pero que emigró a Alemania cuando era niño: «El hombre ha sido creado de tal manera que, antes que nada, se percibe a sí mismo en "forma-de-principio", abierto y propenso a lo que salga a su encuentro. Si se bloquea, si se endurece, si permanece encerrado en sí mismo, si nunca se atreve a adoptar una actitud de entrega a la realidad, cada vez será más miserable y duro. "Conservando para sí mismo su alma", la "perderá"».

Cuando en 1860 se restauró y completó la fachada de la catedral de Buenos Aires, se tomó la decisión de copiar el Palais Bourbon de París, en puro estilo neoclásico, a pesar de que no guardaba ninguna relación con el estilo barroco del templo; y puesto que era una época de reorganización nacional y se buscaba la unidad del país, se esculpió en el frontispicio la escena del encuentro de José con sus hermanos. Esa imagen siempre me ha impresionado, creo que en parte por mi historia familiar y en parte por la gracia de Dios.

Mi familia cuenta también con una larga historia de desacuerdos. Tíos y primos peleados y separados, en Argentina y entre Argentina e Italia. Así fue hasta que por fin se reconciliaron. Cuando yo era niño y en casa lo comentaban, o se veía venir una pelea, lloraba a escondidas y a veces prometía cumplir algún voto para que parasen. Me dolía en lo más hondo, realmente. Gracias a Dios, en nuestra casa, mis padres y nosotros, los cinco hermanos, vivíamos en paz, pero creo que estas vicisitudes me marcaron y aumentaron en mi corazón las ganas de evitar que las personas se peleen, de desear que permanezcan unidas. Y de que, si discuten, luego hagan las paces.

Si pienso en mis miedos infantiles, eso es lo primero que me viene a la cabeza. Si oía discutir a mis padres, casi siempre por tonterías, me entraba mucho miedo. Era una angustia sin nombre, irracional, que se apoderaba de lo más profundo de mi ser. Recuerdo un día, a la hora de comer, en que mis padres riñeron, no sé por qué, algo que no solía suceder. Cuando acabamos, mi padre fue a descansar un rato y mi madre se puso el abrigo y cogió el bolso, seguramente para ir a comprar. Pero yo me obsesioné con que se había ido. ¿Y si se había marchado para siempre? Me puse a gemir, bajé al jardín y, desconsolado, empecé a llorar a lágrima viva. Hasta tal punto que la hija de nuestra vecina, que era una chica de unos veinte años, salió para ver qué me pasaba. Se lo conté entre sollozos, o, mejor dicho, le conté lo que confusamente me había imaginado; me abrazó con serenidad maternal y poco a poco logró tranquilizarme.

Esto es algo que hoy en día siempre aconsejo a las parejas casadas con que me reúno: si no podéis evitarlo, peleaos, y, si es necesario, romped algún que otro plato, en cierto sentido es muy normal, pero con la condición de que nunca lo hagáis delante de los niños y de que hagáis las paces antes de que acabe el día. Porque la guerra fría del día después es realmente peligrosa.

Creo que estas anécdotas contienen el germen de lo que con los años he bautizado con el concepto de cultura del encuentro. En el fondo, se trata de un deseo y una aspiración que llevo dentro desde que era niño.

La cultura del encuentro requiere que no solo estemos dispuestos a dar a los demás, sino también a recibir de ellos, y nos invita a que salgamos de nosotros mismos para ser peregrinos. Pero si priorizamos el encuentro entre las personas, caminar juntos, discrepar de los puntos de vista ajenos, incluso con dureza, pero con respeto, en un terreno de juego como es la vida, luego será más fácil renunciar y superar las diferencias. El poeta y compositor brasileño Vinícius de Moraes decía: «La vida, amigo, es el arte del encuentro, aunque haya tanto desencuentro». Acercarse realmente a los demás significa no tener miedo de entrar en su noche.

Además del fútbol y el baloncesto, me gustaba coleccionar sellos, una pasión que me había transmitido mi tío Óscar Adrián, el cuarto hermano de mi madre, que moriría en un accidente. Podía viajar con la imaginación, conocer a los personajes enmarcados en aquellos cuadraditos de papel con los bordes dentados, animales extraños, flores y plantas, edificios muy diferentes, transportarme a tiempos remotos o aventurarme en lugares lejanos y exóticos. Tenían, para mí, algo del encanto de los personajes de los libros de mi infancia.

Porque, por encima de todo, me gustaba leer. Y podía hacerlo en cualquier sitio. Incluso en los márgenes del campo de fútbol que mis compañeros y yo habíamos marcado en el terreno utilizando imprecisas referencias. Para mis padres, la cultura era una necesidad que debía ser estimulada y satisfecha, tan natural como comer o beber. Recuerdo los veinte volúmenes de una colección enciclopédica para niños que se llamaba *El tesoro de la juventud*, que miles de niños argentinos poseían porque se vendía a domicilio y se pagaba en cómodos plazos. La versión más lujosa se entregaba con una pequeña librería de madera para guardarla. Era un auténtico tesoro, que contenía extractos de los clásicos, narrativa de aventuras, historias, fotografías, crónicas sobre los progresos científicos y las maravillas de la naturaleza y de la creatividad humana. Más tarde, a mis hermanos y a mí nos hicieron leer *Corazón*, mi primera fuente de educación de la sensibilidad. Enrico, Silvia, Antonio, Stardi, Luigi, Garrone e incluso Franti, «el infame» que sonrió, todos los chicos de aquella escuela primaria de Turín del año 1881 que retrata la novela de De Amicis, se unieron a mi grupo de amigos y se confundieron con ellos. Leía de todo un poco, también tebeos, por supuesto, desde *Patoruzú*, quizá la historieta cómica más popular de Argentina —cuenta las aventuras de un rico cacique de los tehuelches que posee vastas propiedades inmobiliarias en Patagonia, una fuerza física sobrehumana y un corazón caritativo pero ingenuo—, a *Superman*. Era un lector curioso y voraz.

Sin embargo, no era un empollón, ni el primero de la clase ni el que llevaba la voz cantante. Me las apañaba bien en el colegio, estaba entre los mejores, pero nunca fui el primero; como mucho, el segundo o el tercero.

Cursé el nivel inicial, el jardín de infancia, en el colegio católico Nuestra Señora de la Misericordia, donde volvería para hacer la primera comunión, con sor Dolores Tortolo, nuestra maestra, y si el colegio me gustaba era sobre todo gracias a ella. Me hizo comprender que uno no puede crecer solo, que siempre es la mirada ajena la que te ayuda a crecer. Nunca la he olvidado. Amé la escuela porque ella me enseñó a hacerlo.

Luego, en primaria, mis padres me matricularon en la escuela pública Coronel Pedro Cerviño, en la calle Varela, una travesía de la avenida Directorio, que también estaba cerca de casa. Daba igual que no tuviéramos coche: llegaba a pie en un santiamén. En aquella época, Flores era el pulmón verde de la ciudad y aún había muchas calles sin asfaltar, así que para no manchar el babi, que

Con mi hermano Óscar, el día de la primera comunión.

era blanco, me lo quitaba antes de cruzarlas corriendo. Casi todas las casas tenían un patio o un pequeño jardín, se hacía mucha vida en la calle, prácticamente todos se conocían y se saludaban.

Me acuerdo de todas mis maestras. La primera se llamaba Stella Dora Quiroga de Arenaz, y tuvimos una bonita y profunda relación. Fue mi maestra los primeros dos años. Luego tuve a la señora Elvira Rosa Morales, a la maestra Lia Julia Peluffo y al maestro Roberto Brusa. Un día, en cuarto, no recuerdo por qué, la maestra Lia me riñó y a mí no se me ocurrió otra cosa que mandarla a paseo. La maestra no rechistó. Me pidió el cuaderno y escribió en una de sus páginas que quería reunirse con mi madre, quien al día siguiente, obviamente, se presentó en la escuela. Hablaron largo y tendido y luego me llamaron. Entré con la cabeza gacha y la mirada aún más baja, y mi madre me riñó. «Pídele perdón a la maestra», dijo, y yo obedecí. «Dale un beso a la maestra», y yo lo hice. La maestra me mandó volver a clase, y yo, todo contento, pensé que había salido bien parado. Pero cuando llegué a casa después del colegio me esperaba el segundo acto...

Fue una educación muy humana. La defensa del papel de la maestra y de la institución docente tenía un enorme peso. Y debe seguir teniéndolo hoy en día; es más, sobre todo hoy en día.

La maestra era, para nosotros, una figura de referencia, como una segunda madre. Cuando, en primer curso, falleció la madre de la maestra Stella y la vi volver vestida de negro, por primera vez comprendí qué era el luto. Nunca perdimos el contacto, a lo largo de toda nuestra existencia. Y ya viuda, con noventa y cuatro años, estuve a su lado hasta el final.

Del mismo modo que no teníamos coche, tampoco íbamos de vacaciones, o, mejor dicho, las pasábamos en casa de los abuelos, y eran estupendas. Veranos larguísimos, de casi cuatro meses. Nuestros padres nos dividían en dos grupos: dos hermanos con los abuelos paternos y tres con los maternos. Al año siguiente, cambiábamos: los que habían ido a una casa iban a la otra.

Mis padres se quedaban en casa, solos, y respiraban tranquilos. Puede que por eso, por esa falta de costumbre, siga pasando las vacaciones «en casa», como siempre. Y ahora mi casa es Santa Marta, en el Vaticano. Una vez leí un libro muy interesante, publicado en los años treinta, escrito por un psiquiatra estadounidense, Louis Edward Bisch, cuyo título era *Alégrate de ser neurótico*. Los neuróticos, sostenía el autor, se dividen en dos categorías: los felices y los infelices. La diferencia entre ellos reside en que los segundos se sienten culpables por su diversidad, sufren de una cierta hipersensibilidad y tienen una vida interior intensa y compleja, mientras que los primeros han descubierto que todo eso es un recurso del que echar mano para realizarse. Medio en broma podría decirse que hay que tratar bien las neurosis, darles cada día su mate... La expresión de la espiritualidad de san Ignacio, «buscar y encontrar a Dios en todas las cosas», puede aplicarse incluso a nuestras pequeñas neurosis, si permitimos que Su misericordia las ilumine.

Yo también tengo las mías. Una de ellas es que estoy demasiado apegado a mi hábitat. La última vez que pasé las vacaciones «fuera de casa» fue hace cincuenta años, en 1975, con la comunidad jesuita. Sea como sea, antes y ahora, tengo vacaciones de verdad: cambio de ritmo. Si a lo largo del año suelo despertarme antes de las cinco de la mañana, cuando estoy de vacaciones duermo un poco más, rezo un poco más, leo las cosas que me gustan, escucho música... Hago cosas que me relajan y me regeneran.

La música clásica es una flor que cultivo desde que era un muchacho, y ese es también un regalo heredado de mi madre. Schubert, Chopin, que de joven me encantaba, Wagner, Beethoven, y también el sentimiento trágico de la nostalgia, los grandes románticos, el *Erbarme dich* de Bach, que cada vez me parece más sublime, y Mozart, obviamente: el *Et Incarnatus est* de su *Gran misa en do menor* lo lleva a uno de la mano ante la presencia de Dios.

Tiempo atrás encontré una cita de Gustav Mahler, el gran compositor y director de orquesta tardorromántico, que me gustó mucho. Hablando de las tradiciones, escribió: «La tradición no es la adoración de las cenizas, sino la preservación del fuego». La tradición no es un museo, es la garantía del futuro. La idea de regresar continuamente a las cenizas es la nostalgia de los integristas, pero ese no debe ser el verdadero sentido de la palabra: la tradición es una raíz, indispensable para que el árbol no deje de dar nuevos frutos.

Siempre he alternado de manera natural esta afición a la música culta con la afición a la música popular. Con Édith Piaf, por ejemplo, otra gran pasión de mi madre. O con el tango y la milonga. Decía Carlos Gardel que la voz más melodiosa no basta por sí sola para entonar un tango; el tango hay que sentirlo, porque viene de dentro. Para nosotros, los argentinos, y sobre todo para los porteños, suele ser así.

El tango habla de muchas cosas, también de derrota, de algo que se torció o se perdió. «Saber perder es la sabiduría», dice un verso del poeta jesuita argentino Osvaldo Pol. Hay un bonito tango que se titula *Rencor* que habla de un «odio maldito que llevo en las venas», que «me amarga la vida como una condena», y es «herida abierta que me inunda el pecho de rabia y de hiel». Ocurre que en la vida también excavamos en estas profundidades, que hablan de nuestras debilidades, de nuestras miserias humanas, de nuestras contradicciones… Y que nos colocan ante una encrucijada: elegir entre la vida y la muerte.

El fracaso siempre oculta una cierta sabiduría.

Saber perder «es la sabiduría». La sabiduría de los auténticos luchadores, de quienes saben que uno puede caerse, e incluso hundirse, pero que lo que cuenta es ponerse en pie de nuevo. Lo dice también una bonita canción de los *alpini*, cuerpo militar de alta montaña del ejército italiano: en el arte de subir, el éxito no está en no caer, sino en no quedarse en el suelo. Y, como saben muy bien los grandes escaladores, la fuerza no es un don de la naturaleza, sino algo que se conquista con esfuerzo a lo largo del camino.

Por otra parte, sin el fracaso no existiría la historia de la salvación: el «fracaso» de la cruz, llevado hasta sus últimas consecuencias, es el fundamento de nuestra vida nueva.

La sabiduría es de quien se pone en pie de nuevo. De quien sigue adelante. De quien, en vez de malgastar el tiempo quejándose, vuelve a entrar en juego. De quien no permite que el resentimiento y el egoísmo le endurezcan el corazón, sino que siempre abraza la vida. Siempre.

La música popular se hace eco de todo esto. Por lo que me han dicho, ni siquiera soy el primer pontífice que escucha tangos en el Vaticano: al parecer, en los años veinte, Pío XI presenció una exhibición de Casimiro Aín, a quien llamaban el Vasquito, un bailarín argentino que había hecho fortuna en Europa.

Julio Sosa, la orquesta de Juan D'Arienzo, las milongas de Astor Piazzolla y Amelia Baltar, Ada Falcón, que más tarde se haría monja en una aldea de la provincia de Córdoba, y Azucena Maizani, que vivía cerca de nosotros y a quien di la extremaunción en el hospital a las pocas semanas de haber sido ordenado sacerdote, también me han acompañado, forman parte de la banda sonora de mi existencia.

El tango puede llegar a ser dramático, pero nunca pesimista, porque emana tormento y vehemencia, evoca nostalgia y esperanza en partes iguales. Es nervio, fuerza y carácter, un diálogo emotivo y visceral que llega de lejos, de una raíz antigua, e implica tanto el guiar como el ser guiado, la ternura y la responsabilidad de cuidar del otro. «Da un pasado a quien no lo tiene y un futuro a quien no lo espera», se ha escrito. Un buen tango hace bailar incluso el silencio.

9

Los días pasaban volando

Mis hermanos y yo siempre habíamos ido a la escuela pública, pero, después del último embarazo, el estado de salud de mi madre exigió hacerle más llevaderas las tareas domésticas, así que en 1949 los tres mayores fuimos internos a un colegio. A Óscar y a mí el padre Pozzoli nos consiguió una plaza en el colegio salesiano Wilfrid Barón de los Santos Ángeles, en Ramos Mejía, una localidad del área metropolitana de Buenos Aires, donde cursé sexto.

La vida de colegio era un todo. Te sumergías en una única trama y los días pasaban volando, sin tiempo para aburrirse. Me sentía sumido en un mundo que, a pesar de haber sido preparado «artificialmente» y con finalidad pedagógica, no tenía nada de artificioso. Desayunábamos, asistíamos a misa y a clase, jugábamos en el recreo y estudiábamos, todo de manera natural, sin interrupciones. Los diferentes aspectos de la vida no se vivían en compartimientos estancos, sino que formaban parte de una única experiencia formativa. El colegio formaba en una cultura católica en absoluto mojigata ni desorientada. Infundió en mí una conciencia no solo moral y cristiana, sino humana, social, lúdica y artística. El estudio, los valores de la convivencia, el cuidado de los más necesitados, de los que estaban peor —recuerdo que fue allí donde aprendí a privarme de algo para dárselo a quienes eran más pobres que yo—, el deporte, la competición…, todo era real y contribuía a forjar costumbres, unas costumbres cuyo conjunto plasmaba una manera de ser. Vivíamos totalmente inmersos en ese mundo que, no obstante, estaba abierto a la trascendencia del resto del mundo. Y tratábamos de darle un sentido a todo lo que hacíamos. Nada se presentaba como algo carente de sentido, por lo menos en su orden fundamental, aunque, desde luego, había gestos de impaciencia por parte de algún docente, o pequeñas injusticias cotidianas, o alguna que otra pelea entre los chicos. No quiero caer en la psicología de exalumno, adoptar una actitud nostálgica o proustiana, cuya memoria selecciona lo de color de rosa y niega los aspectos más limitados o las carencias. El colegio tenía sus fallos, por supuesto, pero la estructura educativa, no. Y, si mal no recuerdo, una verdad nunca era negociable.

El caso más típico era el del pecado. El sentido del pecado forma parte de la cultura católica, y allí, en el colegio, lo que traía de casa se reforzó, tomó cuerpo. Aunque uno se hiciera el rebelde o el ateo, en su fuero interno llevaba grabado el sentido del pecado: una verdad que no podía apartarse para hacerlo todo más fácil.

La peor mentira, la más grande y peligrosa, es «la verdad menos uno», sostenía Lanza del Vasto, un personaje poliédrico que fue escritor, filósofo, pensador cristiano y activista de la no

En el colegio Wilfrid Barón (soy el cuarto por la izquierda, de pie en la segunda fila).

violencia contra la guerra y el armamento nuclear. Un artesano de la paz. No la verdad, sino la apariencia resultante de su negociación, su distorsión cómica o dramática: una actitud que convierte en verosímil lo falso, en aceptable el error, que convierte al inepto en arrogante, en sabio al ignorante, en poderoso al incapaz. Judas es el maestro de lo verosímil, del chisme. Y el chisme y lo verosímil son los adversarios más acérrimos de la verdad de las cosas. Las habladurías y la calumnia siempre tienen algo de demoniaco.

En el colegio aprendí, casi sin darme cuenta, a buscar un sentido a las cosas, a buscar la verdad.

Y aprendí a estudiar. Las horas de estudio, en silencio, forjaban la costumbre de la concentración y un notable dominio de la dispersión. Aprendí un método de estudio, del que antes carecía, e incluso reglas mnemotécnicas.

Pero también existía el juego. Jugábamos mucho. El deporte era un aspecto fundamental de aquella experiencia. Y tanto en el estudio como en el deporte la competición adquiría una dimensión de cierta importancia: nos enseñaban a competir bien, a jugar limpio. Con los años he tenido la ocasión de oír algunas críticas contra el aspecto competitivo de la existencia, pero curiosamente casi siempre provenían de cristianos que sostenían haberse «liberado» de su carácter pedagógico y que, sin embargo, en la vida cotidiana se desvivían por el dinero o por el poder... de manera muy poco cristiana.

Una dimensión que fue en aumento en los años siguientes al que transcurrí en el colegio fue mi capacidad para «sentir», y me di cuenta de que la semilla había sido plantada precisamente a lo largo del año de internado. En Ramos Mejía me educaron el sentimiento. No me refiero al «sentimentalismo», sino al sentimiento como valor del corazón: no tener miedo de sentir y de admitir los propios sentimientos ante uno mismo. La formación en la piedad también era otra dimensión clave. Una piedad viril, adecuada a nuestra edad. Y, estrechamente unido al amor y al sentimiento, estaba el amor por la pureza. Este tema suele ser objeto de gran incomprensión. No sé qué les pasó a otros, ni qué pasó en otros colegios o en otros cursos, pero a mí me enseñaron a amar la pureza sin ningún tipo de condicionamiento obsesivo. Mi colegio carecía de la obsesión por el aspecto sexual que sí constataría más tarde en ciertos educadores o psicólogos que hacían ostentación de su permisividad, pero que, en el fondo, interpretaban cualquier comportamiento en una clave freudiana que veía sexo por todas partes.

Luego estaba la hora de las buenas noches, una actividad reservada al director, el padre Emilio Cantarutti, aunque a veces también corría a cargo del inspector, el padre Miguel Raspanti. Me acuerdo muy bien de una noche de octubre de 1949 en la que el padre Raspanti acababa de volver de Córdoba porque su madre había fallecido. La noche en que nos habló de la muerte. Ahora que han pasado muchos años, me doy cuenta de que aquella breve reflexión ha sido, a lo largo de toda la vida, mi punto de referencia sobre el tema. Aquella noche, sin miedo, sentí que un día moriría, y me pareció lo más natural del mundo.

Inconscientemente, sentíamos que crecíamos en armonía, algo que sin duda entonces no podíamos expresar, pero que sí haríamos más tarde. En definitiva, los salesianos me prepararon para la escuela secundaria y para la vida.

Me vuelve a la cabeza un episodio relativo a aquel año en el colegio en Ramos Mejía que puede parecer insignificante, pero que para mí no lo fue en absoluto. Un día le presté la bicicleta a un compañero y él me la rompió. Le dije que tenía que repararla, y él lo hizo. Lo pagó su madre, sin duda a fuerza de sacrificios, porque no era una familia acomodada. El sentimiento de culpa me ha acompañado a lo largo de los años. Muchos años. Sentía que había sido injusto, que mi gesto carecía de generosidad, y ese sentimiento no me abandonó durante mucho tiempo.

No volví a ver a ese chico.

Hasta que muchos años después, en 2009, cuando yo ya era cardenal, una jueza de Buenos Aires, coetánea mía, me visitó para decirme que habían encontrado un documento que revelaba un riesgo verosímil de atentado contra mi persona y que, en consecuencia, debían someterme a vigilancia y ponerme una escolta. Traté de oponerme, pero la jueza fue inflexible: formaba parte de sus responsabilidades, me dijo. Añadió que debía ponerme un chaleco antibalas, pero sobre ese punto no transigí: ni hablar. La situación se prolongó tres meses. Los primeros días, los agentes de la escolta se mantenían a distancia, pero luego se dieron cuenta de que yo quería vivir aquella experiencia de la manera más normal posible, con sencillez, y empezamos a charlar de todo un poco. Un día mencioné que había ido al colegio en Ramos Mejía. «Mi padre también», replicó uno de los chicos de la escolta. ¿Cómo te llamas?, le pregunté. «Peña», respondió. ¿Tu padre se llama José Valentín? «Sí». ¡Era el hijo del chico de la bicicleta! Le pedí el número de teléfono de su padre, lo llamé y por fin me disculpé. Entonces, el remordimiento que me había acompañado a lo largo de cincuenta y nueve años me dejó en paz.

Una vez alguien me preguntó cuándo acaba la infancia, cuándo se deja de ser niño. Creo que sé cuándo terminó la mía.

Había concluido los estudios de primaria en el colegio, corría el verano de 1950, tenía casi catorce años; mi padre me llamó y me dijo: «Ahora que te esperan tres meses de vacaciones, irás con los abuelos, como siempre, pero no los tres, sino solo un mes; los otros dos trabajarás». De alguna manera ese día sentí que el tiempo de la infancia había acabado y se abría otra fase. Viví plenamente mi infancia, por eso no la echo de menos. Si algo añoro es, como mucho, el tiempo para corregir algo de mi infancia que me habría gustado hacer de otra manera.

Había echado una mano en la tienda de los abuelos desde que tenía diez años, pero más que nada curioseaba en el almacén y birlaba algún caramelo. Era una tienda que fiaba a la clientela: los encargos se apuntaban en un cuaderno, se entregaba la mercancía y los clientes pagaban a fin de mes. Era el trabajo de los abuelos, pero para mí, en el fondo, no era más que un juego.

Ahora las cosas se ponían serias. Mi padre me encontró un empleo en la fábrica de medias de un cliente suyo, un judío griego que se llamaba Mosé Nahmias, un buen hombre que asistiría a la ceremonia de mi toma de hábito como seminarista. Mi trabajo iba a consistir en limpiar. Trabajé allí durante las vacaciones tres años seguidos: fregaba el suelo y aseaba los baños con un grupo de mujeres y chicos y, de vez en cuando, alternaba esa actividad con el despacho de algún trámite administrativo.

Cuando acabé primaria quería ser médico. Me había prematriculado en un instituto cercano a casa, en la calle Carabobo, justo enfrente del edificio en que vivía un futbolista que de joven se divertía desafiando a los chiquillos de Flores en la calle, en aquellos partidos que se prolongaban hasta que oscurecía, y que se convertiría en uno de los futbolistas más grandes de todos los tiempos: Alfredo Di Stéfano. En fin, pensaba hacer los cinco años del bachillerato en el instituto General Urquiza y luego ir a la universidad. Pero un domingo, sentados a la mesa en casa de mis abuelos maternos, los tíos Luigi y Vincente me dijeron: «Y ¿qué harás luego? Saldrás de ahí siendo una enciclopedia a medias, sabiendo un poco de todo y nada en concreto; elige una carrera de ciencias, tardarás un año más en acabar, serán seis en vez de cinco, pero saldrás teniendo un futuro: serás químico, mecánico, aparejador, podrás firmar proyectos...». Esa clase de estudios habilitaba para firmar proyectos de construcción de edificios de hasta dos pisos de altura.

Me convencieron. Unos pocos meses atrás, habían empezado los cursos en un instituto estatal de química especializado en ciencias de la alimentación, una escuela piloto experimental que cada año seleccionaba a un grupo de alumnos que al salir podrían ir a cualquier universidad, incluso a la de Chicago, que ya entonces estaba reconocida como uno de los principales centros mundiales de estudio e investigación. Y me matriculé allí.

Con los compañeros de la Escuela Técnica (soy el primero de pie a la derecha).

En marzo de 1950 empecé los estudios en la Escuela Técnica Especializada en Industrias Químicas N.º 12, ubicada en el número 351 de la calle Goya, en el barrio de Floresta, que hoy en día se llama Escuela Técnica N.º 27 Hipólito Yrigoyen, en honor del presidente de la República del que el amigo del abuelo Francisco, el señor Elpidio, fue vicepresidente. Éramos catorce, todos chicos, porque en aquella época la educación aún no era mixta. Mi padre se convirtió en el primer presidente de la Asociación Cooperante de la escuela.

Fueron unos estudios serios y exigentes, que me ocupaban las mañanas y las tardes y se repartían entre práctica y teoría, y, los primeros tres años, también incluían materias humanísticas, desde Literatura Española e Historia a Inglés. Pero, sobre todo, era un instituto científico. Los textos de química inorgánica del tercer año eran los mismos que se estudiaban en las universidades; al salir de allí, uno podía saltarse de un brinco el primer año de universidad y presentarse directamente a los exámenes para acceder al segundo.

Del cuarto año en adelante, las prácticas se hacían en una fábrica o en un laboratorio. A mí me tocó el segundo, un laboratorio de análisis especializado en la industria alimentaria. Hacíamos análisis bromatológicos, para determinar el valor nutritivo de los alimentos, y exámenes organolépticos; recuerdo que una vez tuve que analizar el enranciamiento del chocolate y confieso que, entre prueba y prueba, no paré de comerlo. Era el laboratorio Hickethier-Bachmann, en la calle Azcuénaga, entre Arenales y Santa Fe, en el centro de la ciudad. Entraba a las siete de la mañana y trabajaba hasta la una; luego, tras una hora de camino, llegaba al instituto, donde tenía clase de dos a seis o siete de la tarde. Y así cada día. Era muy duro y el ritmo, frenético, pero se aprendía mucho y el trabajo estaba retribuido: ganaba doscientos pesos, una buena paga para un principiante.

El ambiente que reinaba entre los compañeros era amistoso, pero de vez en cuando surgían discrepancias y desavenencias. Sobre todo con un par de chicos que, de manera superficial, los demás juzgábamos un poco tontos, negados. No era acoso escolar, sino más bien denigración, desprecio.

Me peleé con uno de los dos. Me dolió durante mucho tiempo porque no jugué limpio. Mientras luchábamos lo tiré al suelo, y al caer recibió un golpe tan fuerte en la cabeza que lo dejó sin sentido; por si fuera poco, lo había derribado con un gesto cobarde que me humillaba. Mi padre me llevó a visitarlo a su casa, donde guardaba cama; me disculpé, las cosas se arreglaron poco a poco y el chico se integró en el resto del grupo…, pero el peso de mi gesto, de mi conducta injusta, no me daba tregua.

Pasaron muchos años y, cuando ya era arzobispo de Buenos Aires, me encontré con él: era vicepastor evangélico y tenía una bonita familia de cinco hijos. Me pareció un hombre de gran bondad que me daba de nuevo una buena lección. Desde entonces no hemos perdido el contacto.

Otro de mis excompañeros, Alberto, de origen napolitano, vino a verme al Vaticano con toda su familia. Un día, cuando ya era obispo de Buenos Aires, me llamó por teléfono: por favor, me dijo, ven a visitar a mi madre, está agotada, pero no quiere morirse porque dice que está preocupada por mí, que tiene un peso en el corazón y siente una gran responsabilidad. Fui a visitarla. La señora, que había superado los noventa años, me confió con un hilo de voz lo que la atormentaba. Quédese tranquila, señora, su hijo está bien, le dije. ¿Puedo irme ahora? Sí, señora. Y al día siguiente, con el corazón en paz, la madre de Alberto murió.

Cuatro de aquella clase seguimos vivos, y al cabo de sesenta y cinco años aún estamos en contacto: el 20 de julio, que es el día del Amigo, nuestras cartas se cruzan; nos contamos las novedades, nos felicitamos y nos tomamos un poco el pelo. En la medida de lo posible, la clase sigue unida.

Pero al final del año 1955 no todos los chicos, los catorce chicos que en marzo de seis años atrás habían pisado por primera vez la Escuela Técnica Especializada en Industrias Químicas N.º 12 llenos de esperanzas, se diplomarían juntos. Por desgracia, no todos.

Algunos se quedarían trágicamente en el camino.

10

Se reconocieron desde lejos

Era hijo de un policía. Y probablemente, en muchos sentidos, el más inteligente y más talentoso de todos, apasionado, profundo conocedor de música clásica y con una cultura literaria a la altura de su preparación musical… Era un genio aquel muchachote grande y grueso, el más corpulento del grupo. Un genio.

Pero la mente del hombre es, a veces, un misterio impenetrable. Y un día, en apariencia igual a muchos otros, el chico se hizo con la pistola de su padre y mató a un muchacho de su misma edad, amigo suyo del barrio.

La noticia cayó como una bomba en la escuela, nos dejó atónitos.

Lo encerraron en la sección penal del manicomio, donde fui a verlo. Fue mi primera experiencia directa con la cárcel, dos veces prisión porque también era un lugar de reclusión para enfermos mentales. Pude saludar a mi amigo por un minúsculo ventanuco, un sello partido en cuatro por una reja y enmarcado por una pesada puerta de hierro. Fue terrible, me chocó profundamente. Volví a visitarlo con otros compañeros. Días más tarde, en la escuela, oí a un empleado y a unos chicos de otro curso gastar bromas a su costa. Me enfurecí. Les dije de todo y me dirigí a toda prisa al despacho del director para expresarle mi desaprobación, para decirle que cosas por el estilo no debían suceder de nuevo y que el hecho de que un empleado hubiera participado en la conversación aumentaba la gravedad del asunto, que aquel chico ya sufría lo suyo encerrado en una cárcel que también era un manicomio. Con aquel arrebato me ganaría en la escuela una cierta fama de hombre recto, no sé hasta qué punto merecida; la fama es así. Al cabo de un tiempo, trasladaron a mi amigo a un reformatorio y seguimos escribiéndonos. Se salvó de la cadena perpetua porque cuando se produjeron los hechos aún era menor. Lo dejaron en libertad unos cuantos años más tarde.

Después de diplomarme, cuando ya era novicio, me llamó por teléfono un excompañero. Me contó que había conseguido ponerse en contacto con la hermana de nuestro compañero preso y que, muy afectada, le había contado que, al poco de salir del reformatorio, él se había suicidado. Debía de tener unos veinticuatro años.

A veces, como dice el salmo, el corazón del hombre es un abismo.

Fue un dolor que me trajo a la memoria y al corazón otro dolor.

Cursaba el cuarto año cuando, en el autobús, se me acercó un chiquillo de primer curso. Creo que me preguntó si podía conseguirle un libro que necesitaba, y yo le dije que sí, que lo tenía en casa y que se lo prestaría. Fue así como empecé a tener trato con él. Era hijo único, y en el colegio era conocido por los problemas disciplinarios que causaba. Yo, que ya había sentido la llamada y percibía intensamente mi vocación, aunque todavía no se lo había contado a nadie, vi que aquel chiquillo aún no había hecho la primera comunión, y, bueno, empecé a acompañarlo, a hablar con él, a cuidarlo como podía. Fui a su casa a conocer a sus padres, dos buenas personas, la familia Heredia, pero… Pero al final, cuando yo ya estaba en sexto, aquel chico mató a su madre con un cuchillo. No debía de tener más de quince años.

Recuerdo el velatorio en aquella casa, el rostro térreo del cabeza de familia, su dolor, doble y sin sosiego. Era la viva imagen de Job: «La pena consume mis ojos, mi cuerpo es solo una sombra» (Job 17, 7).

Fue otra noticia que se abatió sobre la escuela como un temporal, podría incluso afirmar que quizá nos impregnó del sentido trágico de la vida y de su complejidad. Jorge Luis Borges escribió: «He intentado, no sé con qué fortuna, la redacción de cuentos directos. No me atrevo a afirmar que son sencillos; no hay en la tierra una sola página, una sola palabra, que lo sea».

La humildad es necesaria para contar la compleja experiencia que es la vida.

Admiré y estimé mucho a Borges, me impresionaban la seriedad y la dignidad con las que vivía la existencia. Era un hombre muy sabio y muy profundo. Cuando, con apenas veintisiete años, me convertí en profesor de Literatura y Psicología del colegio de la Inmaculada Concepción de Santa Fe, impartí un curso de escritura creativa para los alumnos y decidí mandarle, por mediación de su secretaria, que había sido mi profesora de piano, dos cuentos escritos por los chicos. Yo parecía aún más joven de lo que era en realidad, tanto que los estudiantes me habían puesto el apodo de Carucha, y Borges era, en cambio, uno de los autores más reconocidos del siglo xx. No obstante, mandó que se los leyeran —ya estaba prácticamente ciego— y además le gustaron mucho. Me pidió que los incluyéramos en un libro, que publicó el editor argentino Castellví con el título *Cuentos originales*, y, por si fuera poco, Borges se ofreció para escribir el prólogo, probablemente su preámbulo más generoso: «Este prólogo no solamente lo es de este libro, sino de cada una de las aún indefinidas series posibles de obras que los jóvenes aquí congregados pueden, en el porvenir, redactar».

Lo invité incluso a dar algunas clases sobre el tema de los gauchos en la literatura y él aceptó; podía hablar de cualquier cosa, y nunca se daba aires. Con sesenta y seis años, se subió a un autobús e hizo un viaje de ocho horas, de Buenos Aires a Santa Fe. En una de aquellas ocasiones llegamos tarde porque, cuando fui a buscarlo al hotel, me pidió que lo ayudara a afeitarse. Era un agnóstico que cada noche rezaba un padrenuestro porque se lo había prometido a su madre, y antes de morir recibió los sacramentos. Solo un hombre de espiritualidad podía escribir palabras como estas: «Abel y Caín se encontraron después de la muerte de Abel. Caminaban por el desierto y se reconocieron desde lejos, porque los dos eran muy altos. Los hermanos se sentaron en la tierra, hicieron un fuego y comieron. Guardaban silencio, a la manera de la gente cansada cuando declina el día. En el cielo asomaba alguna estrella, que aún no había recibido su nombre. A la luz de las llamas, Caín advirtió en la frente de Abel la marca de la piedra y dejó caer el pan que estaba por llevarse a la boca y pidió que le fuera perdonado su crimen. Abel contestó:"¿Tú me has matado o yo te he matado? Ya no recuerdo; aquí estamos juntos como antes"."Ahora sé que en verdad me has perdonado —dijo Caín—, porque olvidar es perdonar. Yo trataré también de olvidar"».

Además de los amigos de la escuela, tenía los de la parroquia de San José de Flores. Empezamos a frecuentarnos con más asiduidad cuando acabé el trienio.

Se celebraban reuniones, se organizaban fiestas, mi hermana Marta se hizo novia de uno de los chicos del grupo.

Yo también me sentí atraído por dos chicas en aquella época, una de Flores, de la parroquia, y otra del barrio de Palermo, la Little Italy de Buenos Aires, cuyo corazón es la plaza Italia, con el monumento ecuestre a Giuseppe Garibaldi en el centro. La había conocido porque nuestros padres eran amigos y las dos familias se frecuentaban. Pero no fueron noviazgos oficiales. Salíamos en grupo, íbamos a bailar el tango. Yo tenía diecisiete años y ya sentía en mi interior la inquietud de la vocación por el sacerdocio. Ambas señoras siguen con vida y volvería a verlas siendo ya obispo: una dirigía una parroquia del barrio de Caballito y la otra aún vivía en Palermo; ambas estaban casadas y tenían hijos.

Pero antes de eso, siendo un niño, hubo un enamoramiento infantil por una chiquilla de Flores, una historia entrañable que había olvidado y que alguien me recordó al poco de ser elegido papa.

De fiesta con amigos y familiares (mi hermana Marta es la primera arriba a la izquierda, yo estoy abajo a la derecha).

Era una compañera de colegio de primaria, Amalia Damonte. Le escribí una carta en la que le decía que quería casarme con ella, o tú o nadie, y para ilustrar la proposición dibujé la casita blanca que compraría para ella y en la que un día iríamos a vivir, un dibujo que, aunque parezca increíble, aquella niña guardó toda la vida. Vivía en una casa de la calle Membrillar, a pocos metros de distancia de la nuestra, y su familia también era de origen piamontés. Pero, a pesar de nuestras raíces comunes, al parecer su madre tenía otros planes para ella, porque, cuando me veía en las inmediaciones, me echaba de allí agitando la escoba.

Era la normalidad y la simplicidad de la vida afectiva y de relación de un niño, y luego de un adolescente: juego, estudio, diversión, amistad, salidas en grupo y primeras pulsiones amorosas.

Pero la complejidad de la existencia nos tenía destinadas experiencias más tristes y amargas, de injusticia y dolor vital, también en nuestra familia. Como la historia de la tía Rosa.

Rosa Gogna era la hermana mayor de mi abuela materna.

Vivía en un cuarto del jardín de la gran casa de la calle Bocayuva, justo al lado del taller de carpintería del abuelo. A punto de cumplir los cuarenta, fue madrina de bautismo de la última hermana de mi madre, Catalina. Era una mujer extraña, solterona sin ninguna relación conocida, y llevaba una vida muy solitaria y en cierta medida al margen del resto de la familia: no asistía a las celebraciones ni participaba en las comidas y las fiestas familiares. Había sufrido un ictus que le había dejado como secuela la parálisis de la mitad de la cara, y por eso, con la inconsciencia y el descaro propio de los niños, la llamábamos la Tía Settebello. Nos parecía un poco chiflada y a veces se convertía en el blanco de alguna que otra broma de mis hermanos y mía.

Luego crecimos. Y de adolescente, cuando tenía dieciséis o diecisiete años, sentí la necesidad de verla. Se había ido de casa de los abuelos y había alquilado un cuarto, con baño y una pequeña cocina, que había atestado de una gran cantidad de objetos, en su mayoría extravagantes e inútiles; hoy en día se diría que sufría un síndrome de acaparamiento compulsivo, tengo entendido que se llama disposofobia; más tarde descubrirían que había escondido el dinero de la pensión en los rollos de papel higiénico. Cuando iba a visitarla, sentía una gran pena al verla tan sola y en aquellas condiciones, tenía la impresión de que aquella mujer nunca había conocido el calor de una caricia. En aquella casita llevaba una existencia aislada, rodeada de los objetos que había amasado y que seguía acumulando; al entrar, debía abrirme camino entre los trastos, las cajas y los bártulos, como un explorador, y al salir me pasaba media hora rascándome. Habría querido ayudarla, pero no sabía cómo resolver la situación: mi abuela Maria y sus cinco hijos seguían con vida, pero la tía Rosa había sido borrada de la vida familiar. Era la tía «vagabunda».

Un día de 1958, cuando tenía veintiún años y hacía el noviciado jesuita en Córdoba, aproveché una visita de mi padre para hablarle de ella: por favor, id a ver a la tía Rosa. Mi padre, que era un buen samaritano, me prometió que lo haría y enseguida fue a visitarla. Volvió varias veces, me escribió, porque durante el periodo del noviciado no estaba permitido llamar por teléfono a los novicios, y, cuando vino de nuevo a verme, le dije: ¿por qué no os la lleváis a casa? En aquella época ya estaban en el número 8862 de la avenida Rivadavia, en una casa enorme donde yo nunca llegaría a vivir y en la que mi padre moriría tres años más tarde. Lo hicieron. Le prepararon una bonita habitación, al lado de la escalera, y mi tía se mudó con ellos. En aquella casa, en compañía de su familia, vivió los últimos años de su vida.

Cuando cursaba el primer año de filosofía, un día en que estudiaba escuchando *El Mesías* de Händel, sonó el teléfono y me dieron la noticia. Era un 15 de agosto, creo que de 1962. La tía Rosa murió a los ochenta y tres años, y se marchó serena. Su vida fue durante muchos años una injusticia que, al final, la generosidad de mis padres logró reparar.

11

Como una rama de almendro

Era 21 de septiembre de 1953 y yo tenía una cita fijada. Un lunes, pero festivo: en aquella parte del mundo, la mía, se celebra el inicio de la primavera, y los amigos de la parroquia llevábamos tiempo planeándolo.

El día de la Primavera coincide con el día del Estudiante, por lo que es una fiesta para todos los chicos. Se organizan salidas en grupo, se está al aire libre, se hacen pícnics, se toma el sol para sacudirse de encima la humedad y el frío del invierno, se toca la guitarra o se asiste a conciertos al aire libre, y las avenidas y los jardines se tiñen del violeta de las flores de jacaranda. En Buenos Aires suele irse al Jardín Japonés, a plaza Francia o a los Bosques de Palermo, que son algunos de los lugares más bonitos de la capital.

En fin, había quedado.

Por la mañana tenía que hacer un recado para mi madre, unos trámites para ayudar a una señora del barrio a obtener la pensión, y luego me encontraría con mis amigos en la estación. Pero antes de subirme al tranvía, mientras caminaba a la altura de la iglesia de San José, sentí como si alguien me llamara, o, mejor dicho, noté que algo me empujaba a entrar, algo fuerte que nunca había experimentado y que encaré con un poco de superstición: quizá te pase algo malo si no entras… Así que entré, miré al fondo de la larga nave de la basílica y vi venir a mi encuentro a un sacerdote que no conocía, que nunca había visto a pesar de que aquella era la iglesia donde iba a misa los domingos. En ese momento sentí que debía confesarme. El sacerdote se sentó en un confesionario, el último a la izquierda del altar, y yo también entré. No sé contar de otra manera lo que pasó: le confesé mis pecados al sacerdote, que me trató con afecto y amabilidad… Soy consciente, sin embargo, de que eso no basta para explicar lo que ocurrió. El hecho es que cuando salí de allí, además de no ser el mismo, sabía que sería sacerdote.

Antes de entonces, la idea se me había pasado confusamente por la cabeza durante el año que había estado interno en el colegio salesiano, el último de primaria, como una posibilidad, pero no era más que la idea de un chiquillo, algo que no había compartido con nadie, y que tal como había surgido, tras el verano y el trabajo en la fábrica, había desaparecido.

Desde luego, no era mi plan para aquel día de primavera. Ni era lo que tenía en mente cuando había pisado la iglesia aquella mañana.

Pero ya había caído del caballo y todo era diferente.

Aquella tarde no acudí a la cita con mis amigos, con los que había quedado en la estación de autobuses. En alguna parte se ha escrito que ese día iba a declararme a una novia: no es así, eso es un cuento. Pero no fui a la estación. Había pasado «algo» gordo y no podía hacer como si nada. Yo no sabía que ya tenía otra cita, pero, como me sucedería a menudo, el Señor se nos anticipa. En Argentina usamos una expresión un poco más tosca que transmite muy bien la idea: nos primerea. Como la rama de almendro con que lo define el profeta Jeremías, la primera que florece en primavera (Jer 1, 11). Te crees que eres tú quien lo busca, pero Él ya te ha encontrado. Pecas y Él ya te está esperando para perdonarte.

Él ya estaba allí, y yo me asombré cuando lo supe.

Hice el recado para la amiga de mi madre, fui a comer a casa y no salí.

Pero antes, fuera del confesionario, me entretuve un instante

COMO UNA RAMA DE ALMENDRO

a hablar con aquel hombre, que debía de rondar los cincuenta: es la primera vez que lo veo, usted no es de aquí, ¿no, padre?

Me dijo que se llamaba Carlos Duarte Ibarra y que era de Corrientes, una provincia a ochocientos kilómetros de distancia de Buenos Aires, lindante con la frontera de Brasil.

No le conté nada más, desde luego no le conté lo que acababa de sentir justo en ese momento, ni se lo diría a nadie a lo largo de los años de la escuela secundaria.

Dejé pasar una semana y, en los meses siguientes, seguí visitando a aquel sacerdote, a veces acompañado por un querido amigo mío, Luigi Maria Canton. Con él, me refiero al padre Duarte, poco a poco empecé a hablar de todo, también de lo que me había ocurrido. Venía de la ciudad de São Tomé, una pequeña capital de provincia de veinte mil habitantes, fundada por los jesuitas, que se comunica con São Borja mediante el Ponte da Integração, y se había trasladado a la casa del clero de Flores porque estaba tratándose un cáncer en el hospital militar del que era capellán. Tenía leucemia. Me contó que se había convertido, que antes de ser sacerdote había sido artista de teatro, y era evidente que se trataba de un hombre de gran cultura. Fuimos juntos al teatro y a la ópera. Y en una ocasión me invitó a ver una película de ambientación cristiana, una superproducción yanqui que tuvo mucho éxito aquel año, *La túnica sagrada*, con Richard Burton, que más tarde vería de nuevo con la abuela Rosa. En definitiva, seguimos reuniéndonos e intercambiando opiniones; me tranquilizaba, con gran respeto y humanidad.

Mantuvimos la relación hasta que la enfermedad se agravó, y poco más de un año más tarde el padre Duarte murió. Estuve con él en el hospital cuando ocurrió. Lloré de pena como no recuerdo haber llorado nunca. Era la primera vez que experimentaba esa clase de desesperación. Me sentí completamente perdido, solo, abandonado, y temí que, con la desaparición de la única persona con quien había compartido mi vocación, un hombre que hacía que sintiera la misericordia de Dios, Dios mismo me hubiera también abandonado.

En cambio, volvería a encontrarme con Su misericordia una vez más.

El 21 de septiembre es el día de la conversión de Mateo, y san Beda el Venerable cuenta que Jesús miró a Mateo, el recaudador de impuestos, *miserando atque eligendo*. Se trata de la frase que se convertiría en mi lema episcopal primero y luego papal, una expresión que no puede traducirse literalmente porque en español uno de los dos verbos no tiene gerundio. La traducción literal sería «misericordiando y eligiendo», casi como si fuese un trabajo artesanal, como uno de los que hacía mi abuelo Francisco en la carpintería de Bocayuva. «Lo misericordió». Cuando, años más tarde, leyendo el breviario en latín, descubrí esta lectura, me di cuenta de que el Señor me había modelado artesanalmente con su misericordia. Cuando iba a Roma nunca dejaba de visitar la iglesia de San Luigi dei Francesi, que está a dos pasos de via della Scrofa, donde me alojaba, y allí rezaba ante el cuadro de Caravaggio *La vocación de san Mateo*, que representa una escena muy simbólica, con personajes contemporáneos del artista y dominada por una espesa penumbra rasgada por un blanco haz de luz.

Pero que nadie piense que aquel día de septiembre me iluminé como si algo hubiera cristalizado de una vez por todas. Es una idea que te marca, pero que desaparece para volver, una idea poderosa que pone en marcha mecanismos, muy humanos, de defensa y negación, algo que se archiva y luego vuelve a tomar cuerpo, que regresa cada vez con más fuerza.

Cuando leo el episodio de la conversión de san Pablo, lo que le ocurrió camino de Damasco el día que el caballo lo desarzonó, pienso que a él le debió de pasar algo parecido, no creo que lo entendiera de inmediato: fue al desierto, luego a Arabia, y regresó a Damasco… Los procesos humanos son lentos, necesitan tiempo para madurar.

Mi primer documento de identidad, a los dieciocho años.

Volví a la escuela, obviamente, y seguí con mi vida, sumido en mi mundo, las clases, los amigos, las salidas en grupo, los campamentos, el trabajo en el laboratorio, las actividades de la Acción Católica y la parroquia, sin hablar con nadie de mi voluntad de ser sacerdote. Viví la experiencia de la soledad, una «soledad pasiva», de esas que se sufren sin un motivo aparente, que no se deben a una crisis o una pérdida. Pero me había caído del caballo y se había abierto otro camino.

Incluso en los momentos más oscuros, en los momentos del pecado, sentí que el Señor no me había abandonado, que había abierto el corazón al mísero, que es el significado etimológico de la palabra «misericordia». Este es, para mí, el auténtico documento de identidad de Dios: la misericordia. Siempre me ha impresionado la lectura de la historia de Israel, tal y como se cuenta en la Biblia, en el capítulo 16 del Libro de Ezequiel. La historia compara Israel con una recién nacida a la que no se le cortó el cordón umbilical y a la que se abandonó en un charco de sangre. Dios la vio agitarse en la sangre, la lavó, la ungió con aceite y la vistió, y cuando fue mayor la atavió con seda y joyas. Pero ella, pagada de su propia belleza, se prostituyó sin exigir un precio, es más, pagando ella a sus amantes. Pero Dios no olvidó su alianza y colocó a Israel por encima de sus hermanas mayores, con el fin de que se acordara y se avergonzara (Ez 16, 63) cuando se le perdonara lo que hizo. Esta es, para mí, una de las revelaciones más grandes: seguirás siendo el pueblo elegido, tus pecados te serán perdonados. Jesús dijo que no había venido al mundo por los justos, sino por los pecadores; no por los sanos, que no necesitan al médico, sino por los enfermos. Esto es: la misericordia está profundamente unida a la fidelidad de Dios. El Señor es fiel porque no puede negarse a sí mismo. Lo explica muy bien san Pablo en la Segunda Carta a Timoteo (2, 13): «Si somos infieles, Él permanece fiel, porque no puede negarse a sí mismo». Tú puedes renegar de Dios, puedes pecar contra Él, pero Dios no puede renegar de sí mismo. Él permanece fiel.

Recuerdo mis pecados y me avergüenzo de ellos, pero, incluso cuando los cometía, el Señor nunca me dejó solo: nunca deja solo a nadie.

Soy un pecador. Esta es mi definición más exacta. Y no es una forma de hablar ni un artificio dialéctico, una figura retórica o una pose teatral. Soy como Mateo en el cuadro de Caravaggio: un pecador a quien el Señor ha dirigido su mirada. Esto es lo que dije cuando me preguntaron si aceptaba que me eligieran pontífice: «*Peccator sum, sed super misericordia et infinita patientia Domini nostri Jesu Christi confisus et in spiritu penitentiae accepto*».

Cuando a alguien le sorprende que haya subrayado reiteradamente este concepto, yo me sorprendo a mi vez de su sorpresa: me siento un pecador, estoy seguro de serlo; soy un pecador al que el Señor dirigió su misericordiosa mirada. Como les dije a los presos de la cárcel de Palmasola, que visité con ocasión del viaje apostólico a Bolivia, en 2015: este que tenéis ante vuestros ojos es un hombre perdonado. Un hombre que ha sido y sigue siendo salvado de sus muchos pecados.

Dios me ha mirado con misericordia y me ha perdonado.

Aún cometo errores y pecados, me confieso cada quince o veinte días. Me confieso porque necesito sentir la misericordia de Dios sobre mí.

Hay que confiar en Dios y en Su misericordia, que tiene la fuerza de transformarnos. Siempre. Dios perdona con una caricia, no con un decreto. Si el cristiano lo quiere todo claro y seguro, no encuentra nada. La tradición y la memoria del pasado deben ayudarnos a tener la valentía de abrir nuevos espacios a Dios. «Somos la novedad —escribía el padre Mazzolari— aunque carguemos con el peso de dos mil años de historia. El Evangelio es la novedad». Los que siempre buscan soluciones disciplinarias, los exageradamente proclives a la «seguridad» doctrinal, los que buscan con empecinamiento la recuperación del pasado perdido tienen una visión estática e involutiva. De esa manera la fe se convierte en una ideología más y deja de ser una experiencia viva.

Yo tengo una certeza dogmática: Dios está presente en la vida de cada persona. Dios está presente en la vida de cada uno de nosotros. Aunque sea una vida desastrosa, destrozada por el vicio, la droga o cualquier otra cosa, Dios está ahí. Se puede y se debe buscar a Dios en cada vida humana. Aunque un terreno esté lleno de maleza, siempre queda un espacio donde puede crecer la buena simiente. Y Dios no se limita a tranquilizarnos psicológicamente, como si fuera un ansiolítico. Va mucho más allá: nos ofrece la esperanza de una vida nueva. Uno no se queda atrapado en su pasado, sea el que sea, sino que empieza a mirar el presente de otra manera.

Todos somos pecadores. Si dijera que yo no lo soy, sería la persona más corrupta de todas. Cuando le rezamos a María decimos que es la madre de «nosotros, pecadores», y así es. Pero no de los corruptos. De los corruptos no puede serlo. Porque los corruptos venden a su madre, venden la pertenencia a una familia, a un pueblo. Eligen de manera egoísta, diría que satánica: cierran con llave la puerta desde dentro. Se encierran con doble vuelta de llave. El corrupto no se reconoce pecador, carece de la humildad necesaria, nunca ha sido él, no siente la culpa. Ser incapaz de sentirse culpable es una enfermedad grave y común, sobre todo en nuestra época. Una enfermedad que da miedo. Mateo, el recaudador de impuestos que Cristo convirtió en apóstol cambiándole el nombre y el corazón, era un traidor a la patria y un pecador, pero desde luego no un corrupto. No había cerrado completamente la puerta. Basta un resquicio para que Dios pueda entrar, y conmigo Su misericordia lo hizo.

12

Devoran a mi pueblo como pan

Seguí estudiando y yendo todas las mañanas al laboratorio de análisis. Me gustaba. Además, mi jefa, Esther Ballestrino de Careaga, investigadora biomédica farmacéutica, era una gran mujer. Entre alambiques, reactivos y microscopios, no solo me enseñó la cultura del trabajo, sino también la meticulosidad como requisito imprescindible. La prisa con la que a veces le presentaba los resultados de los análisis la hacía recelar: «¿También hiciste aquella prueba?». Respondía que no, que no me había parecido necesario, dado que todas las que había hecho antes indicaban que aquel era el resultado correcto. «No, así no —replicaba—: la escrupulosidad y la precisión lo son todo en nuestro trabajo. Las razones de la ciencia deben sustentarse de manera empírica».

Pero aquella gran mujer hizo mucho más: me enseñó a pensar; me refiero a pensar la política.

Nació en 1918 en una ciudad de Paraguay, Encarnación, se diplomó como maestra y más tarde obtuvo una licenciatura y se hizo activista del Partido Revolucionario Febrerista, del Movimiento Femenino Febrerista de Emancipación y de los trabajadores del campo. Marxista, en el punto de mira de autoridades y latifundistas, y por ello perseguida durante la dictadura de Morínigo, se exilió en Argentina, donde se casó y tuvo tres hijas con las que aún estoy en contacto.

Cuando nos conocimos, tenía treinta y cinco años y yo aún no había cumplido los diecisiete. Eran los años del célebre caso

Rosenberg, un matrimonio condenado a muerte en Estados Unidos. Detenidos en pleno macartismo, acusados de haber entregado a la Unión Soviética documentos relativos al proyecto de la bomba atómica, fueron declarados culpables al término de un proceso confuso, emocional y controvertido. Fue un caso que interesó profundamente a la opinión pública mundial, hasta tal punto que se puso en marcha una gran campaña internacional —promovida por el escritor estadounidense Dashiell Hammett y por personalidades como Bertolt Brecht, Pablo Picasso, Frida Kahlo, Jean-Paul Sartre, Albert Einstein e incluso el papa Pío XII— para pedir que les concedieran la gracia del indulto. Fue inútil. Al final, los ejecutaron en la silla eléctrica en la prisión de Sing Sing. Recuerdo que fue uno de los primeros temas de debate con Esther, que me lo contaba y me daba su versión de activista.

Me hizo leer libros y me animaba a ampliar mis conocimientos con otras lecturas. En aquellos años, la Unidad Básica, sede del movimiento peronista en cada barrio, así como el Comité Radical y la sede socialista eran lugares de cultura política, muy incentivada por entonces. Me gustaba ir a esos sitios. Leía *La Vanguardia*, la revista que los militantes socialistas distribuían entonces por la calle. Y, cuando Esther me traía el periódico comunista *Nuestra Palabra*, lo leía y discutía con ella lo que no compartía, y eso me ayudaba a pensar. Era una mujer respetuosa, en absoluto fanática, dotada de un gran sentido del humor. También me interesaban el arte social y el trabajo cultural y político del Teatro del Pueblo de Leónidas Barletta, que se representaba en un semisótano de Diagonal Norte.

Una vez dije que los comunistas nos habían robado la bandera, porque la bandera de los pobres es cristiana, y sin duda es verdad: el protocolo con el que seremos juzgados, recogido en el capítulo 25 del Evangelio de Mateo, va antes que Lenin. En todos los sentidos.

Quien cree en Dios, quien cree en Jesucristo y en su Evangelio, sabe que el corazón del Evangelio es el anuncio a los pobres. No hay más que leerlo. Jesús es muy claro en este punto. Dice de sí mismo: «Me ha enviado a evangelizar a los pobres, a proclamar a los cautivos la libertad, y a los ciegos, la vista; a poner en libertad a los oprimidos» (Lc 4, 18). A los pobres. Los que necesitan la salvación, los que necesitan ser aceptados en la sociedad. Además, si uno lee el Evangelio puede apreciar que Jesús sentía debilidad por los marginados: los leprosos, las viudas, los niños huérfanos…, y por los pecadores… Ese es mi consuelo. Porque el pecado también es una pobreza que hay redimir, una esclavitud de la que debe liberarse a quien lo comete.

Yo procedía de una familia radical, mi abuelo materno había sido un radical en 1890, de esos que participaron en la llamada Revolución del Parque, que a finales del siglo XIX provocó la caída del presidente Miguel Juárez Celmán. En cierto modo, una familia paradójicamente elitista, porque no éramos ricos, sino pobres que habían ascendido en la escala social hasta la clase media y en alguna que otra ocasión habían vuelto a descender de manera clamorosa. En 1946, mientras, para alegría del abuelo Giovanni, en Italia se votaba contra la monarquía y se instauraba la República, en Argentina empezaba la larga, complicada y multiforme experiencia del peronismo. Y en mi casa todos eran antiperonistas. El vicepresidente de Juan Domingo Perón se llamaba Hortensio Quijano, y a nosotros, los niños, nos habían enseñado a cantar: «Perón, Quijano, ¡dos chanchos de la mano!». Más adelante, con unos cuantos años más, hacia la adolescencia, empezaron a intrigarme las reformas sociales que Perón estaba llevando a cabo y me inspiró una cierta simpatía. Me acuerdo de un domingo, tendría yo unos quince años, en que estábamos comiendo en casa de los abuelos maternos: mi tío Guillermo, empresario, una buena persona, que era el marido de la tía Catalina, hablaba por los codos y criticaba a Perón, parecía que nunca se iba a callar. En un momento dado, me cansé de oír aquel disco rayado y me enfadé: no tienes derecho, le dije. Eres rico, ¡qué sabrás tú de los pobres y de sus tribulaciones! También la tenía tomada con Evita: era una mujer de mala vida, decía, porque había sido actriz de cine. Y yo: pero ayuda a los pobres, ¿tú los ayudas? Empezaron a cruzarse los insultos y la situación degeneró. Hasta que agarré el sifón y le rocié la cara a mi tío con agua de seltz. La tía me sacó de la habitación, y entonces, nunca mejor dicho, se calmaron las aguas. Luego, obviamente, le pedí perdón. Pero aquel fue en cierto modo el bautismo público de mi pasión política, aunque no fuera yo quien acabó rociado de agua. Por otra parte, la primera formulación de la doctrina peronista tiene un nexo con la doctrina social de la Iglesia. Y Perón le daba sus discursos a monseñor Nicolás De Carlo, en aquellos años obispo de Resistencia, en el Chaco, para que los leyera y le dijera si estaban en armonía con esa doctrina.

La política siempre me ha interesado, siempre. En la antigua Yugoslavia se decía que «con dos eslovenos se forma un coro, con dos croatas un parlamento y con dos serbios un ejército»; en Argentina, que con cada dos de nosotros se crea un conflicto interno.

Pero, sobre todo, aquella fue mi primera reacción clara en defensa de los pobres. Una tensión, una inquietud social que más adelante he buscado y he vuelto a encontrar cada vez más en la Iglesia, en su doctrina que nos interpela para que luchemos contra toda forma de injusticia, sin dejarnos llevar ni por la colonización ideológica ni por la cultura de la indiferencia.

Esther Ballestrino de Careaga era una mujer extraordinaria, la quería mucho.

Cuando empezó la guerra sucia, el violento programa de represión que acalló cualquier forma de oposición en el ambiente cultural, político, social, sindical y universitario del país, la soga empezó a apretarse alrededor de su cuello. Tras el golpe de Jorge Rafael Videla y de los generales del 24 de marzo de 1976, Esther solicitó el reconocimiento de la condición de refugiada al Alto Comisionado de las Naciones Unidas para los Refugiados. Y lo obtuvo. Pero eso no fue suficiente para protegerla: registraron su vivienda varias veces y detuvieron a sus familiares.

El 13 de septiembre de 1976, secuestraron a su yerno, Manuel Carlos Cuevas, marido de su hija Mabel. El 13 de junio de 1977, detuvieron a su hija Ana María, que solo tenía dieciséis años y estaba embarazada de tres meses. El mes siguiente, Esther acudió a la redacción del *Buenos Aires Herald* para denunciar su detención y desaparición y todos comentaron lo mucho que les había impresionado su mirada firme y la autoridad con que hablaba aquella mujer. Una mirada y una autoridad que yo conocía muy bien. En octubre, tras cuatro meses de horror, Ana María volvió a casa. La habían tenido secuestrada en el Centro Clandestino de Detención Club Atlético, un almacén de aprovisionamiento de la policía que había sido transformado en un campo de detención. Contó que la habían encadenado junto con sus compañeros mientras por los altavoces sonaban himnos nazis y discursos de Hitler a un volumen ensordecedor para tapar los gritos de los torturados. Contó que la habían encapuchado, desnudado y apaleado, que le aplicaron descargas eléctricas en el cuerpo y la colgaron de los brazos y las piernas, que le pusieron bolsas de plástico en la cabeza y le apagaron cigarrillos en la piel. La violación formaba parte de la tortura. Ana María logró escapar de aquel suplicio gracias a una salida improvisada: cuando los torturadores le quitaron la ropa, vieron que tenía algo en la piel. «¿Qué tienes ahí?», le preguntaron. La chica no levantó la mirada. Pero era astuta. «Me avergüenza decirlo», respondió. «¿Qué es? —le gritaron—. ¡Habla de una vez!». «Lepra», dijo con un hilo de voz. «¿Eres leprosa?». «Sí», respondió. Volvieron a encadenarla. En realidad, era solo una micosis.

Del cuñado de Ana María, que había sido secuestrado unos meses antes que ella, se perdió el rastro. Es uno de los treinta mil argentinos desaparecidos.

Esther me llamó después de la liberación de su hija. Por aquel entonces yo era provincial de los jesuitas e impartía clases en el Colegio Máximo de San Miguel de Córdoba. Me llamó por teléfono y me dijo: «Mi suegra está muy mal, es grave, quiero que le administres la extremaunción. ¿Puedes venir a mi casa?». No eran creyentes. Y aunque su suegra lo era, y bastante devota, en principio me pareció extraño. Comprendí que aquel no era el verdadero motivo y fui a verla con una furgoneta. En cuanto entré en su casa, Esther me reveló el motivo real de la urgencia: su surtida biblioteca de libros, que había leído, hojeado, subrayado, estudiado y apreciado; eran textos de sociología y de política, muchos marxistas, que en aquellas circunstancias podían ponerla en un serio apuro, pues la vigilaban. Me preguntó si disponía de un sitio para esconder y guardar su biblioteca y le dije que sí. Los cargamos en la furgoneta y me los llevé al almacén del Colegio Máximo.

Esther puso a salvo a su anciana suegra y a sus tres hijas, primero en Brasil y luego en Suecia, donde Ana María dio a luz a su hija. Las chicas le pidieron a su madre que se quedara con ellas en el exilio, pero Esther se negó. A quienes conocíamos a aquella mujer extraordinaria no nos sorprendió su decisión. «No pararé hasta que aparezcan todos, porque todos los desaparecidos son hijos míos». Participó en las reuniones de las Madres de Plaza de Mayo desde el principio, y desde el principio colaboró con las asociaciones de las familias de los prisioneros políticos y de los desaparecidos.

El 8 de diciembre de 1977, unos funcionarios de la policía política secuestraron a Esther delante de la iglesia de Santa Cruz. Tenía cincuenta y nueve años. Ninguno de sus seres queridos volvería a verla.

Me reuní con dos de las hijas de Esther, Ana María y Mabel, en la nunciatura de Asunción, en Paraguay, que visité en julio de 2015 con motivo de un viaje apostólico. Tras los hechos de 1977, me había carteado con el padre de las chicas, Raymundo Careaga, y lo hice hasta que murió. El hombre había regresado a Paraguay en 1984, que entonces estaba bajo el régimen dictatorial del general Alfredo Stroessner. Me asignó un nombre ficticio para que pudiéramos escribirnos, Nahir Leal, y con ese nombre yo firmaba la correspondencia.

Nos abrazamos. «Nuestros jóvenes están armando alboroto, y usted también», me dijeron las chicas. Les respondí que necesitaba su ayuda para seguir adelante. Me regalaron una fotografía de Esther en el laboratorio Hickethier-Bachmann, rodeada de sus empleados, y entre ellos estaba yo, con la bata blanca y cara de niño, el joven Jorge. La foto iba acompañada de un texto poético de Galeano:

«Las Madres de Plaza de Mayo, mujeres paridas por sus hijos, son el coro griego de esta tragedia. [...]

"Me despierto y siento que está vivo", dice una, dicen todas. "Me voy desinflando mientras pasa la mañana. Se me muere al mediodía. Resucita en la tarde. Entonces vuelvo a creer que llegará y pongo un plato para él en la mesa, pero se vuelve a morir y a la noche me caigo dormida sin esperanza. Me despierto y siento que está vivo...".

Las llaman locas.

Normalmente no se habla de ellas. Normalizada la situación, el dólar está barato y cierta gente también. Los poetas locos van al muere y los poetas normales besan la espada y cometen elogios y silencios. Con toda normalidad el ministro de Economía caza leones y jirafas en la selva africana y los generales cazan obreros en los suburbios de Buenos Aires. Nuevas normas de lenguaje obligan a llamar Proceso de Reorganización Nacional a la dictadura militar».

Su tercera hija sigue viviendo en Suecia: lleva el nombre de su madre.

Mucho tiempo después se descubriría un nuevo pormenor de la operación de secuestros llevada a cabo en aquellos primeros días de diciembre de 1977, en cuyo marco raptaron a Esther: la existencia de un espía que había logrado ganarse la confianza de las familias y de los activistas que se reunían en la iglesia de Santa Cruz. Se hacía llamar Gustavo Niño, apodado el Ángel Rubio, por su pelo rubio y sus ojos azules, y decían que solía contar la historia de su hermano, que también había desaparecido en una de las muchas carnicerías de los militares. A veces se entretenía hablando con las monjas en la puerta de la iglesia. Un beso en la mejilla era la señal acordada para marcar a la persona que había que secuestrar. El verdadero nombre de ese hombre que se presentaba como Gustavo Niño era Alfredo Astiz, oficial de la Marina militar argentina. En un par de días, además de a Esther, se llevaron a todo el grupo de Santa Cruz. Entre otras muchas, a Azucena Villaflor y María Ponce, otras dos fundadoras de las Madres de Plaza de Mayo, y a dos monjas francesas de las Misiones Extranjeras de Notre-Dame de la Motte, Alice Domon, conocida como sor Caty, y Léonie Duquet, a quienes su instituto religioso había mandado entre los pobres de las villas miseria de Buenos Aires. Sigo en contacto con una sobrina de sor Léonie, sor Geneviève Jeanningros, de las Hermanitas de Jesús, que vive desde hace más de cincuenta años en una caravana en el parque de atracciones de Roma, donde la he visitado un par de veces siendo ya papa: un hornillo, muchos libros, papeles esparcidos y un jergón en el suelo. Da testimonio del Evangelio entre feriantes y circenses.

En aquellos días, el grupo estaba poniendo a punto una petición dirigida al gobierno con el fin de que hiciera públicos los lugares donde los desaparecidos, cuyos nombres se adjuntaban, se hallaban detenidos. La petición se publicó en el periódico *La Nación* el 10 de diciembre de 1977, el mismo día de la desaparición de las dos monjas. Entre los firmantes también figuraba el supuesto Gustavo Niño. Lo condenarían a cadena perpetua treinta y cuatro años más tarde.

Traté por todos los medios de recabar información muchas veces, a medida que se iba conociendo la gravedad de lo que ocurría: de Esther, de las dos monjas francesas y de otro chico a quien conocía y que también había sido secuestrado mediante la delación del falso Gustavo Niño, en los mismos días. Se llamaba Remo Carlos Berardo: un pintor, un idealista, una bellísima persona. Había crecido en el barrio de La Boca, donde todo el mundo lo conocía. Tenía cinco hermanos. Uno de ellos, Amado, el menor, empleado de banca, había desaparecido cinco meses atrás: colaboraba con el padre Carlos Mugica, el sacerdote mártir asesinado con cinco disparos de pistola el 11 de mayo de 1974 delante de la iglesia porteña de San Francisco Solano, en la Villa 31, recién acabada la misa. Remo había empezado a frecuentar el grupo de Santa Cruz, entre otras cosas, para buscar a su hermano.

Pero desaparecieron todos.

Algunos testimonios refirieron en los años siguientes que Esther, otras dos «Madres» y las monjas francesas pasaron diez días sufriendo torturas inhumanas en el sector Capucha de la ESMA, la Escuela de Mecánica de la Armada, el atroz centro de detención ubicado en el corazón de Buenos Aires. El 17 o 18 de diciembre las sedaron y las embarcaron en un avión de la Marina, desde donde las arrojaron al mar, vivas, frente a la costa de Santa Teresita, a doscientos kilómetros de la capital, una práctica criminal habitual de la dictadura, que recibía el nombre de vuelo de la muerte. Las víctimas morían a causa del impacto.

Se llamaba a cualquier puerta, con rabia, dolor, frenesí y gran frustración. Entre mentiras y disimulos.

Hice de todo por el padre Orlando Yorio y el padre Franz Jalics, dos sacerdotes jesuitas que pasaron cinco meses secuestrados. Incluso celebrar una misa por Videla. Tras un primer encuentro formal e infructuoso, en el que Videla tomó apuntes y me dijo que «indagaría», decidí recurrir a otras vías. Las que hiciera falta.

142 ESPERANZA

Logré enterarme del nombre del capellán militar que iba a celebrar misa en la residencia del comandante jefe, a la que asistiría toda la familia de Videla, y le pedí que fingiera que estaba enfermo. Fui en su lugar, y al acabar la misa me dirigí a Videla con determinación y le pedí que hiciera algo. Y, cuando en Flores empezaron a circular rumores de que a los sacerdotes los había secuestrado un grupo operativo de la Marina, fui dos veces a visitar a Emilio Massera, el almirante jefe, para indagar y tratar de desbloquear la situación. Él ganaba tiempo, negaba, mareaba la perdiz. Me levanté, furioso, y antes de marcharme le dije: Quiero que vuelvan, ¡vivos!

Al final, por suerte, volvieron.

Pero los asesinatos, las torturas y las desapariciones se contaron por miles. «Devoran a mi pueblo como pan», dice el salmista (Sal 14, 4). Bastaba muy poco para correr la misma suerte y la delación había sido institucionalizada por el régimen.

Fueron años terribles, y, para mí, también de enorme tensión: transportar gente a escondidas a través de los puestos de control de la zona de Campo de Mayo, tener en mis manos sus vidas y la responsabilidad de nuestra salvación, y preparar la fuga de un joven que me confió un sacerdote uruguayo, porque en su país corría peligro.

Llegó en avión a Buenos Aires con documentación falsa y fui a buscarlo con mi coche. Le pedí que se tumbara detrás, en el espacio entre los asientos, lo tapé con una manta gruesa y, tras superar así tres controles, conduje hasta el Colegio Máximo, en San Miguel. Una vez allí, le pedí que se quitara la alianza, pues estaba casado, y lo presenté como un joven que se unía a nosotros para hacer ejercicios espirituales porque quería valorar la opción del sacerdocio: era más prudente no implicar a nadie. Se quedó una semana, mientras se organizaba su huida a Brasil. Una mañana temprano lo vestí de sacerdote, le entregué un documento de

DEVORAN A MI PUEBLO COMO PAN 143

identidad mío —el chico se parecía un poco a mí— y lo llevé al Aeroparque Newbery, donde lo esperaba un vuelo con destino a Foz do Iguaçu, la ciudad brasileña al otro lado de la frontera, ambos conscientes de que si lo descubrían lo matarían y luego llegarían a mí. Gracias a Dios, todo salió bien, el chico se salvó y esperó en Brasil la caída de la dictadura, tras la cual pudo volver a su tierra. Sigue vivo y me escribió al Vaticano. Eran situaciones emocionalmente muy duras de afrontar. Durante más de un año recibí ayuda de una psiquiatra, una mujer judía muy sabia que en el pasado me había ayudado a interpretar los test psicológicos de los seminaristas: la visitaba una vez a la semana y sus indicaciones siempre me fueron de utilidad. Todavía las recuerdo, y aún hoy saco enseñanzas.

Aunque en aquellos años de tinieblas las sombras también oscurecieron a la Iglesia —y precisamente por eso, en nombre de una memoria plena e íntegra, cuando llegué a pontífice dispuse que se abrieran los archivos vaticanos de la primera y de la segunda sección de la Secretaría de Estado y de la nunciatura de Buenos Aires—, muchos sacerdotes fueron asesinados durante la dictadura. Incluso obispos. Entre estos, monseñor Enrique Angelelli, también hijo de inmigrantes italianos, a quien conocía muy bien porque en la diócesis andina de La Rioja, de la que era prelado, contábamos con misioneros jesuitas. Predicó en nuestro retiro espiritual de 1973, celebrado pocas semanas antes de que me nombraran provincial, y en La Rioja, donde llegué acompañado por el superior general de la Orden, encontramos una Iglesia perseguida y apedreada, pero entera: pueblo y pastor unidos. En aquella ocasión nos dio un consejo que he cultivado a lo largo de los años como una valiosa semilla: «Una oreja para escuchar la palabra de Dios y otra para escuchar al pueblo», nos dijo. Tres años más tarde, me mandaría a tres seminaristas a estudiar en el San Miguel, porque sus vidas peligraban, y yo los escondí, estableciendo así un vínculo de amistad que duró a lo largo de los años. En la actualidad, uno es obispo auxiliar de Santiago del Estero, y los otros dos, párrocos de sus diócesis. A lo largo de los dos años siguientes, llegaron otros jóvenes, que siempre presenté como participantes en los retiros espirituales o estudiantes.

Angelelli era un gran pastor, un hombre de Dios, de oración, de gran libertad y amor. Aprovechando la corriente del Vaticano II, dio un nuevo y valiente impulso a su diócesis y denunció la usura, la droga, las casas de juego y las múltiples formas de explotación por parte de los poderosos y los latifundistas: «No puedo predicar la resignación. Dios no quiere hombres y mujeres resignados», decía. Lo amenazaron en muchas ocasiones, incluso poco antes de morir, pero no calló: «Claro que tengo miedo, pero no se puede esconder el Evangelio debajo de la cama», confió a sus familiares. Lo mataron brutalmente el 4 de agosto de 1976 mientras volvía de El Chamical, donde había celebrado misa en memoria de dos curas y un laico, estrechos colaboradores suyos, a quienes habían asesinado. Unos días antes habían hallado los cadáveres de los dos sacerdotes, acribillados a balazos y con horrendas señales de tortura, con los ojos vendados y atados de pies y manos. Al Fiat 125 de Angelelli, en cambio, lo embistieron hasta volcarlo; el sacerdote que iba con él, el padre Arturo Pinto, se salvó porque creyeron que había muerto. Aunque primero la policía y luego la magistratura se apresuraron a archivar el caso como un banal accidente de tráfico, todos comprendimos de inmediato lo que realmente había ocurrido. Se tardaría treinta y ocho años en dictar la condena a cadena perpetua de dos altos oficiales, que alguien llegó a ver disparando el tiro de gracia a la cabeza del obispo.

Cada historia ocultaba un drama. Cada drama contaba una historia. A veces con un final feliz.

Como la de un querido amigo mío, Sergio Gobulin, un italiano que llegó a Buenos Aires siendo niño, a los cuatro años, que había sido seminarista y que al final acabó casándose. Cuando terminó los estudios, decidió trasladarse al barrio de Mitre, en San Miguel, para ayudar a los pobres, cerca del colegio de los jesuitas, que también admitía estudiantes laicos. Fui a verlo allí, a su casa, que tenía el suelo de tierra apisonada. Y cuando en 1975 decidió casarse con Ana, una maestra del barrio, fui yo quien los unió en matrimonio. Al año, los militares fueron a secuestrarlos. Ana se salvó porque estaba fuera, con su hija de pocos meses. A Sergio se lo llevaron mientras construía la red de suministro de agua con sus propias manos, junto con los habitantes de las chabolas.

Corría el rumor de que lo retenían en una zona bajo la competencia de la aviación. Me dirigí al jefe de la base aérea: se lo veía incómodo, me daba largas. Al final le dije a aquel militar: la sangre de ese hombre te conducirá al infierno. E incluso le describí el infierno. En el fondo era buena persona, un «pobre diablo». Al cabo de dos días me hizo saber que mi amigo era inocente y que aquella misma noche lo dejarían libre. Pero se presentó otro problema: a Sergio no le habían vendado los ojos y lo había visto todo y a todos. Los demás sostenían que había que matarlo. Fueron días de angustia y desesperación. Sin embargo, al final lo dejaron libre. Lo vendaron y lo dejaron en la calle, a un kilómetro de su casa. Estaba en unas condiciones deplorables, molido a palos, lleno de heridas, físicas y psicológicas. Me contó que lo habían torturado durante dieciocho días. Avisaron a su mujer y yo logré obtener un permiso para que ella y la niña se quedaran con él en el Hospital Italiano. Luego llamé inmediatamente al consulado para que le concedieran asilo político. Tenían que marcharse, aunque no quisieran, para no acabar como el resto de los desaparecidos. No mucho tiempo después los mandaron a Italia en barco.

Sergio vive ahora en Pordenone con su esposa, y seguimos en contacto. Una vez me dijo por teléfono que desde que era papa no sabía cómo llamarme. Oye, en el registro civil aún no me han cambiado el nombre, le dije.

En julio de 2005, un equipo médico anunció la identificación de los restos de cinco mujeres del grupo que había sido secuestrado entre el 8 y el 10 de diciembre de 1977, apresuradamente enterradas sin identificación con el rótulo NN. Sus nombres son Azucena Villaflor, María Ponce de Bianco, Ángela Auad, sor Léonie Duquet y Esther Ballestrino de Careaga, una gran mujer y una buena amiga. El mar había devuelto sus restos mortales. En aquella época era cardenal y moví todos los hilos para que las enterraran en el jardín de la iglesia de Santa Cruz, donde se reunían.

Esther con sus tres hijas: una gran y valiente amiga.

A una madre que ha sufrido lo que sufrieron las Madres de Plaza de Mayo, yo se lo permito todo. Puede decir lo que quiera. Porque el dolor de esa madre es inconcebible. «Querría ver el cuerpo de mi hijo, sus huesos, saber dónde lo enterraron, dónde lo arrojaron...». La desesperación de una madre de Plaza de Mayo es terrible, es una memoria física, de carne y hueso. A veces dicen: «Pero ¿dónde estaba la Iglesia mientras eso ocurría?». Yo callo y acompaño. Debemos acompañar y respetar ese dolor, darle la mano. Y también el de los hijos.

Ana María Careaga, la hija de aquella gran luchadora que combatió con otras mujeres a quienes les habían arrebatado a sus hijos o que habían abierto su corazón al drama de otras madres, es hoy directora del Instituto de Estudios de Derechos Humanos de la Universidad Atlántida y dirige una investigación sobre los desaparecidos en el partido de La Costa. La niña que llevaba en su vientre cuando la secuestraron, Anita, vino a verme al Vaticano en agosto de 2024. Ya es una mujer. No os rindáis, le dije, conservad la memoria, el recuerdo de lo que recibisteis, no solo las ideas, sino también los testimonios. Como su madre, como su abuela, cuyo rostro destaca en un retrato que tengo colgado en mi pequeño estudio de Santa Marta, como las demás madres de Plaza de Mayo que mostraron el camino, sigue luchando por la justicia. Estoy seguro de que, además del reconocimiento de toda la humanidad, ocupan un lugar especial en el corazón de Dios, porque son combatientes. Rezo por ellas, rezo por todos los hombres y las mujeres de buena voluntad que se comprometen y luchan para llevar a cabo un proyecto de justicia y fraternidad.

El 8 de junio de 2018 firmé el decreto de beatificación de monseñor Angelelli, del padre Carlos de Dios Murias, un joven entusiasta, lleno de vida, de la Orden de los Frailes Menores Conventuales, del sacerdote francés Gabriel Longueville y de Wenceslao Pedernera, catequista y organizador del Movimiento Rural Católico. A este lo atacaron en casa, delante de su mujer y sus hijas, cuatro encapuchados que habían llamado a la puerta, y lo remataron con veinte balazos. Murió en el hospital, perdonando a sus asesinos. Perseguidos por defender la causa de la justicia y de la caridad evangélica, y asesinados por la dictadura que odiaba la fe, los cuatro mártires de El Chamical se elevarían juntos a los altares en abril del año siguiente. Quienes creyeron que celebrarían el triunfo con su sangre asistirían en cambio a su derrota.

Los restos de Alice Domon, sor Caty, no han sido identificados.

Tenía treinta años cuando llegó a Argentina para dedicarse al cuidado y la catequesis de niños con discapacidad. Ella y la hermana Léonie fueron presentadas a Videla, que por aquel entonces aún no era general, porque necesitaba asistencia para su hijo Alejandro, un niño epiléptico y con un retraso mental severo al que al final cuidaron las dos monjas en la Casa de la Caridad de Morón.

Nunca la encontraron.

13

Nadie se salva solo

Al final nos diplomamos. En diciembre de 1955, la clase completó con éxito los estudios y se organizó un gran baile de despedida. El trabajo en el laboratorio también había acabado. La llegada del verano trajo consigo el momento de tomar decisiones, y yo no sabía cómo plantearles el tema a mis padres. Sobre todo a mi madre, que estaba convencida de que iría a la universidad y sería médico.

No hubo necesidad de hacerlo, fue ella la que disipó mis dudas. Un día del mes de noviembre, subió a la buhardilla que había sobre la terraza, donde me había instalado para poder estudiar tranquilo, lejos del alboroto de la habitación que compartía con mis hermanos. Mi madre no venía a adecentar el espacio, esa era una tarea de la que nos encargábamos mis hermanos y yo, sino guiada por una intuición, picada por la curiosidad y recelosa por algo que no comprendía del todo, que se le escapaba y para lo que quizá encontraría un nombre en aquella buhardilla llena de libros, muchos de los cuales no eran los que se esperaba: textos de teología sobre todo, algunos en latín.

Cuando volví a casa, mi madre me estaba esperando. No parecía contenta. «¿No decías que querías ser médico?», me preguntó. Respondí que también estaba valorando otras opciones. Que sí, que quería ser médico, pero más bien de almas. La respuesta tampoco le gustó. Quería que fuera a la universidad: «Primero sácate la carrera, luego ya tendrás tiempo de pensar qué quieres hacer», me dijo. No fue una discusión, fue una confrontación franca y escueta, pero ella no cambiaría de idea, ni siquiera más adelante. Hasta tal punto que no me acompañó al seminario diocesano ni presenció mi toma de hábito como seminarista.

Tampoco puedo afirmar que en esa época nuestra relación fuera especialmente tensa ni, desde luego, que hubiera dejado de ser uno de los cinco dedos de su mano: solo era su manera de decir que no estaba de acuerdo conmigo en ese punto, que no compartía el cómo ni el cuándo, pero que de todas formas yo era libre de decidir por mí mismo. No discutíamos, pero solo nos veíamos cuando yo volvía a casa: mi madre nunca vino a verme al seminario. Solo me acompañó a Córdoba, con mi padre, cuando entré en la Compañía de Jesús. Pero al principio manteniendo siempre una cierta reserva.

Las cosas fueron más fáciles con mi padre: me dijo que, si estaba seguro de que aquel era mi camino, él se alegraba por mí.

Pero debíamos hablar del tema todos juntos.

Entonces pensé en dirigirme al padre Pozzoli, a quien se lo conté todo. Él examinó mi vocación, me dijo que rezara y que dejara el asunto en manos de Dios; luego me dio la bendición de María Auxiliadora.

Unas semanas más tarde, en casa a alguien se le ocurrió una idea que podía sacarnos del estancamiento: ¿por qué no le pedimos su opinión al padre Pozzoli? Era el padre espiritual de la familia, el sacerdote que me había bautizado diecinueve años antes... Y yo, esbozando mi mejor sonrisa, dije: sí, por supuesto.

Era el 12 de diciembre de 1955, mis padres celebraban veinte años de matrimonio. Primero asistiríamos a misa en San José de Flores, solo ellos dos y nosotros, sus cinco hijos, oficiada por el padre Pozzoli; luego desayunaríamos en la pastelería La Perla de Flores, en la avenida Rivadavia, en el cruce con Rivera Indarte, a media manzana de la basílica. Mi padre también había invitado al padre Pozzoli, que, sabiendo dónde se metía, había aceptado sin pensarlo dos veces.

A mitad del desayuno, pusieron encima de la mesa el plato fuerte: mi vocación. El padre Pozzoli empieza dando un rodeo. Dice: «La universidad está muy bien, siempre es una elección acertada, pero también es verdad que hay que aceptar las cosas como Dios las manda...». Y, sin tomar partido, se pone a contar historias de vocaciones, y acaba contando la suya. Dice que en pocos años llegó a subdiácono, luego a diacono y más tarde a sacerdote. Y que aquella elección le había aportado mucho más de lo que se esperaba... No terminó diciéndoles a mis padres que tenían que dejarme ir al seminario ni exigiéndoles que tomaran una decisión. No habría sido propio de él. Se limitó a aclarar dudas y a ablandar corazones. «Una de cal y otra de arena», como dirían los españoles. Lo demás vino por sí solo.

Entré en el seminario diocesano Inmaculada Concepción de Villa Devoto a principios de 1956. Pero primero, como es lógico, les di la noticia a los abuelos.

Joven seminarista en Villa Devoto.

«Siempre supe que no te conformarías con una vida mediocre, que tenías la suficiente ambición», me dijo la abuela Maria. Y me recordó que una vez, de niño, quise leer a toda costa un libro de Giosuè Carducci que había encontrado en la biblioteca de mi padre: «Te costaba entenderlo, pero no querías rendirte».

La abuela Rosa, por su parte, que ya estaba enterada de todo, pero que había preferido hacer como si nada, estaba contentísima. «Si has sentido la llamada de Dios es algo maravilloso». Añadió que no debía olvidar que la puerta de casa siempre estaría abierta, si decidía volver sobre mis pasos.

Al igual que en el colegio, la vida en el seminario era una inmersión total, un todo: del estudio —Juan Carlos Scannone, jesuita, uno de los máximos exponentes de la teología del pueblo, fue mi profesor de Literatura y Griego— a la celebración eucarística, de la oración a los partidos de fútbol. La comunidad estaba formada por los internos, y solo salíamos los fines de semana. Enseguida me nombraron encargado de los más pequeños, los que entraban a los doce años.

A pesar de que el seminario me gustaba, tuve que dejarlo. O mejor dicho, me sacaron de él en camilla, a punto de morir. «Con los pies por delante», como dice la expresión.

En agosto de 1957, una epidemia de gripe azotó el instituto, la gripe asiática, que ese año causaría millones de muertes en todo el mundo. La cogimos todos. Pero, mientras que algunos de mis compañeros se recuperan al cabo de cuatro o cinco días, yo estoy cada vez peor. Tengo una fiebre altísima que no cede. El doctor del instituto, a quien los seminaristas habíamos puesto el elocuente apodo del Animal, solo aplicaba tres clases de remedios: purgante para cualquier dolor de barriga, tintura de yodo para cualquier clase de herida y aspirina para todo lo demás. Y el enfermero, que había trabajado como ferroviario conduciendo locomotoras, coincidía plenamente con sus prescripciones y su posología. En aquellos días los abuelos se disponían a celebrar las bodas de oro, su quincuagésimo aniversario, programado para el 20 agosto, pero yo no podría participar en aquella gran fiesta familiar. Fue el prefecto, un joven que había sido ordenado sacerdote dos años antes, quien por último tomó cartas en el asunto: «Te llevo al hospital», dijo.

Me ingresaron de urgencia en el Hospital Sirio Libanés de Villa Pueyrredón.

Vine al mundo porque mis abuelos y mi padre no se subieron a aquel trasatlántico, el Principessa Mafalda. Pero si he sobrevivido fue gracias, sobre todo, a una monja.

Cornelia Caraglio, la superiora de las monjas de aquel hospital, una dominica, enseguida cuidó de mí, y caer en sus manos fue una autentica bendición. Era una mujer madura, culta, que había sido profesora en Grecia, y que se dio cuenta de la gravedad de mi estado en cuanto me vio: llamó al especialista y me sacaron un litro y medio de agua de la pleura. Después de eso, empezó una lenta e inestable recuperación, entre la vida y la muerte. Para hacerme una endoscopia en los pulmones, con el fin de evitar reflejos cardiacos, me atiborraron de morfina: el mundo se deformó, las personas se convirtieron en miniaturas; fue también una pésima experiencia, una faceta más de la pesadilla en que estaba sumido. Sentía que mi situación era realmente grave; abracé a mi madre, que había acudido corriendo a mi cabecera: dime la verdad, mamá, ¿qué tengo? ¿Qué me pasa? Me había dado cuenta de que lo que contaban no eran más que mentiras piadosas.

En aquel hospital de la comunidad libanesa había buenos médicos: el doctor Apud, el doctor De All, un joven médico con el que volvería a coincidir años más tarde, siendo ya arzobispo, y el doctor Zorraquin, el tisiólogo que efectuó el drenaje torácico. Pero fue sor Cornelia, sobre todo, quien me salvó la vida. Fue aquella religiosa italiana, también de origen piamontés, de Beinette, en la provincia de Cuneo, quien dijo con determinación en cuanto el doctor, tras prescribirme una dosis determinada de penicilina y de estreptomicina, se marchó: «El doble». Tenía olfato y experiencia en el terreno, y desde luego no le faltaba valor.

Los compañeros de seminario empezaron a visitarme y algunos ofrecieron su sangre para las transfusiones.

Poco a poco, la fiebre remitió y la luz volvió.

No era la primera vez que sentía la fuerza de aquella experiencia religiosa y humana, no era la primera vez que las monjas me cuidaban. Nadie se salva solo, en ningún sentido.

Es más, la primera vez coincidió precisamente con el principio de mi vida.

Les Petites Sœurs de l'Assomption, una congregación religiosa fundada en la segunda mitad del siglo anterior por el padre Étienne Pernet, habían abierto en 1932 una comunidad en Flores, un barrio principalmente habitado por familias de clase obrera e inmigrantes. Se dedicaban a servir a los pobres y a los enfermos, incluso como criadas: acudían a las casas de los necesitados y, armadas de paciencia, los cuidaban, los ayudaban, les preparaban de comer y acompañaban a sus hijos al colegio. Luego, con la misma discreción con que habían llegado, volvían al convento. Con una de aquellas hermanas, que entonces era una joven novicia, sor Antonia, permanecería en contacto hasta su último día. Ella en cambio entró en mi vida el primer día. Mi madre no podía amamantarme, yo lloraba, y mi padre le rogó que viniera a casa. Acudió acompañada por la hermana sor Oliva, que era irlandesa. Las dos eran experimentadas enfermeras. Sor Oliva puso una mano sobre el seno de mi madre y dijo: «Nunca vas a tener leche, querida…», y las dos se dispusieron de inmediato a encontrar leche de burra.

Nuestra familia les tenía mucho apego a esas monjas y mis padres nos llevaban a visitarlas a menudo. El convento estaba a unas diez manzanas de nuestra casa, en una zona más baja que solía inundarse cuando llovía, de ahí que estuviera conectada por pequeños puentes de hierro que unían los dos lados de la calle.

Por eso las llamaban las hermanitas del puente. Mis padres y mi abuela también se convirtieron en miembros activos de los grupos laicos asociados a la congregación.

Eran mujeres extraordinarias.

Tras la guerra civil española, que fue el ensayo de la Segunda Guerra Mundial y de la alianza entre Hitler y Mussolini, muchos republicanos se refugiaron en Argentina, y algunos de ellos fueron compañeros de trabajo de mi padre en la fábrica. Un día, uno de ellos cayó enfermo de gravedad, aquejado de una enfermedad purulenta e infecciosa; tenía el cuerpo cubierto de llagas y sufría mucho. Su mujer no podía dejar el trabajo, tenían tres hijos y nadie podía encargarse del cuidado de estos y del enfermo. Mi padre les pidió ayuda a las hermanas de la Asunción, no sin antes advertirlas de que el hombre era un anticlerical impenitente y un blasfemador. «Iré yo», dijo la superiora, sor Madeleine, que era francesa. Cuando llegó a la casa, el compañero de mi padre la recibió con malas palabras, las peores que uno pueda imaginar, ninguna de las cuales podía tener cabida en el vocabulario de la hermana. Ella, mostrándose tranquila, se puso a asistirlo. Entre un improperio y otro, le medicaba las llagas, ordenaba la casa, iba a buscar a los niños al colegio y, cuando la mujer del enfermo volvía del trabajo, tal y como había llegado se retiraba al convento. Y así un día tras otro. Poco a poco, la templanza de aquella mujer domó a su paciente, que se disculpó, y con el tiempo se hicieron amigos. La situación se prolongó más de un mes, hasta que el hombre se curó y pudo reanudar su vida cotidiana.

Un día, mientras el hombre salía de la fábrica en compañía de otros dos obreros republicanos, por la acera de enfrente pasaron dos monjas; cuando uno de ellos se puso a insultarlas, él le asestó un puñetazo que lo tendió en el suelo. Y, en cuanto se levantó, el compañero de mi padre le dejó clara la lección: «¡De Dios y de los curas puedes decir lo que quieras, pero a la Virgen y a las monjas ni mencionarlas!».

Había otra comunidad de religiosas muy cerca de nosotros, incluso geográficamente, pues nos separaban pocos cientos de metros: las Hermanas de la Misericordia. Sor Dolores Tortolo, que fue mi maestra en el parvulario y mi primera catequista, me obsequió con una formación equilibrada, optimista, alegre y responsable. Le estoy muy reconocido. Nunca dejé de visitarla, hasta que falleció, en 1986, con más de noventa años. Volví de Alemania, donde había pasado un periodo de estudio en la Philosophisch-Theologische Hochschule Sankt Georgen de Frankfurt, justo el día de su muerte, sin conocer la gravedad de su estado.

Esas dos congregaciones ejercieron una gran influencia sobre mí y mi familia. Fueron compañeras y maestras en muchos momentos felices, o complicados, de nuestra vida.

En septiembre de 1957, el Hospital Sirio Libanés decidió que mi estado había mejorado lo suficiente como para darme el alta y dejarme volver a casa a pasar la convalecencia. Una vez en casa, me planteé de nuevo una duda que ya me había asaltado antes de entrar en el seminario; pensando en mi presencia en Villa Devoto, me entraron ganas de ser..., no sé cómo decirlo..., más misionero, para empezar. Y no quería caminar solo, no me veía cura solo, un sacerdote secular. Necesitaba a la comunidad, siempre he sentido esa necesidad, la sensación y la seguridad de saberme parte de una red, urdimbre de un todo, no una hebra suelta. Escribía el sociólogo Zygmunt Bauman: «Las palabras tienen significados, pero algunas palabras producen además una "sensación". La palabra comunidad es una de ellas. Produce una buena sensación: sea cual sea el significado de comunidad, está bien "tener una comunidad", "estar en comunidad". [...] La compañía o la sociedad pueden ser malas; la comunidad, no. Tenemos el sentimiento de que la comunidad es siempre algo bueno. [...] Evoca todo lo que echamos de menos y lo que nos falta para tener seguridad, aplomo y confianza».

Nadie se salva por sí mismo. La dimensión comunitaria no es un marco, sino parte integrante de la vida cristiana y de la evangelización.

Cuando, recién elegido papa, entré en posesión del piso pontificio, oí que en mi interior se formaba un «no» inconfundible. El piso papal, ubicado en la tercera planta del palacio Apostólico, no es lujoso. Es antiguo y está decorado con buen gusto; es grande, no lujoso. Pero, al final, es como un embudo puesto cabeza abajo: hay mucho espacio, pero la entrada es muy estrecha. Se entra con cuentagotas, y yo, esa es la cuestión, no puedo vivir sin gente.

Fue una de las razones que me motivó a quedarme en Casa Santa Marta, el edificio hotelero situado a la izquierda de la basílica de San Pedro, en territorio vaticano. En los días del cónclave vivía en la habitación 207, que me había tocado por sorteo. La habitación donde luego viviría como papa, la 201, a unos pasos de distancia, en el segundo piso, era un cuarto de invitados. Da a una placita que conduce a la entrada posterior de la basílica y me siento a gusto en ella.

En su momento, no hay duda de que causé un cierto trajín. Hubo quien objetó que en Santa Marta también vivían los sacerdotes que trabajan en la Curia, y que si me quedaba allí estaría en contacto con ellos. Pero si yo estoy acostumbrado a vivir con mis curas, respondí.

Celebro misa todas las mañanas a las siete en la capilla, con una pequeña porción del pueblo de Dios. Consumo las comidas con los demás huéspedes. El cristianismo, como todo el mundo sabe, posee una especial vocación para la vida convivencial. Y es naturalmente proclive a la vida familiar y comunitaria.

Hace unas semanas, cuando un profesor me preguntó intrigado cuáles eran las razones profundas de mi elección, le respondí: mire, no puedo vivir en el palacio Apostólico por razones psiquiátricas. Es mi personalidad.

Necesito vivir con los demás.

Ni siquiera un papa se salva por sí mismo. A lo largo de mi vida he tenido la suerte de disfrutar de la presencia de muchos santos de la puerta de al lado, casi siempre personas sencillas, que quizá iban a la iglesia dos o tres veces al año, pero vivían con dignidad, se ganaban el pan y cuidaban de los demás. Sus testimonios siempre me han impresionado: Berta, Mari, las mujeres del barrio, los padres de familia…, personas prácticas y de extraordinaria humanidad, espiritualidad. Y ahora aquí, en Santa Marta, en el Vaticano, encuentro a otras muchas cada día, hombres y mujeres que trabajan con humildad, en la sombra, con un auténtico espíritu de caridad y servicio.

Desde niño he evitado a los charlatanes, a quienes hablan mal de los demás: siempre lo he considerado una enfermedad grave, que aletarga el corazón. «Muchos han caído a filo de espada, pero no tantos como las víctimas de la lengua», dice el libro de Sirácides (Eclesiástico) (Sir 28, 18), porque el chisme y la murmuración no son un hábito inocente, sino más bien una peste que solo causa división y sufrimiento.

Durante la convalecencia, el padre espiritual del seminario venía regularmente a visitarme y, una vez por semana, me daba la comunión. Y, mientras tanto, la idea de una vida de sacerdote regular, de comunidad, readquiría fuerza y se afirmaba, aunque dudaba qué sería mejor para mí, si los dominicos o los jesuitas.

A lo largo del año y medio pasado en el seminario, nunca perdí la vocación y nunca se me pasó por la cabeza casarme, a pesar de que mi pensamiento revoleteó alguna que otra vez alrededor de la luz intelectual y la belleza de una chica que había conocido en la boda de uno de mis tíos. Me sorprendió, y durante un tiempo, efectivamente, me trajo un poco de cabeza. Incluso me costaba rezar sin que su imagen se me apareciera constantemente. Tuve que volver a planteármelo todo otra vez, sufrir y dejar que el camino religioso me eligiera de nuevo.

Era normal; es más, lo anormal habría sido no pasar por esa

clase de dudas. Hoy en día sigo siendo de la opinión de que si un chico o una chica sienten una llamada especial del Señor y no titubean un poco, no tienen un poco de miedo…, algo no encaja. Casos así hacen que recele. El Señor nos llama a hacer grandes cosas, y, si el entusiasmo de la llamada va acompañado de un poco de miedo, es sano, sienta bien.

En cuanto a mí, buscaba algo más.

Los dominicos me gustaban, y tenía amigos entre ellos. Pero el seminario estaba dirigido por los jesuitas, y por eso los conocía bien. Tres cosas me habían impresionado de la Compañía: la comunidad, la labor misionera y la disciplina. Sobre todo las dos últimas, aunque al final nunca fui a las misiones y, en más de una ocasión, sería desobediente e indisciplinado; y eso que la disciplina me fascinaba. Su manera de ordenar el tiempo. Sentía que necesitaba comprometerme a fondo, ser útil, hacer cosas. Diría que lo que me empujó fue lo que hoy llamaríamos disponibilidad hacia la Iglesia, estar a su disposición para hacer todo lo que me ordenaran.

Hablé con el padre Pozzoli, que examinó mis reflexiones y mis sentimientos y al final avaló mi decisión.

Pero aún debería enfrentarme a duras pruebas antes de poder emprender el camino.

A finales de octubre, los médicos me dijeron que tenía tres quistes de gran tamaño en el pulmón y que era necesario que me sometiera a una intervención quirúrgica lo antes posible. En noviembre me ingresaron de nuevo y me operaron. Sufrí mucho. Muchísimo. En aquella época la intervención preveía la incisión del tórax y la separación de las costillas con el retractor de Finochietto, y eso por sí solo constituía un trauma que te marcaba. Luego empezaba la operación propiamente dicha: me extirparon el lóbulo superior del pulmón derecho. La operación fue un éxito, pero el tiempo del dolor no había acabado. Pasé varios días bajo una tienda de oxígeno, con un catéter en los pulmones: cada mañana, para limpiar la pleura, el médico me inyectaba un líquido fisiológico con una jeringuilla de gran tamaño; la cánula estaba enchufada a una llave que dejaba pasar el agua y la presión se encargaba de liberar la sonda. El dolor era atroz. Mi familia y mis amigos venían a verme, pero lo que más me emocionó y me ayudó, más que las palabras de circunstancias, fue lo que me dijo sor Dolores: «Estás imitando a Jesús».

Me dio paz.

El sufrimiento no había desaparecido, pero adquiría un nuevo valor, un significado.

El dolor no es una virtud, pero puede ser virtuoso el modo en que se vive. Nuestra vocación es la plenitud y la felicidad, y el dolor es un límite en esta búsqueda. Por eso, uno entiende plenamente el sentido de su propio dolor a través del dolor de Dios hecho hombre, Cristo. Todo intento de aliviar el dolor obtendrá resultados parciales si no se funda en la trascendencia.

Cuando por fin salí del hospital, la decisión estaba tomada: entraría de novicio en la Compañía de Jesús.

Pero eso no sucedería hasta marzo.

Al padre Pozzoli no le gustaba que me quedara en casa todo ese tiempo, y mucho menos en el periodo de las vacaciones. No sé cómo, habló con el inspector y consiguió que pasara el verano en las colinas de Tandil, donde los salesianos tenían una casa de colonias, Villa Don Bosco, rodeada de un espeso bosque. Mis pobres pulmones también se beneficiarían.

El 25 de enero de 1958, subí por primera vez a un avión y volé a trescientos sesenta kilómetros de Buenos Aires, al corazón de la sierra. Era un DC-3 bimotor a hélices, uno de los aviones símbolo de la Segunda Guerra Mundial, y no estaba en muy buenas condiciones. Durante el trayecto, una señora se quejó de que tenía frío y el asistente de vuelo se apresuró a excusarse: «Lo lamento, señora, el hecho es que se han desprendido partes de la zona posterior del avión». Partes, en cualquier caso, no indispensables, precisó acto seguido.

Aquellas semanas también pasaron volando. El 10 de marzo preparé la maleta con solo dos mudas, como me habían indicado, me despedí de mis hermanos y hermanas y me dirigí a la estación Retiro con mis padres para subirme al autobús que me conduciría a Córdoba, al gran edificio que los jesuitas habían construido medio siglo antes en el antiguo barrio Inglés.

Llamaría a aquella puerta al día siguiente.

14

Que las vibraciones más profundas resuenen en mí

El Noviciado de la Sagrada Familia ocupaba casi toda una manzana. Había sido fundado casi medio siglo atrás en el que a la sazón era un terreno lleno de riachuelos y de basura, al norte de una ciudad que, como las demás del país, se estaba extendiendo como una mancha de aceite, a la vez que crecían y se multiplicaban sus habitantes. Ese barrio se llamaba Pueyrredón, por el nombre de uno de los protagonistas de la resistencia de Buenos Aires y de la independencia argentina. Mi padre, mi madre y yo nos asomamos a la puerta de doble hoja de la gran casa la mañana del 11 de marzo de 1958. El hermano portero, Cirilo Rodríguez, nos abrió y nos pidió que esperáramos en la sala contigua a la portería. Luego, con calma, fue a llamar al maestro de los novicios, el padre Gaviña.

Apareció un hombre de unos cincuenta años, que nos recibió enseguida con amabilidad y que nos recordó, a mis padres y a mí, las reglas del noviciado acerca de las visitas durante los dos años siguientes: podría recibirlos, pero sus visitas serían bastante breves, de una hora a lo sumo; recibiría a mis padres o a mis hermanos ahí, en la sala de visitas, ya que sin permisos especiales no podían acceder al resto de la casa. Y, salvo casos graves o especiales, no podría volver a Buenos Aires para verlos. Me despedí de mis padres con un abrazo y, cuando el portón de entrada se cerró, un novicio del segundo año me llevó por todo el edificio, mientras me explicaba brevemente los usos y las costumbres

QUE LAS VIBRACIONES MÁS PROFUNDAS RESUENEN EN MÍ   163

de mi nueva casa. «Ángel» se llamaba esa tarea que encargaba el maestro.

En la primera planta estaban las habitaciones de los sacerdotes. En otra ala, las de los novicios. Eran habitaciones muy grandes y, en invierno, bastante frías. Me señaló mi cama, en la habitación que iba a compartir con otros dos «hermanos». Vi la enfermería, las dos capillas, la biblioteca, la sala de conferencias, con los escritorios para veinte estudiantes, el almacén y después, al salir, la cocina, el gran refectorio con la enorme mesa en forma de U en la que podían caber hasta cien personas, un patio, y, ahí, otro edificio con una cancha de baloncesto y una de fútbol, de tierra apisonada. Y, al fondo, la gran iglesia de la comunidad, a la que se podía acceder también desde el exterior, y que, por falta de recursos, nunca se había terminado del todo, hasta el punto de que, treinta años después, el tejado seguía siendo provisional.

El padre Cándido Gaviña, el maestro de los novicios, era un hombre reservado y serio, también bueno y delicado, pero… cómo decirlo: no nos «llevábamos bien». Tanto es así que, más adelante, un día me llegó a decir: «Pero ¿por qué no piensa en volver a casa, en formar una familia…?». No, no era en eso en lo que pensaba. Lo cierto es que no nos entendíamos: yo era muy argentino, muy directo; él, en cambio, que se había formado en Colombia, donde había permanecido muchos años, tenía una mentalidad totalmente colombiana y muy formal. Era como si un piamontés que llega a Sicilia pretendiese imponer su mentalidad y sus costumbres.

Pero en julio el padre Gaviña fue nombrado provincial de los jesuitas, en sustitución de quien había tenido esa responsabilidad los años anteriores, el padre Francisco Zaragozi, quien a partir de ese momento se convirtió en el nuevo maestro de los novicios en la gran casa de Córdoba.

Tenía entonces cincuenta y cuatro años, y para mí se convertiría en un padre, tanto es así que después lo elegiría padrino para mi ordenación sacerdotal.

Éramos unos veinte novicios. Llevábamos una vida muy austera, marcada por una cotidianidad estricta, pautada por reglas, estímulos, ejercicios llenos de significado, con horarios rigurosos y mucho silencio.

El silencio era la clave.

El clima era bueno y empecé a encontrarme bien.

Tras despertarnos a las seis de la mañana, hacíamos de rodillas la primera meditación en nuestras habitaciones, y de esa forma empezábamos el día. Luego, en silencio, íbamos a la capilla para la primera oración comunitaria y la misa; después desayunábamos y empezaban los llamados «oficios humildes», los encargos que se asignaban a cada novicio: barrer las escaleras y los pasillos, limpiar los baños, fregar platos y ollas o hacer las tareas de la cocina. Entre todos, pelábamos varias toneladas de patatas. Luego empezábamos las clases, que en el primer año incluían latín y en el segundo griego, además de retórica. Había espacio para un examen de conciencia individual, y a continuación empezaba la comida en el gran refectorio, donde también había reglas concretas, incluida la del silencio, salvo en los días festivos. Luego una breve visita a la capilla, un pequeño recreo y media horita de siesta, antes de la oración comunitaria a María y de las clases de la tarde. A continuación, la merienda y, tres veces por semana, los partidos de baloncesto o de fútbol. Nos quitábamos el hábito y nos poníamos pantalones negros y una camisa oscura. Yo me había recuperado bien de la operación y jugaba como todos, normalmente al baloncesto, o de portero. Hasta que el bedel gritaba: «¡Todos a lavarse!», y nos íbamos corriendo a la ducha. No era siempre un momento agradable: el calentador de leña del noviciado era pequeño, y en invierno el agua siempre estaba fría. Después tocaba la lectura espiritual y el rezo en la capilla, y a continuación la cena, al término de la cual teníamos un cuarto de hora de distracción antes del segundo examen de conciencia. A las diez de la noche, todos a la cama.

QUE LAS VIBRACIONES MÁS PROFUNDAS RESUENEN EN MÍ   165

Era una vida bastante dura y, sin embargo, me sentía a gusto, y le agradecía a la Providencia que me hubiera llevado hasta allí.

Todos los jueves, y durante semanas enteras en verano, íbamos a la Quinta del Niño Jesús, la finca agrícola de la Compañía. El camión tocaba el claxon, saltábamos a la caja y de ahí a la granja. Recolectábamos fruta, plantábamos árboles, partíamos piedras, durante horas: las varas de entonces son hoy grandes acacias, espinillos, chañares, eucaliptos, pinos…, un bosque que se ha convertido en reserva municipal. Y en verano dábamos largas caminatas hasta la presa de San Roque, hacíamos excursiones a la sierra, nos bañábamos en el río…

El sábado y el domingo, en cambio, los novicios enseñábamos el catecismo. Salíamos a buscar niños y niñas por el barrio, en la zona del hospital Tránsito Cáceres, que entonces era como un poblado de chabolas: había que cruzar hoyos cavados por el agua, matorrales y piedras, y llegabas a casas precarias y pobres. Después de hablar con sus padres, reuníamos a los niños en grupos de siete u ocho y, en un patio o al pie de un árbol, por la mañana empezábamos las clases de doctrina. A veces llevábamos caramelos, pero no siempre, pues nosotros tampoco teníamos dinero para comprarlos. Y, terminadas las clases, en el tiempo que quedaba antes de la comida, jugábamos todos juntos al balón. Todavía me acuerdo de esos niños. Había una familia de origen siciliano, los hermanitos Napoli, Antonio José y Pedro, y también los Zanotte; todos vivían en la avenida Pringles, a unas manzanas del noviciado. En aquella época a esa zona la llamaban «el barranco».

Me gustaba enseñar el catecismo a los niños, y también después, cuando fui a Chile; fueron experiencias que me sirvieron como aprendizaje el resto de mi vida. El Reino de Dios pertenece a los que son como ellos (Mc 10, 13-16). No hagáis daño a uno solo de estos pequeños…

Desde el principio de mi pontificado, he sentido que se me requería para que me hiciera cargo de todo el daño que han cometido algunos sacerdotes, un número considerable aunque pocos respecto al total de consagrados. Aunque sin duda eso no es lo importante: basta con que en la Iglesia salga a la luz un solo caso de abuso para que ya sea en sí mismo una monstruosidad. Con vergüenza y arrepentimiento, la Iglesia tiene que pedir perdón por el terrible daño que esas personas consagradas han cometido al abusar sexualmente de niños, un crimen que genera profundas heridas de dolor y de impotencia, ante todo en las víctimas, pero también en sus familiares y en toda la comunidad. «Si un miembro sufre, todos sufren con él» (1 Cor 12, 26). En cuanto a Chile, los meses que siguieron a mi viaje apostólico de 2018 me sirvieron para conocer a fondo la realidad de numerosos abusos en la diócesis de Osorno, por lo que expulsé del sacerdocio al responsable y acepté la renuncia de algunos obispos del país. No se puede tolerar ningún silencio ni ninguna ocultación en este tema, ni fuera de la Iglesia ni mucho menos en su seno. No es un asunto negociable.

Cuando era vicario episcopal en Flores, creo recordar que en 1993, me dieron a conocer un episodio relacionado con un diácono llegado del extranjero para formarse con vistas al sacerdocio. Ese joven había intentado aprovecharse de un chico parapléjico; no sucedió nada porque aquel chico era paralítico, sí, pero en absoluto sumiso: reaccionó con decisión y... el diácono recibió lo que se había buscado. Intervine de inmediato; convoqué al diácono y le dije: te vas ahora mismo, e informé de lo sucedido al obispo de su país.

Siempre hay que tomarse muy, pero que muy en serio este tipo de situaciones, sin dudarlo ni infravalorarlo.

De igual manera, debemos discernir y evitar trampas. Recuerdo un caso, también en Flores, que me dolió mucho; se trató de una calumnia, un intento de extorsión contra un sacerdote muy bueno: una familia lo amenazó con una denuncia por abusos para conseguir dinero. Investigamos; la policía incluso instaló una telecámara, y, al final, esa mentira, ese fraude, quedó al descubierto.

En el curso del pontificado se han adoptado varias medidas en este sentido para la reducción al estado laico incluso de excardenales, como en el caso del arzobispo de Washington Theodore McCarrick, pero sin duda no es suficiente. Cada caso ha de ser y será tratado con la mayor seriedad. El dolor de las víctimas es una queja que llega al cielo, que toca a las almas y que durante mucho tiempo ha sido ignorado, ocultado y silenciado. En la ira, justificada, de la gente, la Iglesia ve el reflejo de la ira de Dios, traicionado y abofeteado por estos inmorales consagrados.

He tenido ocasión de decir que la resonancia del grito silencioso de los pequeños que, en vez de encontrar en ellos paternidad y guía espiritual, encontraron unos verdugos hará temblar los corazones anestesiados por la hipocresía y por el poder. Aunque las estadísticas a nivel mundial revelan que la mayoría de los abusos tienen lugar en el seno de la familia o en el barrio, y que esta plaga es un drama que afecta a todos los ámbitos de la sociedad, tal consideración no puede eximirnos nunca del compromiso ni de la responsabilidad: es nuestra vergüenza y nuestra humillación, declaré en mi viaje a Bélgica en septiembre de 2024. Que otros se ocupen de la parte que les compete. Mirando al pasado, nunca será suficiente todo lo que se haga para pedir perdón y para tratar de reparar el daño causado. Mirando hacia al futuro, nunca será suficiente todo lo que se haga para crear una cultura capaz de evitar no solo que esas situaciones se den, sino que además se encuentren espacios para taparlas. En la nunciatura apostólica de Bruselas me reuní en privado con diecisiete víctimas de abuso por parte de miembros del clero: durante dos horas escuché el relato de su herida, les transmití mi dolor por lo que habían sufrido de pequeños y mi gratitud por la valentía que hoy mostraban. Este tipo de delitos no pueden prescribir, les dije. Sin duda, los primeros responsables son los que cometen los abusos, pero si un obispo sabe y no actúa se hace también responsable. Tapar es añadir vergüenza a la vergüenza.

Las víctimas han de saber que el papa está con ellos. Y que en esto no se va a retroceder ni un solo paso.

El primer año del noviciado hicimos el mes de ejercicios espirituales, y el segundo, en 1959, el de peregrinación. Salíamos en grupos de tres, abandonados a la Providencia durante un mes, un ejercicio que los novicios realizaban desde los tiempos de san Ignacio. A mí me tocó con un novicio que se llamaba Pautasso, también de origen piamontés, que dejaría al cabo de unos meses la Compañía, y con otro que se llamaba Santiago Frank, que ya era sacerdote secular, pero había entrado en el noviciado para hacerse jesuita. Nos encaminamos hacia el sudeste, a lo largo de más de cuatrocientos kilómetros de Córdoba a Rosario, por pueblos y ciudades. Viajábamos sin un céntimo en el bolsillo, a pie o haciendo autostop, pidiendo en las distintas parroquias, de pueblo en pueblo, permiso para dormir a cambio de nuestra colaboración, que podía consistir en cualquier cosa: barrer una iglesia, pintar una pared, ayudar a organizar algo. Comíamos gracias a la generosidad del prójimo, y ninguno de nosotros se murió de hambre ni pasó frío.

En Río Segundo nos alojó el párroco, el padre Marcos David Bustos Zambrano. Vivía en la casa parroquial con su madre y con su padre, que tenía ciento cuatro años y se conservaba muy bien, y una hermana. El padre Bustos Zambrano era un gran hombre, un padre con pe mayúscula, un líder bueno, pendiente de la condición de cada uno de sus parroquianos. Y fumaba como un carretero.

En cuanto llegamos, nos alojó en una habitación y nos mandó a hacer el censo de las lápidas del cementerio del pueblo. Era realmente un sacerdote «cuerpo a cuerpo», capaz de estar cerca y de preocuparse por cada uno de los suyos, en la vida como en la muerte.

Veinte años más tarde, pocos meses antes de morir, dejó una carta: «Me llaman David en familia, y aquí padre; soy argentino, hijo de padres inmigrantes, sacerdote con ese minúscula, y siempre he ejercido en el campo. Llevo treinta y un años en esta parroquia, soy bastante mayor, pero no dejo de aprender; uso hábito negro, de esos largos…, soy un hombre de la tierra y del cielo que lleva de un lado a otro la paz, fruto de la justicia y del amor, y del mensaje del Padre Celestial a Cristo encarnado». Dio mucho a muchos ese sacerdote. Un cofrade suyo, el padre Enrique Visca, fue durante cuarenta y cinco años párroco de Oliva, una localidad cercana, hasta que fue apartado por su obispo porque se decía que «chocheaba» un poco: quería beatificar a su madre muerta, cosas así… El sacerdote estaba amargado por la renuncia que se le había impuesto. Entonces el padre Bustos Zambrano empezó a invitarlo a su parroquia para que rezara en las exequias de difuntos a los que daba nombres ficticios, que inventaba él mismo sobre la marcha, rezos que luego serían en sufragio por las almas del purgatorio. Y todo eso para poder darle dos reales, para que no careciese de sustento y para que no se sintiese marginado.

Era un gran cura, el padre David. A mí, joven novicio en formación, me dio consejos que sigo recordando.

En cuanto al padre Visca, un día la localidad de James Craik, que dependía de la parroquia de Oliva, se enfrentó precisamente durante las fiestas patronales al nuevo párroco, que se negó a presidir la procesión. Entonces los fieles decidieron ir a buscar a su antiguo sacerdote, que seguía viviendo en Oliva, para que lo hiciese él. El padre Visca accedió. Fue a James Craik, empezó tranquilamente la procesión y entonces se preparó para la homilía, cuyo comienzo no olvidaría nunca ninguno de los presentes: «Hijos de la gran p…, vosotros me echasteis y ahora venís a buscarme…», y así sucesivamente, recriminando a los fieles que no lo hubieran defendido cuando el obispo lo alejó de la parroquia, y diciéndoles que Dios los había castigado y obligado a volver sobre sus pasos. Dedicó toda la homilía a hablar de la importancia de la fidelidad a sus propios sacerdotes.

Estas historias también las conservo en mi interior; me han ayudado a ver la realidad de la vida de los sacerdotes, incluyendo los de más edad y con problemas.

Tras dejar Río Segundo, fuimos hacia Impira, un pueblo agrícola del mismo departamento. Llegamos ahí justo en los días de la fiesta patronal. La ceremonia en honor de la Virgen, quizá la primera expresión de la piedad popular que pude ver fuera de Buenos Aires, me chocó e impresionó, tanto es así que todavía hoy, al cabo de sesenta años, recuerdo el himno que, con enorme devoción, cantaba la gente en esos ritos.

Fue mucho lo que aprendí en ese mes de peregrinación, también a dejar que las más profundas vibraciones de América y del pueblo resuenen en mí.

El 12 de marzo de 1960, la fiesta de la canonización de san Ignacio, consideraron que estaba listo para tomar los votos de pobreza, castidad y obediencia. Hice la promesa, que completaría a continuación con los votos solemnes que implican la definitiva pertenencia a la Compañía de Jesús, incluido el voto de obediencia y disponibilidad para con el papa y las misiones que disponga, que haría en el mes de abril de trece años después.

Acabado el ritual de profesión, mientras estábamos comiendo en el refectorio, el padre Zaragozi se me acercó: «Prepárate, irás a Chile para el juniorado». Pocos días después, fui a la localidad de Padre Hurtado, a pocos kilómetros de Santiago. Permanecí allí los siguientes doce meses. Alberto Hurtado, un santo contemporáneo, pasó su vida con los pobres y los trabajadores; fue además un hombre perseguido, que tuvo que afrontar muchos sufrimientos, pero nunca perdió la alegría: le gustaba decir que el futuro se juega en gran medida en la capacidad de escuchar. En Chile, lo experimenté en mi propia piel.

La del Centro de Espiritualidad Loyola fue una experiencia muy diferente a la de Córdoba: fue sobre todo una escuela de formación humanista. Y también de amistad. Los chilenos me hicieron madurar en humanidad; si tengo un poco se lo debo a ellos.

Y todos los docentes eran excelentes. Recuerdo a un profesor de francés que daba clases sobre Baudelaire: «*Ma jeunesse ne fut qu'un ténébreux orage, traversé çà et là par de brillants soleils…*». Mi juventud no fue sino un gran temporal, atravesado, a rachas, por soles cegadores…

O también sobre Charles Péguy, el poeta y ensayista de Orleans que escribía cosas como: «La revolución social será moral, o no será»; o: «Esperar es lo más difícil. Lo más fácil es desesperar, y es la gran tentación»; y también: «Lo peor no es tener un alma perversa, sino un alma acostumbrada».

También estudié mucho a Virgilio, de quien después escribí un largo trabajo, que se ha quedado en Buenos Aires. La *Eneida* es quizá uno de los clásicos que más he profundizado, hasta el punto de que todavía hoy, en la entrada de mi habitación, hay un pequeño cartel con el célebre verso 462 del primer libro: «*Sunt lacrimae rerum et mentem mortalia tangunt*». Hay lágrimas en las cosas que tocan el alma humana.

La mente no se confundía, al revés, se abría de par en par a un humanismo enorme.

El fin de semana íbamos a las aldeas cercanas para atender a los pobres. Nos ocupábamos de los enfermos, dábamos catequesis; algunos chicos eran tan pobres que no tenían ni siquiera zapatos; iban al colegio descalzos, en invierno pasaban frío y siempre tenían hambre.

Fue una experiencia que me dejó marcado.

Me afectó tanto que escribí sobre ello enseguida a mi hermana María Elena, aún una niña, porque, al fin y al cabo, nuestra vida, pese a ser humilde y modesta, estaba lejos de parecerse a la feroz pobreza de aquellas condiciones.

Antes, en Córdoba, había pasado un mes en el hospital. Atendíamos a los enfermos, les dábamos de comer y los limpiábamos, los afeitábamos.

Fue ahí donde vi por primera vez manifestarse la infidelidad; ya tenía bastantes experiencias, pero tocar esa llaga me hizo daño. Atendía a un hombre que se estaba muriendo, tenía una enorme laceración en el cuello que continuamente teníamos que limpiar, y justo ahí, en el cabecero de su cama, su mujer, hermosa, más joven que él, que hablaba en francés porque eran de Oriente Próximo, flirteaba con el médico.

Todo era tan descarado que casi no podía dar crédito a lo que veía.

También el juniorado en Chile terminó y, en marzo de 1961, regresé a Argentina para empezar los estudios trienales de filosofía en el Colegio Máximo de San José, en San Miguel, al oeste

Con el padre Fiorito, mi maestro de discernimiento
(él en el centro, yo a su derecha).

del Gran Buenos Aires, el gigantesco cinturón obrero urbano que rodea la capital argentina. Las clases ahí eran aún más amplias, de unos setenta estudiantes procedentes de Chile, México, Uruguay, Bolivia y Paraguay, además de los argentinos. Algún compañero me llamaba «el gringo», quizá por mis rasgos no precisamente sudamericanos. En San Miguel tuve un gran maestro, profesor de metafísica y también padre espiritual, así como director de la revista *Stromata*, en la que se publicaban los artículos de los profesores de la facultad: el padre Miguel Ángel Fiorito. Por su capacidad intelectual y espiritual, el padre Fiorito se convirtió en un punto de referencia indiscutible de los estudiantes. Para mí fue el maestro por excelencia, un guía personal de discernimiento. Mis primeras reflexiones sobre la religiosidad popular, sobre una visión realista del pueblo de Dios que excluye las románticas y fraccionadoras, sobre la teología del pueblo, nacen de él. Fue un campeón del diálogo y de la escucha, y su influencia me ha acompañado todos estos años, sin duda también en muchos de los temas desarrollados a lo largo del pontificado.

Lo vi por última vez pocos días antes de que muriese; era un domingo de finales de julio de 2005 y hacía poco había sido su cumpleaños. Estaba ingresado en el Hospital Alemán, llevaba años sin hablar bien. Había perdido esa capacidad, pero no la de comunicar: miraba intensamente, hablaba con los ojos. Dos lágrimas tranquilas le surcaron el rostro, me regaló esas lágrimas. Hasta en esa despedida me enseñó algo.

15

La única manera de volvernos plenamente humanos

En el tránsito de los estudios de filosofía, cuyo título obtuve en 1963, y los de teología, fui enviado al Colegio de la Inmaculada Concepción de Santa Fe a enseñar literatura, arte y psicología a los muchachos de los dos últimos años de bachillerato.

Unos meses antes le había escrito al superior general de la Orden, el padre Pedro Arrupe, quien había sido el primer provincial jesuita en Japón y rector del noviciado en Hiroshima, donde se encontraba el día en que se lanzó la bomba atómica.

Ese 6 de agosto de 1945, cuando a las ocho y cuarto de la mañana se produjo la explosión, a poco más de cuatro kilómetros del lugar donde él se encontraba con otros jesuitas y muchos jóvenes, Arrupe contó que había visto «una luz potentísima» y que, al abrir la puerta, había oído un estruendo «semejante al fragor de un terrible huracán, que arrasó con puertas, ventanas, cristales, paredes, muebles…, que, hechos pedazos, nos caían en la cabeza». Fueron pocos segundos «que parecieron mortales», pese a que todos los presentes continuaron con vida. Entonces corrieron por los campos de arroz para intentar enterarse de qué había ocurrido, pero de la ciudad no se veía más que una nube densa, atravesada por grandes llamas. Así que subieron a una colina para ver mejor, y desde ahí pudieron «distinguir dónde *había estado* la ciudad, porque lo que teníamos delante era una Hiroshima completamente arrasada». Un enorme lago de fuego, que en pocos minutos se convirtió en escombros. Quien huía avanzaba «con dificultad, sin correr, como habría querido, para librarse de aquel infierno cuanto antes, por las terribles heridas que había causado».

Todavía no había cumplido nueve años ese 6 de agosto, y mi casa en el barrio de Flores estaba casi a veinte mil kilómetros del gigantesco hongo de muerte que había ocupado el cielo de Japón. Nos separaban las fronteras del idioma, los paradigmas culturales y todo un inmenso océano, el Pacífico, que ningún miembro de mi familia había visto, y que yo mismo tardaría muchos años en ver. Y sin embargo recuerdo ese día perfectamente: lo recuerdo en los ojos empapados de lágrimas de mi madre y de mi padre, cuando conocieron la noticia. Lloraban.

En lo que dura un destello, «un destello luminoso, amarillo y brillante como diez mil soles», entre setenta mil y ochenta mil personas fueron asesinadas, y un número tan grande que resulta imposible de estimar enfermó y murió en los meses y los años siguientes, por los daños de la exposición a las radiaciones. Contaron que, si se agarraba a un herido de la mano, la piel se desprendía en jirones, como se quita un guante. La que un instante antes era una ciudad viva y bulliciosa, un importante centro comercial e industrial en la isla de Honshu, parecía un desierto polvoriento y envenenado. Ni casas, ni plazas, ni siquiera uno de los muchísimos templos que la adornaban: solo un agujero negro de destrucción y muerte. «Se encontraron también perfiles de cuerpos humanos en paredes, como negativos de rollos fotográficos», contó el reportero John Hersey, que al año siguiente vio lo poco que quedaba de la ciudad: en un puente que estaba cerca del Museo de las Ciencias, un hombre y su carrito quedaron inmortalizados por las radiaciones en una sombra tan clara y precisa que indicaba que, en el momento exacto en el que la explosión los había literalmente desintegrado a los dos, el hombre estaba azuzando a su caballo.

Esa locura es la guerra nuclear. «La humanidad inventó la bomba atómica, pero ningún ratón en el mundo construiría una trampa para ratones», dijo Albert Einstein.

Tres días después, también Nagasaki corrió la misma suerte.

Hay una imagen que para mí se ha convertido en el símbolo de la barbarie inhumana de las guerras: representa a un niño en primer plano, no tendrá más de diez años, que lleva a la espalda, como si fuese una mochila del colegio, la carga más pesada: su hermanito muerto. Tiene el rostro tenso, dramático y serio. Espera su turno para llevar al horno crematorio el cuerpo del más pequeño de la familia, muerto por las radiaciones de la bomba atómica en Nagasaki. Toda su angustia se manifiesta en un solo gesto, casi imperceptible: se muerde los labios hasta hacerlos sangrar.

El fruto de la guerra: una imagen que vale más que mil palabras.

Cuando vi esa fotografía por primera vez, ya era papa; creo que me la mandó un periodista. Me emocionó. Recé mucho mirando la imagen de ese niño. Después, se me ocurrió publicarla, hacer con ella una tarjeta para distribuirla. Solo le añadí un título: «El fruto de la guerra». Y la he distribuido por todas partes, en todas las ocasiones. Esa imagen vale más que mil palabras.

Los cirujanos de guerra han podido ver muchas veces esa misma mirada en el rostro de los niños, por una mina con forma de juguete en Kabul o por los bombardeos en Alepo, en el querido país sirio. A menudo, ese dolor no deja espacio ni tan siquiera para las lágrimas: están indignados, más bien. Estupefactos y ofendidos. Profundamente indignados por la traición que ha cometido contra ellos ese mundo de adultos que tendría que haberlos protegido, y que, con mucha frecuencia, parece que ya no se indigna por nada. Por eso es preciso recuperar la mirada de los niños (Mt 18, 1-5): frente a la injusticia —y frente a la mayor injusticia de todas como es la guerra, cualquiera que sea el nombre que adopte—, los niños se indignan. Tienen la mirada de Dios.

En los días inmediatamente posteriores a la explosión, gracias a los estudios previos de medicina que había hecho en España, el padre Arrupe transformó el noviciado en un hospital de campaña. Ante la total falta de medicamentos, «un campesino —como contó Gabriel García Márquez en una entrevista diez años después— puso a disposición del sacerdote un saco con veinte kilos de ácido bórico». Con ese emplasto, que diluido con agua ayuda a aliviar las quemaduras, se pudo socorrer a muchas docenas de personas.

Por el servicio a la fe, la promoción de la justicia y el amor preferente por los pobres, para los jesuitas el padre Arrupe sería un icono, también en años turbulentos y complicados. Decía que, para hablar de pobreza, hay que experimentarla viviéndola en primera persona en los lugares donde se sufre: lo escribió claramente en una carta a los Centros de Investigación y Acción Social (CIAS). Sin eso, podemos convertirnos en abstractos ideólogos o en fundamentalistas. Escribió que «solo siendo hombre o mujer para los demás, somos plenamente humanos», y también que no cabe «denunciar la injusticia obrando de manera contraria al Evangelio». Y era al mismo tiempo un hombre de oración. Lo recuerdo rezando sentado en el suelo, como hacen los japoneses. Esa faceta suya me daba seguridad.

Sufrió un ictus en el avión que lo traía a Roma desde Bangkok, en 1981. Poco antes, cuando se encontraba en un centro de refugiados, se había despedido de sus hermanos invitándonos a rezar; fue su maravilloso canto del cisne, su última herencia, antes de un ocaso largo y ejemplar.

Como mencioné antes, en 1963, siendo yo un joven novicio, le escribí manifestando el deseo de poder terminar la fase de trabajo apostólico en una misión japonesa. Me fascinaba, desde joven siempre he sentido simpatía y afecto por aquellas tierras. Sin embargo, debido al problema en el pulmón, no fui aceptado.

Después fui a Japón, en mi trigésimo segundo viaje apostólico que, en noviembre de 2019, me llevó a Tailandia y al querido país del sol naciente, que ya había podido visitar brevemente en 1987.

Recé en la colina de Nishizaka, delante del Memorial de los Mártires, ese Gólgota sobre el cual, a finales del siglo XVI, se alzaron veintiséis cruces de frailes franciscanos, jesuitas, terciarios, que habían sido torturados y crucificados; tres de ellos apenas eran niños. Fui como peregrino, para confirmar y ser confirmado en la fe por esos hermanos. Aquel santuario, más que de la muerte, hablaba del triunfo de la vida. Era un Monte de las Bienaventuranzas y de la Resurrección, que reflejaba el testimonio de hombres rebosantes de Espíritu, libres de egoísmo y de orgullo. La historia de san Pablo Miki y de sus compañeros no es una gloriosa reliquia de gestas del pasado, sino memoria y fuego vivo del alma de cada apostolado en esta tierra. Hoy más que nunca, más incluso que en los primeros siglos, en muchas partes del mundo los cristianos sufren y viven el martirio a causa de la fe. Hay que luchar, y elevar la voz, para que la libertad religiosa esté garantizada para todo el mundo y en todos los rincones del planeta; y hay que denunciar en voz alta todas las manipulaciones e instrumentalizaciones de las religiones, en todas partes.

Siempre como peregrino, como peregrino de paz, he sentido el deber de visitar Nagasaki e Hiroshima. Lo he hecho llevando en el corazón los ruegos y las aspiraciones de los hombres y de las mujeres de nuestro tiempo, especialmente de los jóvenes, y llevando humildemente conmigo el grito de los pobres, que siempre son las víctimas más indefensas del odio y de los conflictos. Cuando nos entregamos a la lógica de las armas y nos alejamos del ejercicio del diálogo, nos olvidamos trágicamente de que, incluso antes de causar víctimas y destrucción, las armas tienen la capacidad de provocar pesadillas. Como dijo Pablo VI en su discurso en las Naciones Unidas del 4 de octubre de 1965, «exigen enormes gastos, detienen proyectos de solidaridad y de trabajo útil, alteran la psicología de los pueblos». No se puede amar empuñando armas. He rezado por las víctimas de las explosiones. Y me he inclinado ante la fuerza y la dignidad de aquellos que han soportado en su propia piel y en sus propias mentes los mayores sufrimientos durante muchos años.

Escuché la descripción de lo inimaginable en boca de la que en aquel entonces era una chiquilla que estudiaba secundaria:

Mi homenaje en el Atomic Bomb Hypocenter Park de Nagasaki.

«Por la calle había gente caminando como fantasmas. Sus cuerpos estaban tan quemados que no conseguía distinguir a los hombres de las mujeres, el pelo en punta, las caras hinchadas, los labios colgando, con las dos manos extendidas y con la piel quemada colgando —me contó la señora Yoshiko Kajimoto—. Nadie en este mundo puede imaginarse semejante escena infernal. En los días que siguieron, los cadáveres empezaron a pudrirse y un humo blanco lo rodeaba todo: todo Hiroshima se había convertido en un horno crematorio. Durante mucho tiempo no fui capaz de quitarme el mal olor de mi cuerpo y de mi ropa...». Tres días después, en el camino a casa, esa niña encontró por casualidad a su padre: el hombre la había buscado desesperadamente durante tres días y tres noches, y ya suponía que había muerto. Se abrazaron. Estaba tan feliz de poder abrazarlo de nuevo... Pero, no mucho después, el padre empezó a vomitar sangre y murió. Y su esposa lo siguió, tras una larga batalla contra los efectos de las radiaciones. Que tampoco perdonaron a la hija, forzada a un largo calvario contra la leucemia y el cáncer.

Estos relatos y estos lugares han de hacernos conscientes del dolor que como seres humanos somos capaces de infligir. Y, al mismo tiempo, pueden estar llenos de mañana. Nadie, sobre todo en la era atómica, puede estar ciego ante las ruinas de una cultura incapaz de dialogar. Tenemos que aprender de las enseñanzas de la historia, no podemos permitir que las nuevas generaciones pierdan el recuerdo de cuanto ocurrió: ese recuerdo vivo ha de ser garantía y estímulo para construir un futuro más justo, que ayude a decir, de generación en generación: ¡Nunca más! ¡Nunca más la guerra, nunca más el estruendo de las armas, nunca más tanto sufrimiento!

El uso de la energía atómica con fines bélicos es, hoy más que nunca, un crimen, no solo contra el hombre y su dignidad, sino también contra toda posibilidad de futuro en nuestra casa común. Es inmoral, como inmoral es tan solo la posesión de armas atómicas. Se nos juzgará por ello. Las nuevas generaciones se levantarán como jueces de nuestra derrota si la paz solo va a ser «ruido de palabras» y no la llevamos a cabo con nuestros actos entre los pueblos de la tierra. Hay todavía tantas armas atómicas en el mundo que este puede volar por los aires cuatro veces cada año, y tantas armas químicas como para que desaparezca toda la población mundial cinco mil veces. Y las armas, todas ellas, no son solo mensajeras de muerte: son también el termómetro de la injusticia. Y la injusticia es la raíz perversa de la pobreza. No puede hablarse de armas sin hablar de la profunda injusticia que determinan y protegen, el privilegio de la minoría en perjuicio de la mayoría. Grita la gente que huye amontonada en barcos, en busca de esperanza, sin saber qué puertos podrán admitirlos, en esa misma Europa que, sin embargo, abre los puertos a las embarcaciones que tienen que cargar sofisticados y costosos armamentos, capaces de causar devastaciones que no perdonan ni siquiera a los niños. En un mundo en el que millones de familias viven en condiciones inhumanas, el dinero que se invierte —y las fortunas que se ganan— en fabricar, modernizar, mantener y vender armas cada vez más destructivas es un atentado continuo que clama al cielo. Así como las trayectorias, también las políticas, que se alimentan y se materializan en esos negocios. Si descuidamos todo esto, nombrar la paz es solo hipocresía.

Recordar, caminar juntos, proteger. Proteger cada vida, reconociendo su inviolable dignidad. En estos imperativos morales subyace la lección de Hiroshima. Una lección que no es en absoluto utópica. Al revés: es realismo cultural, social, político. Y coincide con la aspiración de millones de hombres y mujeres de todas partes. El camino creativo del diálogo, también en el bendito esfuerzo que supone, es el único antídoto contra la locura destructora que hemos conocido y que todavía conocemos.

Esa lección le hablaba a mi corazón de niño. Y me fue impartida de nuevo setenta y cuatro años después.

Ese año, en cambio, me quedé en mi país y me mandaron a enseñar. «Maestrillo», así se llaman los jesuitas en formación.

Yo era técnico químico, por lo que creía que me encargarían los cursos de matemáticas o de física; en cambio, me convertí en profesor de humanidades. Me las arreglé, y tal vez no lo hice mal, sacando todo el provecho posible de los estudios que había cursado hacía poco en Chile.

El primer año lo dediqué a la literatura española, entre Gonzalo de Berceo y el *Cantar de mio Cid*, el más importante poema épico español, difundido desde la Edad Media por juglares y poetas errantes.

Después amplié el marco a los autores argentinos, también a los contemporáneos, de la literatura gauchesca a María Esther Vázquez, Leopoldo Marechal o Borges. No me disgustaba que los chicos explorasen, que tuvieran la libertad de indagar culturalmente en lo que les interesaba. Eran, además, los años de los Beatles, y cuatro de ellos se las arreglaron para crear un grupo, y compusieron temas y escribieron letras; se llamaron Shouters, los chillones. Pero también las representaciones teatrales fueron siempre actividades relevantes en la Inmaculada. Todos los alumnos del colegio eran varones, y ese año la obra elegida, un poema del escritor uruguayo Juan Zorrilla de San Martín, requería la presencia de personajes femeninos. Hasta entonces se habían escenificado siempre obras sin papeles femeninos, incluso a costa de alterarlos gravemente, de mutilarlos, o, lo que es peor, algunos personajes femeninos los representaban chicos. Me parecía un empobrecimiento y una humillación de la realidad y de la imagen de la mujer. Así, enseguida solicité la participación de madres y hermanas de los actores, y en poco tiempo la representación pudo escenificarse como había sido escrita, y como merecía.

Y además me gustaba que los chicos no solo estudiasen literatura, sino que además tratasen de escribir.

Me encanta decir que educar, y enseñar, significa tener presentes dos realidades: el ámbito de seguridad y la zona de riesgo. La educación presupone siempre un desequilibrio, y sin embargo tenemos que encontrar una proporción entre estas diferentes exigencias. Empezamos a caminar solo si nos damos cuenta de lo que nos falta, porque, si pensamos que no nos falta nada, no progresamos en absoluto. Esta es la proporción que hay que encontrar siempre: hay que caminar con un pie en el ámbito de seguridad, en todo aquello que hemos adquirido y asimilado, pero con el otro hay que sondear las zonas de riesgo, que deben ser proporcionadas, y aventurarnos, ir más allá.

Sin riesgo no se avanza. Pero tampoco se avanza mucho arrojándonos a un precipicio.

Quise mucho a esos chicos de dieciséis, diecisiete años, mis alumnos; no me resultaron ni me resultarían nunca indiferentes. Y les guardo gratitud por todo el bien que me hicieron.

También la enseñanza fue una gran experiencia, una experiencia en dos sentidos, porque enseñar implica igualmente aprender. Significa tener el corazón y la mente bastante abiertos para dejar que entre en nosotros la sorpresa.

Permanecí dos años en Santa Fe; después, en 1966, regresé a Buenos Aires como prefecto de los estudiantes de cuarto año y profesor de literatura y psicología en el Colegio del Salvador.

Tras lo cual, en 1967, regresé al Colegio Máximo para estudiar teología durante tres años, hasta que me licencié en 1971.

Eran los años del Concilio Vaticano II, que se inauguró en octubre de 1962 y que concluyó sus trabajos en diciembre de tres años después, y la Iglesia, también en Argentina, caminaba entre esas tensiones y esas esperanzas, esas aperturas y esos atrasos. También en teología se vivían esos contrastes. Los teólogos dogmáticos trataban de abrirse al nuevo espíritu, los bíblicos de alguna manera estaban al día, o en la vanguardia, mientras que la moral era todavía casuística y decadente, y no había tenido manera de actualizarse.

Fueron, en términos generales, años inquietos y apasionados en todos el mundo, de batallas sociales y civiles, del célebre discurso de Martin Luther King en Washington, «*I have a dream*», y rebosantes también de ingenuidad. Con un poco de análisis crítico, sus debilidades resultaban evidentes. Recuerdo que, cuando en 1960 fue elegido John F. Kennedy, en Buenos Aires un sacerdote estaba exultante como si, por haber sido elegido Kennedy, que era católico, el papa Juan hubiera llegado a la Casa Blanca. Esa ingenuidad me enfadaba. Y mucho más me ha enfadado siempre la guerra, la de Vietnam, que en ese momento vivía su sangrienta escalada, como las de hoy.

La guerra es siempre incomprensible. La guerra es siempre una masacre inútil.

Me hacía daño y me lo hace, la siento en la carne.

Cinco meses antes de que yo fuera ordenado sacerdote, en julio de 1969, el primer hombre pisó la Luna. Todos lo vimos en la pantalla del televisor, por supuesto, pero, todavía más que esas imágenes del alunizaje, en esos años me chocó la obra de un director sueco, Ingmar Bergman. Su cine abría los horizontes de una manera incluso más amplia: *El séptimo sello*, con la inolvidable partida de ajedrez entre el caballero que regresa de las cruzadas y la muerte, *El manantial de la doncella*, que está basada en una leyenda medieval, o *Como en un espejo*, el desconcertante viaje por los meandros de la mente cuyo título está tomado de la Primera Carta de Pablo a los Corintios. «Ahora vemos como en un espejo, confusamente; entonces veremos cara a cara. Mi conocer es ahora limitado; entonces conoceré como he sido conocido» (1 Cor 13, 12).

Después de la ordenación, en agosto de 1970, me enviaron a España, al Colegio San Ignacio en Alcalá de Henares, la ciudad natal de Cervantes, en la provincia de Madrid, ahora comunidad autónoma, para hacer mi Tercera Probación, la escuela del corazón y de los afectos que concluye la formación de los jesuitas. Mi superior era el padre José Arroyo, un hombre que me hizo mucho bien, y al que todavía hoy admiro.

Profesé mis últimos votos perpetuos, los cuartos, el 22 de abril de 1973, en San Miguel, cuando ya era maestro de los novicios.

Y solo tres meses después, el 31 de julio de 1973, me convertí en superior provincial de la Orden. Tenía treinta y seis años y era el más joven que ocupaba ese cargo en Argentina. He dicho muchas veces que ese nombramiento era una locura, y lo fue, pero lo cierto es que en ese momento no cabía otra posibilidad.

Me equivoqué mucho. Y mucho pude aprender, y con dureza, de mis errores.

16

Como un niño en brazos de su madre

Fuimos ordenados cinco ese 13 de diciembre de 1969: Hardoy, Ávila, Bergoglio, Grados Acosta, Martensen. Todos juntos al aire libre, en el hermoso jardín del Colegio Máximo de San José, por el arzobispo emérito de Córdoba, Ramón José Castellano.

Era una tarde de sábado, el día de santa Lucía.

El padre Ricardo Martensen fundaría cinco años después el Movimiento de la Palabra de Dios, una comunidad pastoral que hoy está presente en muchos países de Sudamérica y en España. Tiene pocos años más que yo y, en el momento de escribir estas líneas, sigue con vida.

Ávila, en cambio, dejaría el sacerdocio y se casaría. Murió hace unos años, y también los otros.

En cuanto a mí…, me resulta francamente difícil contar las emociones de ese día.

Estaba bloqueado.

Me pasa siempre lo mismo ante algo importante.

Me bloqueo, en paz, tranquilo, quizá como una forma de defensa.

Las emociones cobran cuerpo después.

En los días de preparación para el rito, había escrito una oración, mi personal confesión de fe. La suscribo hoy igual que entonces:

Quiero creer en Dios Padre, que me ama como a un hijo, y en Jesús, el Señor, que infundió su Espíritu en mi vida para hacerme sonreír y llevarme así al reino eterno de vida.

Creo en mi historia, que fue traspasada por la mirada de amor de Dios, quien, en el día de la primavera, el 21 de septiembre, salió a mi encuentro para invitarme a seguirlo.

Creo en mi dolor, infecundo por el egoísmo, en el que me refugio.

Creo en la mezquindad de mi alma, que busca tragar sin dar…, sin dar.

Creo que los demás son buenos y que debo amarlos sin temor y sin traicionarlos nunca buscando una seguridad para mí.

Creo en la vida religiosa.

Creo que quiero amar mucho.

Creo en la muerte cotidiana, quemante, a la que huyo, pero que me sonríe invitándome a aceptarla.

Creo en la paciencia de Dios, acogedora, buena, como una noche de verano.

Creo que papá está en el cielo, junto al Señor.

Creo que el padre Duarte está también allí, intercediendo por mi sacerdocio.

Creo en María, mi Madre, que ama y nunca me dejará solo.

Y espero la sorpresa de cada día en la que se manifestará el amor, la fuerza, la traición y el pecado, que me acompañarán hasta el encuentro definitivo con ese rostro maravilloso que no sé cómo es, que le escapo continuamente, pero quiero conocer y amar.

Amén.

Ese día estaba ahí toda mi familia. Todos los que quedaban. Mi madre, mi abuela, hermanos, hermanas, cuñados, tíos, hasta la maestra Stella.

Cuando al atardecer dejaron San Miguel, fui a mi habitación con algunos amigos, para charlar un poco. Y a la mañana siguiente, muy temprano, tomé el autobús para Buenos Aires, y, en la

Hace ya cincuenta y cuatro años que soy sacerdote.

iglesia del colegio de la Misericordia, donde había hecho la primera comunión, celebré mi primera misa.

Ahí también estaban todos. Querían festejar la ocasión, pero yo no me encontraba muy bien y, a mi pesar, fui categórico: ninguna celebración ni tampoco regalos. Después del acto, las monjas del colegio habían colocado fuera de la iglesia una mesita con un par de botellas de naranjada; era verano y hacía mucho calor: bebimos un vaso, me despedí de ellos y todos a casa.

Siempre he tenido el instinto de no aceptar festejos y celebraciones mundanas; ocurrió lo mismo cuando fui nombrado provincial de los Jesuitas, y en las restantes ocasiones, antes y después de aquella. Podría emplear muchas palabras para explicarme, o bien decir las más simples y verdaderas: no me gustan. Al fin y al cabo no había ganado nada, sencillamente empezaba mi servicio.

Al final del acto, en cuanto me quité la túnica, mi madre se arrodilló delante de mí y me pidió la bendición. Su gesto me conmovió mucho. Antes y después de aquel día, me visitó con regularidad. Cuando era estudiante de teología y no podíamos salir del colegio, tardaba dos horas en ir y volver en autobús de San Miguel, y, cuando un compañero chileno tuvo problemas, mi madre lo alojó en casa. Era una mujer muy generosa.

La abuela Rosa estaba radiante; desatendiendo mi petición, me hizo un pequeño regalo para la ceremonia de ordenación. Los abuelos lo habían preparado al menos seis años antes, temiendo que, tras la muerte de su hijo, ellos tampoco lograran llegar a esa cita a la que tanto valor daban. «Lo más importante para un sacerdote es celebrar misa», me dijo la abuela un día tras volver a casa desde el noviciado, y me habló de una madre que había pedido a su hijo, a punto de ser ordenado sacerdote: celebra siempre como si fuese la primera y última.

Había envuelto el pequeño regalo —un estuche portaviático y un frasquito para la unción de los enfermos— y había incluido una nota, con claras indicaciones de que se me entregase ese día.

El abuelo Giovanni, en cambio, había muerto cinco años antes.

Aquella nota, que la abuela había escrito mezclando el español, que hablaba con fluidez pero que escribía con cierta dificultad, con el italiano, siempre la he conservado:

«En este día maravilloso, en el que podrás tener entre tus manos consagradas a Cristo Redentor y en el que se te abre el camino privilegiado hacia un apostolado más profundo, con este modesto obsequio, de poco valor material pero de altísimo valor espiritual, aunque distantes físicamente, tus abuelos Rosa y Juan están espiritualmente muy cerca de ti.

Que Dios te bendiga.

Que Dios te haga santo».

Así como siempre he llevado conmigo, y desde hace más de medio siglo, su testamento espiritual, que la abuela me entregó una Navidad, ocho años antes de morir:

«San Justo, 25-12-66, día de Navidad. Que mis nietos, a los que he dado lo mejor de mi corazón, tengan una vida larga y feliz. Pero, si un día el dolor, la enfermedad o la pérdida de un ser querido los aflige, que recuerden siempre que un suspiro en el Tabernáculo, donde se conserva el mártir más grande y venerable, y una mirada a María a los pies de la cruz pueden derramar una gota de bálsamo sobre las heridas más profundas y dolorosas».

Lo guardo en el breviario y lo releo con frecuencia. Para mí es como una oración.

Mis abuelos paternos sufrieron mucho en sus últimos años. La abuela se veía con unas amigas italianas, bordaban juntas, todos los meses le llegaba de Italia una revista que se llamaba *Mani di Fata* [Manos de Hada], y, con las manos, en efecto, sabía hacer maravillas. El abuelo Giovanni iba de vez en cuando a jugar a la petanca con los hombres del barrio. Pero, en general, vivieron en gran soledad. Y su vida estuvo llena de una larga serie de adversidades, dramas y cambios. Cerraron la tienda y abrieron una panadería. Fueron a vivir con mis padres a Rivadavia. Tras la repentina muerte de mi padre, su único hijo, volvieron a vivir solos de nuevo. Vendieron la panadería y llevaron una papelería-librería, la San José. Y, al final, se establecieron los dos en el Hospital Italiano: tenía algunos apartamentos que alquilaba a gente mayor donde contaban también con cierta cobertura asistencial y sanitaria. El abuelo murió ahí. Cuando ocurrió y también la abuela Rosa se quedó viuda, volvió de nuevo a vivir con mi madre. Entre nuera y suegra las cosas ahora iban bien, y la abuela se quedó con mi madre hasta el final.

En casa de mi madre, en los años setenta.

Solo en los últimos días fue necesario ingresarla en el sanatorio San Camilo, en el barrio de Caballito. Estuve con ella hasta el final, en ese amanecer del 1 de agosto de 1974. A los niños nos decía a menudo que «el sudario no tiene bolsillos» y que nunca había visto un camión de mudanzas acompañar a un cortejo fúnebre: nos llevamos solo lo que hemos compartido con los demás. Había cumplido noventa años. La bendije. Su rostro estaba sereno. En *Rassa nostrana*, el hermoso poema en dialecto que dibuja la emigración de los piamonteses al Viejo y al Nuevo Mundo, son muchos los personajes que aparecen: mecánicos y albañiles, mineros y campesinos, rubios con ojos celestes, enérgicos trapicheros, montañeros de nervios de acero y rostros rubicundos de alegría... Pero cuando pienso en los abuelos, el último verso es el que más me resuena en la mente: «*El pi dle volte na stagiun perdüa / o na frev o un malör del so mesté / a j'incioda ant na tumba patanüa / spersa ant un camp-sant foresté*». La mayoría de las veces una estación perdida, o una fiebre o un accidente laboral, los clava en una tumba desnuda, perdida en un cementerio extranjero...

Sus rostros, los de mis abuelos y los de mis padres, de quien cría a sus hijos, de quien trabaja para llevar el pan a casa, de los enfermos, de los curas viejos que tienen muchas heridas, pero también la sonrisa de quien ha servido al Señor, de las monjas que trabajan en el aislamiento, son para mí el rostro sano de la Iglesia, del pueblo de Dios. La Iglesia casa de todos, no una pequeña capilla en la que solo cabe un pequeño grupo de gente elegida. Porque no se debe reducir el seno de la Iglesia universal a un nido protector de nuestra mediocridad.

Acababa de ser elegido obispo vicario de Flores, en 1992, cuando en Buenos Aires tuvo lugar una gran celebración por los enfermos. Estaba ahí para confesar, y hacia el final del acto se me acercó una mujer muy mayor y muy humilde. Los ojos le brillaban. Abuela, ¿quiere usted confesarse?, le pregunté. «Sí». Pero si no ha pecado… «Todos hemos pecado», dijo ella. ¿Y si el Señor no la perdona? «El Señor lo perdona todo», me respondió aquella mujer. Segura. Pero ¿cómo lo sabe usted, señora? «Si el Señor no lo perdonase todo, el mundo no existiría». No podría haber tenido más sabiduría ni aunque hubiese estudiado en la Universidad Gregoriana. Porque la suya era la sabiduría que da el Espíritu Santo: la sabiduría interior que se abre a la misericordia de Dios.

El pueblo no es una categoría lógica. Tampoco una categoría mística, si la entendemos en el sentido de que todo lo que el pueblo hace o dice ha de ser forzosamente bueno y justo, una especie de categoría angelical. No. El pueblo es una categoría mítica, si acaso. Una categoría mítica e histórica. El pueblo se forma en un proceso, con esfuerzo, por un objetivo o un proyecto común. La historia se construye a partir de este lento proceso de generaciones que se suceden.

Hay una gran diferencia entre el auténtico mito, que siempre es un modo contemplativo de abrirse a la realidad, y el relato, que es la comunicación histórico-narrativa con la que se manifiesta una realidad, una vida. Existe también el relato fantástico, esto es, la elaboración de narraciones que no son sino justificaciones de algo que ha de ser impuesto, una narración construida para hacer pasar por verdadero lo que probablemente no lo es. El relato, en ese sentido, es una justificación. Es, por ejemplo, la manera que utiliza con frecuencia el poder para justificarse a sí mismo, sobre todo cuando es ilícito o injusto. El relato falsifica, falsifica la vida.

El mito, en cambio, es una manera de conocer la verdad, de llegar a la verdad. No tiene tiempo porque está unido a la naturaleza humana, visceralmente. Nos interroga, nos estimula, indaga en lo profundo, invita al diálogo y se renueva siempre, porque está seguro de sí mismo.

Se precisa un mito para comprender la realidad viva del pueblo.

Desde joven me encanta Dostoievski. Y, desde la época de mi rectorado en la facultad de Filosofía y Teología de San Miguel, me encanta también la lectura y el análisis que de ese gran escritor ruso y de su mundo religioso ha llevado a cabo Romano Guardini. Es un «ser mítico» el pueblo de Dostoievski y Guardini, sin ninguna idealización. Aunque pecador, también miserable, representa a la humanidad auténtica, y es sano y fuerte a pesar de su degradación, dado que está inserto en la estructura fundamental de la vida, en una vocación compartida, en un sentido que lo trasciende. En ese sentido, «está cerca de Dios». Y está profundamente en contacto con la creación, en la que «sentimos el misterio del amor de Dios por el mundo», el sentido de un acto creador y redentor que se renueva constantemente.

En el mundo religioso de Dostoievski, el destino de los personajes se juega en la pertenencia al pueblo o en el alejamiento de este. Y el rasgo que da la identidad al pueblo es el Evangelio. «Mi Credo es muy simple —dice paradójicamente el escritor en una carta—. Creer que no hay nada más hermoso, más profundo, más simpático, más razonable, más viril y más perfecto que Cristo; es más, no solo no hay nadie igual, sino que además, con celoso amor, me digo que no puede haberlo. No solo, sino que llego a decir que, si alguien me demostrase que Cristo está fuera de la verdad y si fuese *efectivamente* cierto que la verdad no está en Cristo, preferiría permanecer con Cristo antes que con la verdad».

Todos los personajes de Dostoievski experimentan la tensión del vivir, el mal, el dolor, la degradación, el pecado, y, sin embargo, Sofía, la compañera de Versílov en *El adolescente*, o su marido, el peregrino Makar, así como Sonia, la amiga de Rodión Raskólnikov en *Crimen y castigo*, o el místico Zósimo de *Los hermanos Karamázov*, encarnan la santidad de un pueblo de pecadores. Porque en el corazón del pueblo está Cristo. Y la transformación del pueblo no se consigue con la fuerza; la auténtica fuerza de transformación es el amor vivo y humilde que procede de Dios: «La humildad y el amor son una fuerza inaudita: la mayor que hay, no existe otra que la iguale».

Conectar con el alma del pueblo es un antídoto contra toda forma de populismo sectario que reduce esa alma a elemento faccioso e ideológico. Es una forma de acercamiento que no tiene su origen en la distancia, sino que nace en el estar *con* el pueblo. Y el encuentro permite otro conocimiento, donde el pueblo no es objeto sino sujeto. En el proyecto compartido y fraternal. En la comunión.

El pueblo es sujeto. Y la Iglesia es el pueblo de Dios que camina en la historia, con alegrías y dolores. Este es hoy el «sentir con la Iglesia» del que habla san Ignacio de Loyola en sus *Ejercicios espirituales*. La imagen de la Iglesia que me gusta es la del santo pueblo fiel a Dios, una fe en la que todo teólogo debe sentirse sumido y por la que debe saberse también sostenido, llevado y abrazado. Es una definición que uso a menudo, y es además la de la *Lumen Gentium*, la segunda de las cuatro constituciones dogmáticas del Concilio Vaticano II. La pertenencia a un pueblo tiene un fuerte valor teológico: Dios en la historia de la salvación salvó a un pueblo. No hay identidad plena sin pertenencia a un pueblo.

«Ningún hombre es una isla, completo en sí mismo», escribió el poeta inglés John Donne. Dios nos atrae teniendo en cuenta la compleja trama de relaciones interpersonales que existe en la comunidad humana. Entra en esta dinámica popular. Hay un sentido de la realidad de la fe que pertenece a todo el pueblo de Dios, incluso a cuantos no tienen especiales medios intelectuales para manifestarlo, y que requiere ser interceptado y escuchado.

Dios no se avergüenza de su pueblo, no se avergüenza de avanzar en la historia. Ha querido mezclarse en la nuestra, fundirse en nuestros pecados, en nuestros fracasos. Y el hombre fue creado para hacer la historia, no para sobrevivir en la selva de la vida. No querer hacer la historia, mirar la vida y el mundo desde el balcón, es una postura parasitaria.

La frase «cada uno nace con su destino ya escrito» me parece tan injusta como insoportable. No es verdad. En absoluto. La vida no se nos ha dado como un libreto de ópera: es una aventura a la que hay que lanzarse. Los fracasos no pueden detenernos si tenemos fuego en el corazón. Hay que dejar que la vida y Dios nos encuentren.

Anhelo una Iglesia cada vez más madre y pastora, en la que los ministros sepan ser misericordiosos y ocuparse de la gente, acompañándola como el buen samaritano. Dios es más grande que el pecado, siempre. Eso es el Evangelio. Una Iglesia así replanteada se preocupa de hacer evidente a las mujeres y a los hombres cuál es el centro y el núcleo fundamental del Evangelio, esto es, «la belleza del amor salvífico de Dios manifestado en Jesucristo muerto y resucitado» (*Evangelii Gaudium* n.° 36). Las reformas organizativas y estructurales vienen después. La primera reforma ha de ser la de la actitud. Los obispos, particularmente, deben ser hombres capaces de seguir con paciencia los pasos de Dios en su pueblo, de manera que nadie quede atrás, y también de acompañar al pueblo, la grey, que tiene olfato para encontrar senderos nuevos. No solo una Iglesia que ampara y que recibe con las puertas abiertas, sino también una Iglesia que busca y encuentra nuevos caminos, que es capaz de salir de sí misma.

Mis raíces son también italianas, pero soy argentino y latinoamericano. En el gran cuerpo de la Iglesia universal, donde todos los carismas «son una maravillosa riqueza de gracia», esa Iglesia continental tiene unas características de vivacidad especiales, unas notas, colores, matices que también constituyen una riqueza y que los documentos de las grandes asambleas de los episcopados latinoamericanos han manifestado.

El continente latinoamericano está marcado por dos realidades: la pobreza y el cristianismo; es un continente con muchos pobres y con muchos cristianos. Esto hace que en aquellas tierras la fe en Jesucristo adopte un color especial. Las procesiones atestadas de gente, la ferviente veneración por las imágenes religiosas, el profundo amor a la Virgen María y tantas otras manifestaciones de piedad popular son un testimonio elocuente. Cuando nos acercamos a nuestro pueblo con la mirada del buen pastor, cuando no vamos a juzgar sino a amar, encontramos que ese modo cultural de expresar la fe cristiana sigue aún hoy vivo, especialmente entre nuestros pobres. Y esto fuera de cualquier idealización de los pobres, fuera de todo ideal de pobreza teologal. Es un hecho. Es una gran riqueza que Dios nos ha dado. En 2007, la Conferencia Episcopal de Aparecida dio un paso adelante al reconocerla: la llama «espiritualidad popular».

Desde una perspectiva histórica, si nos fijamos en los últimos cinco siglos, vemos que la espiritualidad popular es un camino original por el que el Espíritu Santo ha conducido, y sigue conduciendo, a millones de nuestros hermanos. No se trata solamente de manifestaciones de religiosidad que tenemos que tolerar, se trata de una auténtica espiritualidad que debe ser reforzada conforme a sus propias vías. No son nuestra Cenicienta. No son los que no entienden, los que no saben, a los que «tenemos que educar». Aparecida nos recuerda que muchos de aquellos hombres y de aquellas mujeres que han sido «golpeados, ignorados y despojados, no se rinden. Con su característica religiosidad se aferran al inmenso amor que Dios les tiene y que los hace conscientes de su dignidad».

La piedad popular es la manifestación de la memoria de un pueblo. Subestimar esa espiritualidad, considerarla una modalidad secundaria de vida cristiana, supone olvidar la primacía de la acción del Espíritu y la iniciativa gratuita del amor de Dios. Los curas de las villas miseria, los que comparten su vida y su trabajo en los barrios más populares, encantados de poder vivir el Evangelio de forma real del lado de los que sufren, de los maltratados en su dignidad y sus derechos, consideran esa espiritualidad sin duda no como un obstáculo, sino como un espacio teológico, un trampolín para la emancipación y la transformación.

Roberto José Tavella, desde 1935 y durante casi treinta años obispo de Salta, en el noroeste de Argentina, a los pies de la cordillera de los Andes, contaba una anécdota. Un día entró en su catedral y vio a un indio rezando con enorme concentración ante la Virgen del Milagro. Celebró misa y el indio seguía, tranquilo. Quedó intrigado y esperó a ver qué pasaba. El indio terminó solo al cabo de un buen rato. Entonces se le acercó. «La bendición, padrecito», le dijo enseguida el indio. Empezaron a charlar. «¿Usted qué estaba rezando?», preguntó el obispo. «El catecismo, padrecito», respondió el indio. Era el catecismo de san Toribio, un texto del siglo XVI.

La opción preferente de la Iglesia para los pobres debe llevarnos también a conocer y valorar sus formas culturales de vivir el Evangelio. El hombre es un ser social por naturaleza. Con las palabras de Juan Pablo II, podemos decir que «el hombre es a la vez hijo y padre de la cultura en la que está inmerso». En esto la fe no hace excepciones. La fe se manifiesta siempre culturalmente. La fe es, sobre todo, una gracia divina, pero también es un acto humano, y, por consiguiente, un acto cultural. Cuando como Iglesia nos acercamos a los pobres, constatamos, más allá de las enormes dificultades cotidianas, un sentido trascendente de la vida. De algún modo, el consumismo no los ha atrapado. La vida aspira a algo que trasciende esta vida. El sentido trascendente de la existencia que se ve en el cristianismo popular es la antítesis del secularismo y de la mundanidad. Es un punto clave. Aparecida nos dice que es «una grandiosa confesión del Dios vivo que actúa en la historia». En la espiritualidad de esos hombres y esas mujeres hay un «rico potencial de santidad y de justicia social».

En la exhortación apostólica *Evangelii Gaudium* recordé que la misión en el corazón del pueblo no es un ornamento, un apéndice o un momento más de los muchos de la vida. Es mucho más: es algo que no puedo erradicar de mi ser si no quiero destruirme. Todos los cristianos y todas las comunidades están llamados a ser instrumentos de Dios para la liberación del pueblo y para el apoyo a los pobres. Permanecer sordos al grito del pobre nos coloca fuera de la voluntad del Padre y de su proyecto. Esto implica mucho más que cualquier acto esporádico de generosidad: exige crear una nueva mentalidad que piense en términos de comunidad, de prioridad de la vida de todos en relación con la apropiación de los bienes por parte de unos pocos. Jesús quiere que toquemos la miseria humana, que toquemos la carne sufriente de los otros, que aceptemos realmente entrar en contacto con su vida concreta y que conozcamos la fuerza de su ternura. Cuando lo hacemos, la vida se nos complica siempre maravillosamente y vivimos la intensa experiencia de ser pueblo, la experiencia de pertenecer a un pueblo. Un pueblo liberado, o que lucha por liberarse.

Unir a Cristo y a María no es desde luego difícil para la manera de pensar del pueblo fiel. El *Documento de Puebla*, el mensaje final de la tercera conferencia general del episcopado latinoamericano, de 1979, señala que María «es el punto de enlace del cielo con la tierra. Sin María, el Evangelio se desencarna, se desfigura y se transforma en ideología, en racionalismo espiritualista». María era una mujer del pueblo, humilde, de los suburbios, una chica de Nazaret, pequeña localidad de Galilea, en los márgenes del Imperio romano y también de Israel, que vivía de su trabajo y del de su marido. Cuando el Ángel la llama «llena de gracia» (Lc 1, 28), ella «se turbó grandemente» porque en su humildad siente que no es nada ante Dios. La humildad, escribió Mario Soldati, «es esa virtud que, cuando se tiene, se cree que no se tiene». Cantando el *Magnificat* (Lc 1, 46-55), María enseña que el Señor derriba la vanidad y el orgullo de aquellos que se creen que son rocas.

Un día, un confesor, después de pedir permiso para difundirla, me contó la historia de una chiquilla, gente simple. La muchacha sufría molestias misteriosas y la llevaron a un hospital en Buenos Aires. Comenzó a tener paradas cardiacas y, al cabo de una semana del ingreso, le dijeron a su padre: «Ya no hay nada que hacer, le quedan pocas horas de vida». Era el atardecer. Aquel hombre humilde, obrero, desesperado fue a Luján, a la basílica de la Virgen, pero, cuando llegó, las puertas y las verjas ya estaban cerradas. Asió la verja del santuario y empezó a rezar, a rezar, a rezar. Se quedó así toda la noche, ni siquiera se dio cuenta. Al amanecer tomó el autobús para regresar al hospital. Una vez dentro, encontró a su mujer en la sala de espera: «No sé qué ha pasado, dicen que ya no tiene fiebre, no lo entienden».

A la chica le dieron el alta pocos días después.

También el rezo puede ser auténtica lucha.

Los pobres. María escucha a los pobres. Es madre de los pobres y de los indefensos. Sabe que el Señor los enaltece. Sabe qué es lo realmente importante. También en su vida terrenal, aunque estuviese sufriendo grandes penalidades, se mantuvo firme. Para comprenderla, para hablarle, hay que elegir esta perspectiva. La exhortación apostólica de Pablo VI *Marialis Cultus* ya manifiesta, por lo demás, la relación de María con la liberación de los pobres: «Una mujer fuerte que conoció la pobreza y el sufrimiento, la huida y el exilio (Mt 2, 13-23): situaciones todas estas que no pueden escapar a la atención de quien quiere secundar con espíritu evangélico las energías liberadoras del hombre y de la sociedad».

La Iglesia está llamada a ser siempre la casa abierta del Padre, no una aduana, sino la casa paterna donde hay sitio para todos con su dura vida, y donde se lucha para conocer y eliminar esa dureza. Si la Iglesia entera lo asume, este dinamismo misionero llegará a todo el mundo, sin excepción. Pero ¿a quién tendrá que favorecer? Cuando uno lee el Evangelio encuentra una orientación muy clara: no tanto a los amigos, los vecinos, los iguales, los «nuestros», sino a los pobres y los enfermos, aquellos que suelen ser despreciados y olvidados, «porque no pueden pagarte» (Lc 14, 14). No deben quedar dudas ni hay explicaciones que puedan debilitar este mensaje tan explícito. Hoy y siempre, «los pobres son los destinatarios favoritos del Evangelio», como recordó Benedicto XVI.

La Iglesia es mujer, no es varón. Los clérigos somos varones, pero nosotros no somos la Iglesia. La Iglesia es mujer porque es esposa. Y es el santo pueblo fiel de Dios: hombres y mujeres juntos. Por ello, fijar criterios nuevos y nuevas modalidades con el fin de que las mujeres participen en mayor medida y adquieran un papel protagonista en los ámbitos de la vida social y eclesial, para que su voz tenga cada vez más peso y se les reconozca cada vez más su autoridad, es un desafío más urgente que nunca. Tenemos que avanzar. En este momento, el vicegobernador del Estado pontificio es una mujer, sor Raffaella Petrini, y con ella forman parte del Dicasterio de los obispos otras dos mujeres, una religiosa y una laica, sor Yvonne Reungoat y Maria Lia Zervino: eligen a los pastores de las diócesis de todo el mundo. Otras ocupan puestos importantes en el Dicasterio para el desarrollo humano, en la Secretaría de Estado, en el Dicasterio para la comunicación, y una mujer es la directora de los Museos Vaticanos.

Si los clérigos no sabemos comprender qué es una mujer, qué

es la teología de una mujer, nunca comprenderemos qué es la Iglesia. Uno de los grandes pecados que hemos cometido es el de «masculinizarla». Por tanto, hay que «desmasculinizar» la Iglesia. Eso sí, teniendo presente que «masculinizar» a la mujer no sería humano ni cristiano, dado que el otro gran pecado es, sin duda, el clericalismo. Por lo que no se trata de cooptarlas a todas en el clero, de convertirlos a todos y a todas en diáconos con orden sagrado, sino de poner en pleno valor el principio mariano, que en la Iglesia es todavía más importante que el petrino: María es más importante que Pedro, y la naturaleza mística de la mujer es más grande que el ministerio.

Como ha quedado escrito en octubre de 2024 en el documento final del Sínodo de la sinodalidad, al que, por primera vez, he decidido no seguir con una exhortación apostólica por considerarlo inmediatamente operativo, no hay razones que impidan a las mujeres asumir roles de liderazgo en la Iglesia: no se puede detener lo que viene del Espíritu Santo. También queda abierta a estudio la cuestión del acceso de las mujeres al ministerio diaconal, sobre el cual es necesario continuar el discernimiento. Hay que favorecer, inmediatamente y de todas las maneras posibles, la presencia de mujeres laicas y religiosas en el proceso de formación de los nuevos sacerdotes; sin duda, los seminaristas se beneficiarán enormemente de ello. Si bien es cierto que las mujeres ya contribuyen con brillantez a la investigación teológica y están presentes en puestos de responsabilidad en las instituciones eclesiásticas o dirigen comunidades, es necesario que todas las oportunidades previstas se concreten plenamente con presteza, sobre todo allí donde aún no se hayan implementado.

Es así, y no con cualquier reforma mundana fingida, como daremos mejor testimonio de ese Dios «padre; y aún más madre» del que —con palabras repletas de ternura en un mundo desgarrado, entonces como hoy, por inútiles masacres— habló también el papa Luciani, Juan Pablo I, rostro sonriente de una Iglesia que nunca cierra las puertas y no padece de nostalgia del pasado.

También la condición de la mujer en nuestras sociedades suele ser una forma peculiar de pobreza. Símbolo de vida, el cuerpo femenino a menudo es agredido y mancillado por aquellos que tendrían que ser sus guardianes y compañeros de vida. Las muchas formas de violencia, de esclavitud, de mutilación del cuerpo de las mujeres, de mercantilización, de criminal degradación que lo reduce a objeto de venta y explotación, y también las discriminaciones y limitaciones profesionales, son una vergüenza de nuestras sociedades, que se enorgullecen de ser modernas y desarrolladas.

Este es el verdadero escándalo contra el Evangelio, una vergüenza contra la que debemos combatir.

Se lo dije muchas veces a los sacerdotes y a los laicos de Buenos Aires: salgamos, salgamos, prefiero una Iglesia lisiada, herida y sucia porque ha estado en las calles a una Iglesia muerta, enferma por la cerrazón y la comodidad de aferrarse a su propia seguridad. Eso vale para toda la Iglesia. Quien no sale de sí mismo, en lugar

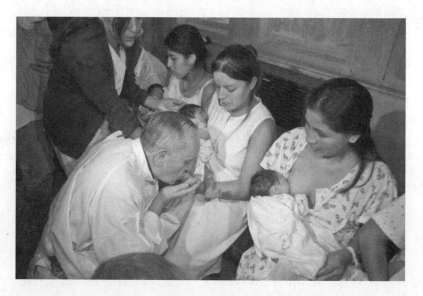

Lavando los pies de niños y sus madres en Buenos Aires, en 2005.

de ser mediador, se convierte poco a poco en intermediario, en gestor. Y se vuelve triste. Curas tristes que se transforman en coleccionistas de antigüedades, o bien de novedades, que al fin y al cabo es lo mismo, en vez de ser pastores con «olor a ovejas».

En el tercer capítulo del profeta Joel puede leerse: «Vuestros ancianos tendrán sueños y vuestros jóvenes verán visiones» (Jl 3, 1). En los sueños de los ancianos cabe la posibilidad de que los jóvenes tengan nuevas visiones, y de que todos tengan nuevamente futuro. En cambio, las Iglesias, sobre todo las de algunos países, a veces tienen programas y agendas demasiado cerradas. Sé bien que los programas son necesarios, pero me cuesta confiar en un organigrama. El Espíritu está dispuesto a estimularnos, a avanzar. Y el Espíritu se manifiesta también en la capacidad de soñar y en la capacidad de profetizar. Rejuveneces solo si no te cierras, si dialogas. Todo el mundo, también los jóvenes, que de lo contrario corren el riesgo de convertirse en «jóvenes viejos», que se limitan a observar cómo pasa la historia. Es preciso saber soñar y saber arriesgar en la vida: la vida es lucha, es rechazar la eterna adaptación a la mediocridad. Por eso he aconsejado muchas veces a los jóvenes que hablen con los mayores. Si la gente mayor sabe soñar, los jóvenes podrán profetizar. Y, si los jóvenes no profetizan, a la Iglesia, a la sociedad entera, le falta el aire.

La realidad se ve mejor desde la periferia que desde el centro. Incluida la realidad del individuo, la periferia existencial: puedes tener un pensamiento muy estructurado, pero, cuando te enfrentas a alguien que no piensa como tú, de algún modo tienes que buscar razones para defender tu pensamiento; empieza el debate, y la periferia del pensamiento del otro te enriquece. La fecundidad, en la vida, no pasa solo por la acumulación de informaciones o solamente por el camino de la comunicación virtual, sino que procede de cambiar lo concreto de la existencia. El amor virtual no existe. El amor es exigencia y experiencia concreta.

Todos los individuos pueden cambiar. También los individuos

muy experimentados, todos. Esto no es optimismo. Es certeza en dos cosas: ante todo en el hombre, en la persona. La persona es imagen de Dios, y Dios no desprecia su propia imagen, de algún modo la redime, siempre encuentra la manera de recuperarla cuando está ofuscada. Luego, en la fuerza del propio Espíritu Santo, que va cambiando la conciencia. No es optimismo, repito: es fe en el individuo, que es hijo de Dios, y Dios nunca abandona a sus hijos.

Nosotros los hijos no paramos de liarla, nos equivocamos, pecamos, pero, cuando pedimos perdón, la misericordia de Dios nos acepta y nos perdona, siempre. No se cansa de aceptarnos y de perdonarnos. Y nos cambia. Somos nosotros los que a veces nos cansamos de pedir perdón.

Yo soy un pecador como cualquier otro.

Un feo pecado contra el amor es el de negar a una persona. Una persona te ama y tú reniegas de ella, la tratas como si no la conocieras. Te ama y tú la rechazas. Así, renegar de Dios es uno de los peores pecados que existen. Y sin embargo san Pedro cometió precisamente ese pecado, renegó de Jesucristo... ¡y lo nombraron papa! Cruzarse con la mirada de Jesús cambió su corazón y su vida, más que antes.

¿Qué más puedo decir? Nada. Avanzo. Camino. ¡Adelante!

Fue por la lucha para cumplir esta tarea, por hacer este camino con el pueblo de Dios, por lo que, hace más de cincuenta años, me hice sacerdote.

Si algo me preocupa todavía hoy es el miedo a ser infiel, porque he notado que el Señor me ha dado muchas posibilidades de hacer el bien y me preocupa no conseguir hacerlo siempre.

Pero es un sentimiento sereno, no angustioso.

Es una tensión que me hace decir: mantente alerta, ten cuidado.

Con todo, me siento muy confiado en manos de Dios, como dice el salmo: «Como un niño en brazos de su madre». Algunas veces, rezando en esos brazos, me quedo dormido.

17

Para que te acuerdes y te avergüences

Estoy viviendo una larga vida, más que la de mis padres, que la de mis hermanos, y, obviamente, una vida que el niño que fui nunca se habría ni de lejos imaginado. Gratitud e inmerecimiento son los sentimientos que acompañan a esta reflexión, a estos pensamientos.

Y no son meras palabras. No lo son en absoluto. Me siento indigno.

Me siento ingrato, pues frente a tantos beneficios recibidos he cometido muchos errores, muchas negligencias.

También me siento afortunado, incongruentemente afortunado, pues no todos mis hermanos consiguieron la misma plenitud: ninguno murió de hambre, cierto, ninguno fue despreciado, pero tuvieron sus problemas, unos más que otros, alguna etapa dolorosa, alguno de ellos se separó, se volvió a casar. Yo soy un hombre perdonado. Siempre. A lo largo de la vida tuve también momentos de crisis, de vacío, de pecado, etapas de mundanidad. Y luego el Señor consiguió librarme de ellos. Cuando vuelvo con la mente a esos momentos oscuros, existenciales y morales, me pregunto cómo pude sobrevivir. Y, sin embargo, lo conseguí: sobreviví, seguí caminando.

Si pienso en la mayor gracia que deseo del Señor, y que he experimentado, es la gracia de la vergüenza. Mi vida está descrita en el capítulo 16 del Libro de Ezequiel, en el versículo: «Yo estableceré mi alianza contigo y reconocerás que yo soy el Señor, para que te acuerdes y te avergüences» (Ez 16, 62-63). Para que te acuerdes y te avergüences.

Siento que gozo de una fama que no me corresponde, de un reconocimiento por parte de la gente que no me corresponde. Es, sin duda, el sentimiento más fuerte.

Me han traído hasta aquí gratis, y a este pensamiento lo acompaña tanto la vergüenza como el estupor.

Un estupor estupefacto, que ha conllevado también la contradicción de una gran paz: eso lo noté en el momento en que fui elegido para el solio de Pedro.

Decir que no me esperaba nada semejante, nunca en la vida y mucho menos al principio de aquel cónclave, es, sin duda, decir poco.

Sí sabía que era, como dicen los vaticanistas, un *kingmaker*, que, como cardenal latinoamericano, tenía autoridad para orientar ciertos votos sobre este o aquel candidato. Pero solamente eso.

Yo no estaba en la lista, los candidatos fuertes que los periodistas señalaban y buscaban en aquellos días de marzo de 2013 eran otros: el arzobispo de Milán Angelo Scola, el cardenal de Boston Sean O'Malley, el arzobispo de São Paulo Odilo Scherer y Marc Ouellet, el cardenal canadiense que hoy es presidente emérito de la Pontificia Comisión para América Latina…

El domingo 10, el previo al cónclave, los cuatro, como muchos otros, celebraron misa en sus parroquias de referencia en Roma. Cada cardenal tiene una, la mía era la de San Roberto Bellarmino, una iglesia moderna, de estilo racionalista, en piazza Ungheria, cuyo altar mayor fue donado por el tenor Beniamino Gigli. Pero en aquellos días no me gustaba mucho. De manera que, a primera hora de la mañana, celebré misa en la capilla de la casa del clero Pablo VI, donde residía, en la via della Scrofa, y luego fui a comer a la casa de Lella, la hermana del monseñor Ubaldo Calabresi, quien durante años fue nuncio apostólico en Argentina, y antes secretario de la nunciatura, y con el que tuve una relación de amistad muy estrecha hasta su muerte. Siempre que iba a Roma comía en la casa de Lella y su sobrina: era de la casa. Después de la comida llegó el resto de la familia, los hijos, los sobrinos, y charlamos todos juntos. De un poco de todo, y nada sobre el cónclave.

A la mañana siguiente, lunes, se celebró la última de las congregaciones generales, las reuniones preparatorias del colegio de cardenales.

Yo había hablado en el curso de la reunión anterior, el sábado, como penúltima intervención, un discurso breve, improvisado, de cuatro o cinco minutos. Que, al parecer, lo supe justo ese lunes, había suscitado interés, atención. Pero pensé que era por amabilidad, respeto, poco más. Un cardenal se me acercó y me dijo: «Bien, hace falta una persona que haga esas cosas…». Sí, pero ¿dónde la encuentras?, le respondí. Y él: «Tú». Me eché a reír: ja, ja, ja, ya, claro, muy bien, dale, hasta luego.

Al día siguiente, el martes 12 de marzo, el cónclave empezó.

Llegué por la mañana a Santa Marta con la maleta donde había guardado las dos túnicas que tenía en Roma y poco más. Lo había dejado todo en Buenos Aires: los libros que había empezado a leer, las homilías que había preparado para el Domingo de Ramos y para el Jueves Santo, y también un poco de desorden. Y ya había comprado el pasaje de regreso para el sábado 23; ningún papa tomará posesión en Semana Santa, había pensado, así que el sábado subo al avión y me marcho. Regreso a casa. Punto.

En la entrada de Santa Marta, los cardenales esperan en fila a que comprueben y revisen sus bolsas, donde no puede haber móviles, portátiles ni ningún otro aparato. Tampoco periódicos. Durante todo el cónclave se impone el secreto más absoluto. Las ventanas se cierran, las señales de móvil se bloquean.

Me dejaron pasar: «Adelante, eminencia, le entregaremos su maletita dentro». Todo estaba blindado, tanto en Santa Marta como en la Sixtina. Cuando el ujier llegó para devolverme la bolsa y me llamó: «¿Cardenal Bergoglio?», me dijeron luego que alguien detrás de él había comentado: «A lo mejor acepta…». Puede que algunos cardenales ya estuvieran hablando de ello de algún modo. Yo, desde luego, no oí nada, y esa idea ni siquiera se me había pasado por la cabeza.

Pensándolo después, me acordé de que en los días previos, en la via della Scrofa, un arzobispo me había preguntado qué pensaba de la situación. Pero lo cierto es que eso nos lo preguntábamos más o menos todos. Le respondí vagamente: no lo sé, están los nombres que todos conocemos… «¿Y si fueses tú?», me preguntó. Anda, no bromees. «Pero ¿aceptarías?». Corté por lo sano: mira, hoy, en este momento de la Iglesia, ningún cardenal puede negarse… Así de simple. Solo quería acabar con esa conversación.

A las diez de la mañana del martes, se celebró en San Pedro la misa *pro eligendo Romano Pontifice*, tras lo que empezaron los ritos. Y por la tarde se hizo la procesión que, desde la capilla Paulina, nos condujo a la Sixtina, para el juramento solemne.

Por la noche, el cónclave llegó a su primera votación, que en rigor es más o menos un escrutinio «de cortesía». Uno vota por un amigo, por una persona a la que aprecia… Empieza un mecanismo bastante conocido y consolidado: cuando hay varios candidatos fuertes, quien todavía está indeciso, como lo estaba yo, da su voto a quien sabe que no va a salir. Son sustancialmente votos «en depósito», que esperan que la situación se desarrolle y se despliegue con más claridad. Por eso yo tenía votos. Sin embargo, era bien consciente de que se trataba de votos aparcados. Estaba absolutamente tranquilo.

A la mañana siguiente, miércoles 13, en el segundo escrutinio seguía teniendo votos «aparcados». Y, en el tercero, algún voto más. Se veía que era una situación fluida, no decidida, por lo cual no había nada que me asombrase especialmente. Quería hacerlo todo lo mejor posible, para luego tomar mi vuelo a Buenos Aires y celebrar ahí el Domingo de Ramos y la Pascua. Después de la fumata negra, me desplacé al refectorio para la comida, pero antes fui a buscar al arzobispo de La Habana, Jaime Lucas Ortega, que me había preguntado si podía llevarle el texto del discurso que había pronunciado ante las congregaciones generales. No tenía ningún documento escrito, de manera que reconstruí brevemente lo que había dicho, en cuatro puntos. «Oh, gracias, así me llevo a casa un recuerdo del papa», dijo. Todavía me parecía una broma. Ortega me preguntó si podía difundir el texto y le dije que sí.

En el ascensor me encontré con otro cardenal, también latinoamericano. «¿Has preparado el discurso? Prepáralo bien, ¿eh?». Y yo: ¿de qué discurso me hablas? «¡El que tienes que pronunciar desde el balcón!». ¿Otra broma? ¿Una frase de circunstancias?

Quizá sencillamente una preferencia suya...

El cardenal Ortega leería públicamente mis notas durante la misa crismal que celebró dos semanas después en la catedral de Cuba:

Se hizo referencia a la evangelización. Es la razón de ser de la Iglesia. «La dulce y confortadora alegría de evangelizar» (Pablo VI). Es el mismo Jesucristo quien, desde dentro, nos impulsa.

1. Evangelizar supone celo apostólico. Evangelizar supone en la Iglesia la parresía para salir de sí misma. La Iglesia está llamada a salir de sí misma e ir hacia las periferias, no solo las geográficas, sino también las periferias existenciales: las del misterio del pecado, las del dolor, las de la injusticia, las de la ignorancia y prescindencia religiosa, las del pensamiento, las de toda miseria.

2. Cuando la Iglesia no sale de sí misma para evangelizar deviene autorreferencial y entonces se enferma (cfr. la mujer encorvada sobre sí misma del Evangelio). Los males que, a lo largo del tiempo, se dan en las instituciones eclesiales tienen raíz de autorreferencialidad, una suerte de narcisismo teológico.

En el Apocalipsis, Jesús dice que está a la puerta y llama. Evidentemente el texto se refiere a que golpea desde fuera la puerta para entrar...

Pero pienso en las veces en que Jesús golpea la puerta desde dentro para que lo dejemos salir. La Iglesia autorreferencial pretende a Jesucristo dentro de sí y no lo deja salir.

3. La Iglesia, cuando es autorreferencial, sin darse cuenta, cree que tiene luz propia; deja de ser el mysterium lunae *y da lugar a ese mal tan grave que es la mundanidad espiritual (según De Lubac, el peor mal que puede sobrevenir a la Iglesia). Ese vivir para darse gloria los unos a los otros. Simplificando; hay dos imágenes de Iglesia: la Iglesia evangelizadora que sale de sí; la del* Dei Verbum religiose audiens et fidenter proclamans, *o la iglesia mundana que vive en sí, de sí, para sí. Esto debe dar luz a los posibles cambios y reformas que hay que hacer para la salvación de las almas.*

4. Pensando en el próximo papa: un hombre que, desde la contemplación de Jesucristo y desde la adoración a Jesucristo ayude a la Iglesia a salir de sí hacia las periferias existenciales, que la ayude a ser la madre fecunda que vive «la dulce y confortadora alegría de evangelizar».

Roma, 9 de marzo de 2013*

El ascensor llegó a la zona del refectorio.

Unos cardenales europeos estaban sentados a una mesa y quedaba un sitio libre. Me llaman: «Venga, eminencia, venga, siéntese aquí con nosotros». Empiezan a hacerme mil preguntas, de todo tipo, sobre América Latina, sobre sus peculiaridades, sobre la teoría de la liberación…

Volví con la mente a esa larga y terrible fase: a la constante represión del peronismo en los primeros años de la década de 1960, al nacimiento de grupos de extrema derecha muchas veces vinculados a nazis refugiados, a la campaña de violencia antisemita y de atentados en todo el país, y además a la guerrilla, y a cuando fui maestro de los novicios en la Villa Barilari, en San Miguel, en 1972, y se descubrió que un estudiante jesuita tenía

---

* El texto reproduce literalmente las notas escritas en castellano por el todavía cardenal Bergoglio. *(N. de los T.)*.

explosivos guardados bajo llave en su armario... Una larga, dramática etapa.

A la mesa hablamos un poco de todo. Expliqué los acontecimientos. Me hacían muchas preguntas. Hasta el punto de que me dio por pensar: vaya, parece que me están examinando... Y lo cierto es que probablemente lo estaban haciendo: me estaban examinando, era yo quien no se había dado cuenta.

Terminamos de hablar, me levanté para marcharme y entonces se me acercó un cardenal hispanohablante: «¡Eminencia, eminencia!». Dígame. «¿A usted le falta un pulmón?», me preguntó. Y yo: no, me han quitado el lóbulo pulmonar, porque tenía tres quistes. «¿Y cuándo fue eso?». Hace mucho, en 1957, dije. Ese cardenal se puso rojo, dijo una palabrota, apretó los dientes y soltó: «¡Estas maniobras de última hora!».

Fue entonces cuando empecé a comprender.

Comprendí al menos que había peligro.

Subí a dormir la siesta, la *pennichella*, como dicen en Roma, y dormí bien. Sin sobresaltos. Después, a las tres y media, me levanté y fui a la Sixtina en el primer autobús listo para salir.

Fui uno de los primeros en llegar, así que me puse a charlar con el cardenal Ravasi, el presidente emérito del Pontificio Consejo de la Cultura, mientras esperábamos a todos los demás. Empezamos a hablar del Libro de Job, porque yo también había enseñado los libros sapienciales, de los que él es un gran experto, y estábamos tan entusiasmados con el tema que no nos dimos cuenta del tiempo que había pasado.

Tanto es así que tuvieron que llamarnos: «¡Pasen, solo faltan ustedes!». Cerraron la puerta y el cuarto escrutinio empezó.

En el recuento, el escrutador comenzó como siempre a leer los nombres, diciendo cada uno de ellos en voz alta. Para seguir el resultado de las votaciones recibes una hoja donde anotas los números, con los nombres de todos los cardenales, un documento que al final has de devolver. Tanto si está en blanco o anotado, se quema, y es con el humo de esas hojas y las fichas con lo que se hace la fumata. Pero yo no lo rellené, tampoco lo había hecho en el cónclave anterior. Rezaba el rosario, tranquilo. El escrutinio resulta aburrido de seguir, parece un canto gregoriano, pero con mucha menos armonía. Empecé a escuchar Bergoglio, Bergoglio, Bergoglio, Bergoglio… El cardenal Cláudio Hummes, brasileño, prefecto emérito de la Congregación para el Clero, que estaba sentado a mi izquierda, me dio una palmada en el hombro: «No te preocupes, así actúa el Espíritu Santo». Llegué a sesenta y nueve votos, creo, y comprendí. La mayoría a la que se debía llegar era de setenta y siete sobre ciento quince, las dos terceras partes. Así pues, se procedió a la quinta votación, la segunda de esa tarde. Pero cuando se contaron las fichas, antes de comenzar el recuento, resultó que había una de más: había acabado encima de otra, durante la votación a alguien se le habían pegado dos cartones. «¿Qué hacemos?», preguntó Giovanni Battista Re, el prefecto emérito de la Congregación para los Obispos. Se repite. Aunque esa ficha estuviera en blanco, había que repetir todo el procedimiento. Sin siquiera abrirlas, se quemó todo y se volvió a hacer inmediatamente la votación. De nuevo, los conclavistas fueron dejando su mesa para votar, de uno en uno. Arrodillados ante el altar, cada uno declaraba que su voto lo daba a «aquel que, según Dios» consideraba debía ser elegido. Luego se incorporaba, ponía su ficha doblada en el plato de plata que había sobre el altar, la introducía en la urna y regresaba a su sitio. Todo ello ciento quince veces, hasta que los tres escrutadores, elegidos por sorteo entre los electores, cogieron la gran urna y empezaron a contar las fichas, y luego a decir cada nombre.

Cuando mi nombre se dijo la septuagésima séptima vez fue cuando sonó un aplauso, mientras la lectura de los votos continuaba. Ignoro cuántos votos hubo exactamente al final, ya no escuchaba, el ruido se sobreponía a la voz del escrutador. Pero en ese momento, mientras los cardenales seguían aplaudiendo y proseguía el escrutinio, el cardenal Hummes, que había estudiado en el seminario franciscano de Taquari, en Río Grande del Sur, se levantó y se acercó para abrazarme: «No te olvides de los pobres», me dijo.

Su frase me marcó, la sentí en las carnes. Allí fue donde surgió el nombre de Francisco.

Si nunca me había imaginado que el resultado de ese cónclave podía tocarme directamente, aún menos podía haber pensado en un nombre de pontífice. En San Pedro, en los días del cónclave, un mendigo daba vueltas por la plaza con un cartel colgado del cuello que decía: «Papa Francesco I». Pero me acordé de esa imagen solo muchos días después, cuando varios diarios publicaron la fotografía.

Me levanté y fui a abrazar al cardenal Scola. Se merecía ese abrazo. Luego me hicieron pasar. Eran poco más de las siete de la tarde y el conteo había terminado.

El cardenal Re se acercó a mí para la pregunta trascendental: ¿aceptaba la elección canónica a sumo pontífice? *Accepto*, respondí. Me sentí en paz, tranquilo. ¿Y cómo quieres llamarte?, me preguntó entonces el cardenal. *Vocabor Franciscus*. Me llamaré Francisco. Hubo otro aplauso.

Los ordenanzas introdujeron las fichas en la estufa y cargaron los cartuchos del humo blanco, que se elevó por la chimenea de la Sixtina cuando empezaba a anochecer.

Después fui hacia la sacristía, la que llaman «habitación de las lágrimas», para la vestición. Tenía en un dedo el anillo de cardenal y me lo quité, pero en el bolsillo guardaba el anillo de la ordenación episcopal, así que me lo puse. Querían darme otro: no, no, me quedo con este, gracias. Me propusieron una cruz hermosa, de oro, y dije: tengo la de alpaca de la ordenación episcopal, la llevo desde hace veinte años. Tampoco para el Consistorio de 2001 quise un hábito nuevo: el de mi predecesor, el cardenal Quarracino, podía valerme: un arreglo, un par de ajustes aquí y ahí y punto. ¿Los zapatos rojos? No, yo uso ortopédicos. Tengo los pies un poco planos.

Pero no hubo nada preparado. Era sencillamente lo que sentía, con espontaneidad. Así que no me puse la muceta de terciopelo ni el roquete de lino… No eran para mí. Dos días después me dijeron que tendría que haberme cambiado de pantalones, ponerme unos blancos. Me hicieron sonreír. Dije: no me gusta hacer de heladero. Y me quedé con los míos.

Tras la vestición, salí y fui enseguida hacia el cardenal Ivan Dias, que estaba en silla de ruedas, y, quizá porque todavía no estaba acostumbrado a mi nueva indumentaria, me tropecé en un escalón. El primer acto del papa… fue un tropiezo. Pero no me caí. Lo abracé. Luego volví sobre mis pasos, sin sentarme en ningún momento en el trono preparado delante del altar. Juan Pablo II había hecho lo mismo: permanecí de pie, para abrazar a cada uno. Es medieval que alguien se arrodille delante de ti y te bese la mano. En cambio, fue algo sencillo, entre hermanos. Rezamos todos juntos en la capilla Paulina.

No conocía el protocolo, de manera que le dije al vicario de Roma, el cardenal Agostino Vallini, y a mi amigo Hummes: ¡acompañadme! Tendrían que haberlo hecho Re y otros, conforme al ceremonial, pero yo lo ignoraba.

Aquel 13 de marzo de 2013 pedí la bendición del pueblo de Dios.

PARA QUE TE ACUERDES Y TE AVERGÜENCES 215

Y así salí a la plaza, al balcón. No sabía qué iba a decir.

Había empezado a pensar en ello solo durante la oración en la capilla Paulina.

Pero estaba en paz. Sereno. Un sentimiento que nunca me ha vuelto a dejar.

Y en el balcón ocurrió lo que todo el mundo vio.

Pedí la bendición del pueblo, el santo pueblo fiel de Dios, para su obispo. Empezamos juntos este camino de la Iglesia de Roma, que es la que preside en la caridad a todas las Iglesias.

El arzobispo Agostino Marchetto, para mí uno de los mejores hermeneutas del Concilio Vaticano II, y al que conozco desde la época en la que nos encontrábamos en la casa internacional del clero de la via della Scrofa, donde yo residía cuando venía a Roma siendo cardenal, dijo algo como: solo una cosa me causaba perplejidad de Bergoglio, que nunca reía…, mientras que ahora se ríe siempre, siempre tiene esa sonrisa. Doña Cristina Kirchner, entonces presidenta de la República Argentina, subrayó más o menos la misma idea, solo que en términos, digamos, más coloridos y cortantes: «¿Quién comprende a este papa? ¡Cuando estaba en Buenos Aires tenía una cara de… —bueno, aquí dijo una palabrota— y ahora le sonríe a todo el mundo!».

¿Qué puedo decir? Estar con la gente siempre me ha encantado, y con la gente siempre me he reído. Me extraña cuando alguien dice que siempre tenía una expresión seria, pero debe de haber algo de cierto en eso… Se ve que como cardenal era tímido, más tímido de lo debido para no equivocarme.

Al volver a entrar desde el balcón tras la bendición, aquella noche del 13 de marzo, bajé con todos los cardenales, y fuera había una limusina muy iluminada esperándome. Pero dije tranquilamente: no, no, voy con los cardenales. Subimos a la furgoneta todos juntos y regresamos a Santa Marta. Esa limusina no he vuelto a verla.

Una vez en Santa Marta, antes de la cena, pedí que llamaran a Benedicto XVI para despedirme, darle las gracias y rezar por él, e inmediatamente después al nuncio apostólico en Buenos Aires: para pedirle, por favor, que dijese a los obispos argentinos que no vinieran a Roma para el principio del pontificado, el 19 de marzo; que el dinero del pasaje mejor lo entregasen a los pobres, y que rezasen por mí. De todas formas, alguno de ellos vino, porque es lo que pasa siempre.

Después llamé a mi hermana María Elena. «¿Cómo estás, cómo te sientes?», me preguntó. Sonreí: estoy bien, estoy bien, relájate. Las palabras salían con dificultad. Nos abrazamos, por teléfono. Seguimos unidos, nos dijimos, en el corazón.

En Santa Marta cenamos todos juntos, y, al terminar la cena, el cardenal Becciu, que era el sustituto para los asuntos generales en la Secretaría de Estado, se me acercó: «El papa tiene que hacer un brindis…». De acuerdo; sonreí y levanté mi copa: «¡Que Dios os perdone!», dije.

Quise ir ya al día siguiente a la basílica de Santa María la Mayor a ver a la Virgen; siendo cardenal, siempre había ido y sigo yendo, también antes y después de los viajes apostólicos, para que ella me acompañe, como una madre, para que me diga lo que tengo que hacer, para que vigile mis gestos. Con la Virgen estoy seguro. Se dice que en Roma hay más de novecientas iglesias, contando las que se encuentran en los edificios privados; es la ciudad en la que hay más iglesias del mundo, pero yo entonces conocía muy pocas: San Pedro, por supuesto, Santa María la Mayor, la iglesia del Gesù, la de San Ignacio, la de San Luis de los Franceses, que se encuentra cerca de la via della Scrofa, San Roberto Bellarmino, que era mi parroquia romana, y además me habían llevado una vez en 1970, estando de paso en Italia, a ver el *Moisés* de Miguel Ángel en la basílica de San Pietro in Vincoli, en la colina del Oppio. Nada más. Sigo sin conocer muchas, es difícil conocer una ciudad siendo papa.

Dije que quería salir temprano por la mañana y, por favor, con un coche corriente. Me consiguieron un Ford Focus azul, que después usaría mucho tiempo. En Santa María la Mayor recé ante el icono de la *Salus populi romani*, le confié la diócesis a María, y luego pedí que me condujeran a la residencia Pablo VI, porque tenía que llevarme unos libros que había dejado ahí y saldar la cuenta de mi estancia durante los días previos al cónclave. «Descuide, nosotros nos encargaremos», me dijeron. Pero yo quería ir, porque era lo correcto: subí a mi habitación, guardé mis cosas, hice la maleta, pagué y me despedí de todos. Llamé por teléfono a mi quiosquero de la calle Bolívar, en Buenos Aires, para darle las gracias y pedirle que ya no dejase diarios cada mañana al otro lado de la verja de mi vivienda… Bueno, tú ya sabes lo que ha pasado, le dije. Me preguntó si volvería a verme pronto por ahí, y yo le respondí que estaría siempre con ellos.

Por la tarde celebré mi primera misa, en la capilla Sixtina, con todos los cardenales, y me puse los paramentos sacros con ellos en la sala de las bendiciones. El maestro de ceremonias me trajo un largo sermón escrito, en latín, que tendría que pronunciar; se lo agradecí mucho y lo dejé ahí. Descuide, no tiene que preocuparse por mí, celebro misa desde hace muchos años, dije. Pero quédese cerca de mí, por si lo necesito. Sin embargo, prediqué improvisando, con mi italiano de entonces, que, si cabe, era todavía peor que el que hablaría después, partiendo de las Lecturas.

Después, de noche, me llevaron a tomar posesión del apartamento pontificio, que permanecía sellado desde que Benedicto lo había dejado.

Y, una vez ahí, con el padre Georg, entonces prefecto de la Casa pontificia, me dije enseguida: yo aquí no me quedo.

No dije nada en aquella ocasión. Agradecí mucho la visita. Pero empecé a pensar en una solución.

En la oración, hablando con el Señor, para valorarlo todo bien intentaba averiguar dónde debía ir y cómo podía hacerlo. Hablé con el cardenal Bertello, presidente de la Gobernación del

Vaticano, que me dijo que, si quería vivir con él, tenía sitio en su apartamento del palacio San Carlos, cerca de los Jardines Vaticanos, pero ese lugar también me pareció un poco aislado.

Luego, por casualidad, de regreso en Santa Marta, vi que estaban limpiando una habitación situada justo enfrente de la que había ocupado para el cónclave. ¿Y eso qué es?, pregunté. «Es la habitación de los invitados, la estamos preparando para el patriarca de Constantinopla, Bartolomé». Me asomé: había un espacio para recibir, no grande, un pequeño dormitorio, con una puerta corredera, y un pequeño despacho; todo muy sencillo. Y enseguida pensé: esta es la mía. Fui a hablar con el director para decirle que me había decidido. Él, al principio, completamente sorprendido, me dijo: eso no, es imposible. Luego solo: no sé. Por fin: sí.

Y así, solo pocos días después de que el patriarca Bartolomé la dejara, la habitación 201 se convirtió en mi residencia pontificia.

«Hasta nueva orden», anunció en esos días de abril el portavoz vaticano, el padre Federico Lombardi.

Han pasado años desde entonces. En Santa Marta me encuentro bien, porque estoy con la gente. Y si hay pequeñas incomodidades, son superables.

Estaré ahí hasta que Dios quiera. Con mi muerte tengo una actitud muy pragmática. Lo mismo me pasa cuando alguien me habla de posibles riesgos de atentados.

Cuando fallezca, no me enterrarán en San Pedro, sino en Santa María la Mayor: el Vaticano es la casa de mi último servicio, no la de la eternidad. Estaré en la habitación en la que ahora custodian los candelabros, cerca de esa Reina de la Paz a la que he pedido ayuda siempre y por la que me he hecho abrazar durante mi pontificado más de cien veces. Me han confirmado que todo está preparado. El ritual de las exequias era demasiado ampuloso y he hablado con el maestro de ceremonias para aligerarlo: nada de catafalco, ninguna ceremonia para el cierre del ataúd. Con dignidad, pero como todo cristiano.

Aunque sé que ya me ha concedido muchas, solo le he pedido una gracia más al Señor: cuida de mí, que sea cuando quieras, pero, Tú lo sabes, me da bastante miedo el dolor físico… Así que, por favor, que no me haga mucho daño.

18

Fuera todos y todos dentro

Si el cónclave es el momento del *extra omnes*, la Iglesia se caracteriza, en cambio, por el *intra omnes*. Y, apenas un instante después de la fumata blanca, así es para el papa. La Iglesia es de Cristo. Y Cristo es de todos y para todos: «Id ahora a los cruces de los caminos y a todos los que encontréis, llamadlos a la boda» (Mt 22, 9). Todos son llamados. Todos. Así que: todos dentro. Buenos y malos, jóvenes y viejos, sanos y enfermos. Porque este es el proyecto del Señor: es más, con una clara predilección por estos últimos: no los sanos que no necesitan al médico, sino los enfermos; no los justos, sino los pecadores (Mc 2, 17). Y esta es, sin duda, una buena noticia incluso para aquellos que querrían hacer de la casa del Señor un club con control de entrada. Porque todos somos pecadores: a la hora de la verdad, pon encima de la mesa tu verdad y verás que tú también eres un pecador. También por eso no soy amigo de definiciones como la de «papa de los pobres»: son solo «ideologizaciones», o caricaturas. El Evangelio está dirigido a todos y no condena a las personas, las clases, las condiciones, las categorías, sino más bien las idolatrías, como la idolatría de la riqueza, que nos vuelve injustos, insensibles al grito del que sufre. También el papa es de todos. De los pobres pecadores, ante todo, empezando por mí.

El santo pueblo fiel a Dios es este: no una supuesta secta de los puros. El Señor bendice a todos, y su Iglesia no debe, no puede proceder de otra manera. «Señor, tómame como soy, con mis defectos, pero haz que me vuelva como tú deseas»: las palabras de Juan Pablo I, que recordé durante la homilía para su beatificación, el 4 de septiembre de 2022, resuenan en cada uno de nosotros.

Tomar de la mano, acompañar, ayudar a discernir: esa es la tarea que tenemos los pastores, no la de excluir. Y perdonar: tratar a los demás con la misma misericordia con la que el Señor nos trata a nosotros.

Soy cura desde hace cincuenta y cuatro años y solamente en una ocasión no he dado la absolución: vivía en Buenos Aires, estaba terminando mi tesis de doctorado sobre Guardini y por la tarde iba a la iglesia de los jesuitas para confesar. Un día se presentó un hombre; tendría treinta años y era abogado. Con tono soberbio empezó a contar minucias y después, de golpe y con el mismo tono, entre una minucia y otra, soltó con indiferencia que se había aprovechado de la criada. «Esa gente sirve un poco para todo, no es como nosotros», dijo. Cuando traté de intervenir, se levantó y se marchó impaciente. La soberbia es el defecto más inquietante que hay, una autoexaltación que envenena el sentimiento de fraternidad y manifiesta la patética, absurda pretensión de ser Dios.

Hay otro episodio, de signo opuesto, que me viene a la mente cuando recuerdo aquella época y aquella iglesia: de un muchacho japonés, diplomado en Economía, que trabajaba en una empresa importante. No era cristiano, pero un día se asomó al confesionario para decirme que había empezado a leer el Evangelio. Le respondí que lo hiciera gradualmente, que lo acompañaría en ese camino, que podía volver a verme cuando quisiera. Empezó a venir una vez a la semana. Hasta que un día apareció muy agitado y me dijo nervioso: me trasladan, quiero mi fe, quiero ser bautizado. Le rogué que se calmase, le dije que podía seguir su camino en otro lugar, pero ese muchacho no quería escuchar más explicaciones. Se arrodilló. Así que lo agarré del brazo y lo llevé a la sacristía, abrí el grifo y lo bauticé ahí mismo. Era la viva imagen de la dicha.

El bautismo siempre es un nuevo nacimiento. Unos años después, siendo cardenal, bauticé a los siete hijos de una mujer sola, una pobre viuda que trabajaba de criada. Los había tenido de dos hombres diferentes. La había conocido en la fiesta de San Cayetano, en el barrio de Liniers, en el santuario más querido por la clase obrera argentina desde los años del sindicalismo peronista. «Padre, estoy en pecado mortal —me dijo esa mujer—, tengo siete hijos y no he bautizado a ninguno, porque no tengo dinero para los padrinos y para la fiesta…». La abracé. Volvimos a vernos y, tras una pequeña catequesis, los bauticé a todos en la capilla del arzobispado. Estaba emocionada: «No me lo puedo creer, usted hace que me sienta importante», me dijo. «Pero señora, ¿yo qué tengo que ver? Jesús es quien hace importante», respondí.

El amor es el que cura la vida, el que salva. Nuestra fe no se detiene frente a las heridas y los errores del pasado, trasciende los prejuicios y los pecados. Una actitud no juzgadora que pude conocer con naturalidad en mi propia familia. Cuando era niño, en Buenos Aires, existía la costumbre de no visitar a las familias irregulares o de separados, o de otras confesiones religiosas, e incluso por parte de los predicadores había una especie de cerrazón total. En cambio, mi madre, pero sobre todo mi padre, también por sus relaciones de trabajo, tenían trato con todo el mundo. Y también la abuela Rosa, que colaboraba con la Acción Católica, frecuentaba a las mujeres evangélicas del Ejército de Salvación: «Son buenas», decía. Aunque de adolescente yo era quizá un poco más rígido, el instinto de la comprensión, de la complejidad de la vida, de la hospitalidad empezó a formarse en mí a partir de ahí, desde que lo conocí en mi familia.

La hospitalidad, desde luego no el relativismo ni un cambio de la doctrina, es el espíritu y el corazón de *Fiducia supplicans*, la declaración del Dicasterio para la doctrina de la fe sobre bendiciones a las parejas irregulares, que firmé en diciembre de 2023. Se bendice a las personas, no las relaciones. Es la voluntad de no contener en una situación o en una condición toda la vida de aquellos que piden que se les ilumine y se les acompañe con una bendición. Todos en la Iglesia están invitados, también las personas divorciadas, también las personas homosexuales, también las personas transexuales. La primera vez que un grupo de transexuales vino al Vaticano, se fueron llorando, emocionados porque les había dado la mano, un beso... Como si hubiese hecho algo excepcional por ellos. ¡Pero son hijos de Dios! Pueden recibir el bautismo en las mismas condiciones que los otros fieles, y en las mismas condiciones que los demás pueden ser aceptados como padrino o madrina, así como ser testigos de una boda. Ninguna ley del derecho canónico lo prohíbe.

En más de sesenta países del mundo se criminaliza a los homosexuales y los transexuales, en una decena de ellos incluso se los condena a muerte, condena que a veces se cumple. Pero la homosexualidad no es un crimen, es un hecho humano, por lo que la Iglesia y los cristianos no pueden permanecer indolentes ante esta criminal injusticia, ni ser pusilánimes. No son «hijos de un dios menor»; Dios Padre los ama con amor incondicional, los ama tal y como son, y los acompaña de la manera que lo hace con cada uno de nosotros: con proximidad, misericordia y ternura.

Si el Señor dice «todos», ¿quién soy yo para excluir a nadie? «Dime a quién excluyes y te diré quién eres», le gustaba repetir a monseñor Luigi Di Liegro, fundador de la Cáritas romana, también hijo de un emigrante, que desembarcó varias veces, y varias veces fue rechazado, en las Américas para mantener a la familia. A lo largo de mi vida pastoral, a esos hermanos y hermanas siempre los he recibido y acompañado exactamente como a los demás. Y, si algunos han experimentado en su propia piel «el rechazo de la Iglesia», querría que supieran que en realidad se ha tratado del rechazo de una «persona» de la Iglesia: porque la Iglesia es una madre que convoca a todos sus hijos.

Pero si Dios nos ama en nuestra humanidad y en nuestras diferencias, en cambio es sumamente peligrosa toda colonización ideológica, como la teoría del género, que pretende anularlas, haciéndonos a todos iguales. De igual modo es inaceptable toda práctica que convierte la vida humana —que en toda fase es un don y un derecho inalienable— en objeto de contrato o de comercio, como ocurre con la llamada maternidad subrogada, un negocio global basado en la explotación de una situación de necesidad material de la madre, que menoscaba gravemente la dignidad de la mujer y la del hijo.

Los hombres y las mujeres no son partes de un engranaje mecánico, ni tampoco la suma de exigencias o deseos, sin conciencia ni voluntad, como en aquella novela profética de principios del siglo xx que se ha convertido en un clásico de la narrativa distópica, *Señor del mundo*, escrita por el cuarto hijo del arzobispo de Canterbury, Robert Hugh Benson, donde todo se reduce a unidad de producción y donde los administradores de la eutanasia, que se practica como si fuese unción de los enfermos, son los nuevos sacerdotes de la época. Me sorprendió su lectura, y hoy como entonces es un antídoto contra un progresismo ingenuo y contra ese totalitarismo mundano que conduce a la apostasía. Nos recuerda que eliminar la diferencia es, en realidad, borrar a la humanidad.

A la hora de tomar una decisión, normalmente hay que pagar un pequeño precio de soledad, pero lo cierto es que el camino de las reformas y del gobierno en estos años de pontificado nunca ha estado aislado del pueblo de Dios ni del colegio cardenalicio: las decisiones más difíciles, más dolorosas, se han tomado tras consultas y reflexiones, buscando la unanimidad y en un camino sinodal. Los pasos compartidos son pasos seguros, progresivos, irreversibles.

Por otro lado, siempre hay cierta oposición, la mayoría de las veces debido a un escaso conocimiento o a alguna forma de hipocresía. Pienso en la exhortación apostólica *Amoris laetitia* —que abrió las puertas a los nuevos desafíos pastorales en el terreno de la familia— y a aquella nota sobre la posibilidad de acceder a los sacramentos de los divorciados que hizo que ciertas personas se rasgaran las vestiduras. Los pecados sexuales son los que escandalizaron más a algunos. Pero no son en absoluto los más graves. Son pecados humanos, de la carne. Al revés, los más graves son los pecados más «angelicales», los que se disfrazan de otra cosa: la soberbia, el odio, la mentira, el fraude, el abuso. También Satanás, escribe san Pablo en la Segunda Carta a los Corintios, «se disfraza de ángel de luz» (2 Cor 11, 14).

Recuerdo aquella obra maestra del cine italiano, con Marcello Mastroianni y Sophia Loren, *Una jornada particular*, la historia de dos «descartados», un homosexual y una mujer, que están recluidos en un edificio desierto el día en que toda Roma se vuelca para la visita a Mussolini de Adolf Hitler, quien se dispone a arrastrar al mundo a la catástrofe de la guerra y a la infamia de las matanzas. Esos dos personajes son homenajeados con pompa y exaltación en la plaza, mientras que el homosexual y la mujer quedan expuestos a la mofa de todos, relegados a la insignificancia. Qué diabólico mundo al revés... Es raro que a nadie le inquiete la bendición a un empresario que explota a la gente, siendo un pecado gravísimo, o a quien contamina la casa común, mientras manifiesta públicamente su escándalo por que el papa bendiga a una mujer divorciada o a un homosexual.

Las reprobaciones contra las aperturas pastorales suelen revelar estas hipocresías.

Sociológicamente, es interesante el fenómeno del tradicionalismo, ese «indietrismo» que cada siglo vuelve con regularidad, esa referencia a una supuesta época perfecta que, sin embargo, cada vez resulta ser otra.

Por ejemplo, con la liturgia.

Se ha ratificado que la posibilidad de celebrar conforme al misal preconciliar, en latín, debe contar con la autorización expresa del Dicasterio para el culto, que la concederá solo en casos concretos. Porque no es sano que la liturgia se vuelva ideología.

Es curiosa la fascinación por lo que no se comprende, por lo que parece un poco oculto, y que a veces da la impresión de atraer también a las generaciones más jóvenes. A menudo esta rigidez va unida a las indumentarias complicadas y caras, a las puntillas, a los encajes, a los roquetes. No se trata de aprecio de la tradición, sino de ostentación de clericalismo, que luego no es más que la versión eclesial del individualismo. No es regreso a lo sagrado, al revés, es mundanidad sectaria. A veces esos disfraces ocultan desequilibrios, desviaciones afectivas, problemas de conducta, un conflicto personal que puede ser manipulado. Sobre este problema, en mis años de pontificado tuve que intervenir en cuatro casos, tres en Italia y uno en Paraguay: diócesis que aceptaban a seminaristas ya apartados muchas veces de otros seminarios, y cuando esto ocurre lo habitual es que algo falle, algo que hace que se oculte la propia personalidad en contextos cerrados y sectarios.

Un cardenal estadounidense me contó que un día se le presentaron dos sacerdotes recién ordenados que solicitaban autorización para celebrar misa en latín.

«¿Sabéis latín?», preguntó ese cardenal.

«No, pero lo estudiaremos», respondieron los dos jóvenes curas.

«Entonces, haced lo siguiente —dijo el cardenal—. Antes de aprender latín, observad vuestra diócesis y fijaos en cuántos inmigrantes vietnamitas hay: estudiad primero el vietnamita. Y, cuando hayáis aprendido el vietnamita, pensad también en la multitud de parroquianos que hablan español y comprenderéis que aprender castellano será muy útil para vuestro servicio. Entonces, después del vietnamita y el español, venid a verme y pensaremos en el latín…».

La liturgia no puede ser ritual como fin en sí mismo, separado de la pastoral. Ni ejercicio de un espiritualismo abstracto, envuelto en un confuso sentido del misterio. La liturgia es encuentro, y es reencuentro con los demás.

Los cristianos no son de los que dan marcha atrás. El flujo de la historia y de la gracia va de abajo hacia arriba, como la linfa de un árbol que da fruto. Sin este flujo nos momificamos, y retrocediendo no se conserva la vida, nunca. Si no avanza, si no se mueve, la vida, la vegetal, la animal, la humana, muere. Caminar quiere decir cambiar, enfrentarse a escenarios nuevos, aceptar desafíos nuevos. En su *Commonitorium primum*, del siglo v, san Vicente de Lerins, venerado tanto por los católicos como por los ortodoxos, escribe que el dogma de la religión cristiana sigue estas leyes: progresa, afianzándose con los años, desarrollándose con el tiempo, profundizándose con la edad. La comprensión del hombre cambia con el tiempo, como también cambia la forma que tiene de percibirse y expresarse: una cosa es la humanidad que se expresa esculpiendo la *Niké* de Samotracia, otra la de Caravaggio, y otra la de Chagall o la de Dalí. Y del mismo modo, la conciencia de los hombres se profundiza. Pensemos en cuando la esclavitud se admitía, o cuando la pena de muerte —que es inadmisible, y en ningún caso la solución frente a la violencia que pueden sufrir personas inocentes, sino más bien un veneno para la sociedad— no suscitaba ningún problema. Así pues, en la comprensión de la verdad se crece.

La tradición no es una estatua. Tampoco Cristo es una estatua. Cristo vive. La tradición es crecer.

La tradición es avanzar.

La Iglesia no puede ser la congregación de «los bellos tiempos pasados», que, como nos recuerda un pensador francés, Michel Serres, sin duda ya han pasado y no eran necesariamente tan bellos en todos sus aspectos. Nuestra responsabilidad es ir con nuestro tiempo, seguir mejorando nuestra capacidad de comprender sus exigencias y de tomar medidas con la creatividad del Espíritu, que siempre es discernimiento en acción.

Ahora bien, la Iglesia tampoco es una orquesta en la que todos toquen las mismas notas, sino en la que cada cual ejecuta su partitura, y justo eso es lo que debe crear la armonía. Es hermoso que los hermanos sepan tener ideas propias, discutir, decirse las cosas a la cara: tender a la unidad no significa uniformidad. Pero después debemos encontrarnos siempre alrededor de la misma mesa.

En muchos sentidos, puede afirmarse que el último Concilio ecuménico aún no ha sido completamente comprendido, vivido y aplicado. Estamos encaminados, y tenemos que seguir. Cuando alguien me pregunta si los tiempos están maduros para un nuevo Concilio, un Vaticano III, respondo que no solo no lo están, sino que además todavía tenemos que llevar a cabo de forma plena el Vaticano II. Y también barrer, aún más a fondo, la cultura de la corte, en la Curia y en todas partes. La Iglesia no es una corte, no es lugar para grupos de poder, favoritismos, maniobras, no es la última corte europea de una monarquía absoluta. Con el Vaticano II, la Iglesia es signo e instrumento de la unidad de todo el género humano.

Aunque en estos años no han faltado los problemas, nunca he perdido el sueño. De vez en cuando leo reconstrucciones inverosímiles, cuando la realidad de las cosas suele ser mucho más sencilla de lo que puede parecer desde fuera.

Un día, era el 2 de abril de 2005, iba en autobús a una villa miseria de las afueras de Buenos Aires, cuando me llegó la noticia de la muerte de Juan Pablo II, que estaba dando la vuelta al mundo. Ya en la villa miseria, durante la misa pedí que rezáramos juntos por el papa difunto. Después, al final de la celebración, se me acercó una mujer muy pobre. «¿Nombrarán otro papa?», me pre-

Con Juan Pablo II en la nunciatura de Buenos Aires, en 1987.

guntó. Sí, señora. Así que le dije que tenía que ir a Roma y le hablé del cónclave, de las reuniones de los cardenales, de la fumata blanca. «Oiga, Bergoglio —me cortó la mujer—, tiene que prometerme una cosa: cuando sea papa, lo primero que hará es conseguir un perro». Le respondí que por supuesto no iba a pasar eso, pero, además, ¿por qué tendría que conseguir un perro? «Porque, cuando le sirvan la comida, primero tiene que darle un trocito a él. Si todo va bien, entonces puede seguir comiendo usted». Da risa, desde luego. Pero habla también de la perturbación y el escándalo que pueden provocar en el pueblo de Dios ciertos actos, luchas intestinas, malversaciones.

La Iglesia es fuerte y se mantiene fuerte, pero los temas de corrupción —de la económica y la de los corazones— o del clericalismo —que es una perversión, la ideología ocupando el lugar del Evangelio— son problemas profundos, que se pierden en los siglos.

Al principio de mi pontificado fui a ver a Benedicto XVI a

Castel Gandolfo y mi predecesor me entregó una gran caja blanca: «Aquí dentro está todo —me dijo. Las actas con las situaciones más difíciles y dolorosas, los abusos, los casos de corrupción, los pasajes oscuros, las fechorías—. Yo he llegado hasta aquí, he tomado estas medidas, he apartado a estas personas, ahora te toca a ti». He seguido su camino.

Siendo cardenal ya había participado en las congregaciones generales de 2005, que fueron un primer momento de gracia, de crecimiento, y después en las de 2013, tras la dimisión de Benedicto. En esas ocasiones, todos formulamos peticiones muy concretas al que sería elegido. Lo que he hecho en estos años de pontificado ha sido concretar las peticiones de las congregaciones generales.

El Consejo de los cardenales que anuncié exactamente un mes después de mi elección tuvo precisamente esta función: un trabajo en común, sinodal, que se fijase en toda la Iglesia, no solo en los sacerdotes, que apenas somos el uno por ciento, sino también en los laicos. No es una moda la sinodalidad, aún menos un eslogan que pueda ser instrumentalizado: es un dina-

Benedicto me entrega la gran caja blanca llena de documentos.

FUERA TODOS Y TODOS DENTRO

mismo de escucha recíproco, conducido a todos los niveles, que incluye a todo el pueblo de Dios. No se trata de recabar opiniones, de hacer encuestas, sino de caminar juntos y de prestar atención para captar el viento del Espíritu, que provoca crisis, da sorpresas, abre puertas y ventanas, abate muros, rompe cadenas, elimina fronteras. Un obispo o un sacerdote apartado de la gente es un funcionario, no un pastor. A san Pablo VI le gustaba citar la máxima de Terencio: «Soy un hombre, nada de lo humano me resulta ajeno». Hay mucha oposición a superar la imagen de una Iglesia rígidamente dividida entre jefes y subalternos, entre quien enseña y quien aprende, olvidando que a Dios le gustaba revertir las posiciones: «Derriba del trono a los poderosos y enaltece a los humildes» (Lc 1, 52), dijo María. Caminar juntos significa que la línea es la horizontal y no la vertical. La Iglesia sinodal restablece el horizonte del que surge el sol Cristo, mientras que erigir monumentos jerárquicos significa taparlo. Los auténticos pastores caminan siempre con el pueblo: a veces delante, a veces en medio, a veces detrás. Delante para guiar, en medio para animar y no olvidar el olor del rebaño, detrás porque el pueblo tiene «olfato» para abrir nuevas rutas por el camino, o para encontrar el camino cuando se ha perdido.

La reforma de la Curia romana ha sido la más ardua y la que durante más tiempo tuvo más resistencias al cambio, por ejemplo en la administración económica: salir de la maldición del «siempre se ha hecho así» no resultó fácil, pero ahora por fin se está en el buen camino. En el Consejo de economía, con los cardenales se sientan siete laicos, seis son mujeres, y con una labor colegial se han esclarecido los recursos y los procedimientos. El camino está trazado, y el cardenal Pell ha dado en ello un impulso genial y decisivo. Tenemos que seguir avanzando. Me ha correspondido dar una batalla, sé que tengo que darla, pero no es en absoluto una lucha personal ni mucho menos solitaria.

La Iglesia es de Cristo. A nosotros sencillamente se nos pide que atendamos su voluntad y que la pongamos en práctica. En este sentido, he pensado con frecuencia en un pasaje de la homilía que Benedicto XVI pronunció en la misa que celebró al principio de su pontificado: «Mi auténtico programa de gobierno —dijo— consiste en no hacer mi voluntad, en no aplicar mis ideas, sino en prestar atención, con toda la Iglesia, a la palabra y la voluntad del Señor y en dejarme guiar por él». Porque el papa no es un administrador delegado, ni tampoco el jefe de una ONG.

No es un camino fácil, pero, por suerte, es el propio Jesús quien nos señala cómo hay que hacer en el capítulo 25 del Evangelio de Mateo: «Porque tuve hambre y me disteis de comer, tuve sed y me disteis de beber, fui forastero y me hospedasteis, estuve desnudo y me vestisteis, enfermo y me visitasteis, en la cárcel y vinisteis a verme». Sobre esto el Señor hará balance, cuando quiera, de nuestras vidas y también de mi pontificado.

Benedicto fue para mí un padre y un hermano. Tuvimos siempre una relación auténtica y profunda y, más allá de toda leyenda construida por quien se ha empeñado en contar lo contrario, hasta el final me ayudó, aconsejó, apoyó y defendió. Amplió horizontes, estimuló debates, siempre desde el respeto de los cargos. No se merecía la utilización que se hizo de él en el momento de su muerte, precisamente en el día de sus funerales, cosa que me hizo sufrir.

Incluso en sus últimos días, cuando su cuerpo era cada vez más frágil y su voz más débil, me ofreció la fuerza de su ternura. Nos vimos por última vez el 28 de diciembre de 2022, tres días antes de que falleciese; todavía estaba consciente, pero no conseguía hablar. Nos quedamos mirándonos a los ojos y agarrados de la mano. Le dije palabras de afecto, lo bendije, sus clarísimos iris brillaban con la misma dulzura e inteligencia de siempre. La inteligencia de quien ha sido testigo de que Dios es siempre nuevo, de que nos sorprende, de que trae novedades. Le guardo gratitud al Señor por habérnoslo ofrecido a mí y a la Iglesia.

19

Caminando por valles oscuros

La chica estaba de pie delante de mí, en el palacio de la nunciatura apostólica de Kinsasa. Había llegado de la provincia de Kivu del Norte, donde se encuentran los mayores yacimientos de estaño de la República Democrática del Congo y enormes minas de oro, una zona que en ese viaje, mi cuadragésimo viaje apostólico internacional, en febrero de 2023, no me fue posible visitar por estar eternamente sacudida por el monstruo que es la guerra.

La que se disponía a contar era una historia terrible, y para hacerlo había necesitado la voz de la compañera que iba con ella. «Soy Bijoux Mukumbi Kamala, tengo diecisiete años, pero el calvario de mi sufrimiento empezó cuando tenía catorce. Pasó en Musenge, una de las aldeas del territorio de Walikale. Cuando íbamos a buscar agua al río, nos encontramos con los rebeldes, nos llevaron al bosque, cada uno eligió a quien quería. El comandante me quiso a mí. Me violó como a un animal, varias veces al día, un sufrimiento atroz. Era inútil gritar, porque nadie podía venir en mi ayuda. Siguió así durante un año y siete meses, hasta que por un golpe de suerte logré escapar. Mis amigas, las que fueron secuestradas conmigo, nunca han vuelto». Coloca al pie del altar una esterilla, parecida a aquella donde la tumbaba su verdugo. Luego toma la palabra Ladislas, que tiene su misma edad; habla de su hermano, que fue asesinado, ni siquiera sabe cómo, y de su padre, despedazado delante de sus ojos, su cabeza cortada metida en un cesto. Desde entonces ya no consigue dormir. A su madre la han raptado. «No ha vuelto, no sabemos lo que le han hecho. Nos hemos quedado huérfanas, mis dos hermanitas y yo». Y después Emelda. Y Desiré. Y Léonie, que todavía está en primaria y lleva debajo de la cruz de Cristo un cuchillo igual a aquel con el que han masacrado a todos los miembros de su familia. Un muestrario de horrores, de asesinatos, violaciones, destrucciones, saqueos, de indescriptible crueldad. Y de huérfanos.

Estoy conmocionado, permanezco en silencio ante ese abismo de dolor.

En silencio como en Auschwitz, siete años antes. Silencio y oración.

«Señor, ten piedad de tu pueblo. ¡Señor, perdón por tanta crueldad!».

En silencio como con Lidia Maksymowicz, una de las tres mil niñas que Josef Mengele utilizó como cobayas de laboratorio para sus experimentos de eugenesia en el campo de concentración de Birkenau. Sus abuelos acabaron enseguida en las cámaras de gas, su madre fue mandada a trabajos forzados, mientras que Lidia fue asignada al barracón de los niños. Tenía entonces cinco años. Hace tres años, cuando tenía ochenta y uno, me vino a saludar a San Pedro. Enrolló la manga de su vestido y me enseñó el brazo, en el que le habían grabado un número: 70072. ¿Qué palabras se podían decir? No dije nada: besé ese brazo. De tres mil, solo doscientos niños habían sobrevivido cuando, el 27 de enero de 1945, el campo fue liberado. Sobrevivido en el abismo del dolor.

Han sido muchos los judíos huidos de las persecuciones que se han refugiado en Argentina; se han calculado al menos doscientos cincuenta mil entre finales del siglo XIX y el final de la Segunda Guerra Mundial. Y antes, los que llegaron de Marruecos, del Imperio otomano, de Siria y, posteriormente, también de Egipto. En el barrio de mi infancia, para mí eran una presencia habitual: amigos de juegos, padres y madres de compañeros. Des-

En silencio en el campo de concentración de Auschwitz-Birkenau.

de niño, y después con la misma naturalidad como sacerdote, arzobispo y cardenal, con personas corrientes, con exponentes de la comunidad judía y con rabinos de Buenos Aires he trabado amistades auténticas. Como con Abraham Skorka, rector del seminario rabínico y rabino de la comunidad Benei Tikva, en el barrio de Belgrano. Juntos grabamos unos treinta programas de televisión sobre la Biblia, que se emitieron en el canal de la archidiócesis. Después, en los primeros días de febrero de 2013, nos despedimos porque empezaban las vacaciones de verano, y nos citamos para la grabación siguiente, la de marzo, cuyo tema debía ser precisamente la amistad. Pero el Espíritu, sabido es, altera las cosas y crea las situaciones más impensadas…, y, así, ese último programa nunca se hizo, porque ese marzo ya no volví a la archidiócesis. Pero a Abraham fue a una de las primeras personas a las que llamé por teléfono, la misma noche en que me eligieron obispo de Roma: me retienen, anota mi nueva dirección, le dije.

Incluso con un océano de por medio, nuestra amistad se ha mantenido firme, forjada en el pragmatismo de identificar caminos para servir al hombre, que para los dos es la forma más sublime, más elevada de servir a Dios.

El diálogo entre judíos y cristianos ha de ser más que un diálogo interreligioso: es un diálogo en familia. Estamos unidos los unos a los otros ante el único Dios, y estamos llamados a testimoniar con nuestra conducta su amor y su paz. Con la comunidad judía de Buenos Aires hemos trabajado conjuntamente en muchas iniciativas, culturales, religiosas, de servicio, como la construcción de comedores para pobres dirigidos por rabinos y sacerdotes, juntos. Y juntos sufrimos también el dolor, en la larga, terrible noche de la dictadura que sacudió a mi país: de treinta mil desaparecidos argentinos, que casi siempre pasaron por esos cuartos de tortura en los que no era raro encontrar colgadas de las paredes fotografías de Hitler, al menos dos mil pertenecían a la comunidad judía, y muchos otros tenían orígenes: también sus amigos, también sus hermanos. Nuestros hermanos y nuestras hermanas mayores.

En Kinsasa beso manos y pies amputados. Acaricio cabezas. Recojo susurros. Estoy admirado de la valentía de esos testimonios: sus lágrimas son mis lágrimas, su dolor es mi dolor. Y todos juntos luego decimos: ¡basta! ¡Basta de atrocidades que arrojan infamia sobre la humanidad entera! ¡Basta de considerar a África una mina que explotar o una tierra que saquear! ¡Basta con el escándalo y la hipocresía de los negocios que no dejan de prosperar provocando violencia y muerte!

Desde finales de los años noventa, la guerra del Congo ha causado más de cinco millones de víctimas. Es el mayor conflicto desde la Segunda Guerra Mundial: heridas no curadas desde hace años, sobre las que, con la escandalosa injerencia de multinacionales y de las potencias extranjeras, se mezclan dinámicas étnicas que se disputan en sangre recursos naturales y poder.

Y cientos y cientos de miles, junto con millones de evacuados y de refugiados, son las víctimas de la guerra en Sudán del Sur, que es hoy el país más joven del mundo, una tierra donde el acuerdo de paz firmado en 2018 no termina de cumplirse. Cientos de miles de personas que han perdido a sus seres queridos y sus casas, familias que se separaron y que nunca han vuelto a encontrarse, niños, ancianos, mujeres, hombres que han pasado por sufrimientos indescriptibles.

Ya había visto a su presidente, Salva Kiir Mayardit, cuando me encontraba de visita en Uganda, en 2015: había pedido una cita improvisada, no programada, y lo recibí de noche, en Kampala. Después, en abril de 2019, volví a verlo en Santa Marta, junto a los vicepresidentes nombrados Riek Machar, líder de la oposición, y Rebecca Nyandeng De Mabior, la viuda del líder

De rodillas ante los líderes de Sudán del Sur, implorando la paz.

sursudanés John Garang, muerto en la guerra, durante un retiro espiritual ideado con entonces el arzobispo de Canterbury, Welby, y el moderador de la Iglesia presbiteriana de Escocia, John Chalmers. Al término de la reunión, infringiendo el protocolo con un gesto nacido del corazón, me arrodillé para besar los pies de todos los líderes de Sudán del Sur. Seguid en paz, les imploré como hermano.

La paz es posible, nunca me cansaré de repetirlo. Y es la condición fundamental para el respeto de los derechos de cada hombre y para el desarrollo integral de cada pueblo. Rezo para que las semillas de aquel retiro espiritual logren madurar y luego fructificar. Sé que las dificultades son muchas. Ni siquiera un día antes de mi visita a Yuba, el 3 de febrero de 2023, como peregrino de reconciliación, las armas callaron. Y sin embargo tenemos que seguir luchando: tenemos que luchar y denunciar para que, en ese país por mí tan querido y en todas partes, el aluvión de violencia no impida el curso vital de la paz, para que no lo obstaculicen las ciénagas de la corrupción ni lo frustre la pobreza desmesurada. La corrupción es cómplice del horror. El acaparamiento de las riquezas naturales es cómplice del horror. La falta de democracia es cómplice. Y también el silencio es cómplice.

Cuando a Liliana Segre, senadora vitalicia de la República italiana, que tenía trece años el día que fue internada en Auschwitz, junto con su abuelo y su padre, a los que nunca volvió a ver, le preguntaron qué palabra habría que escribir en el andén 21 de la estación de Milán, desde el que, tras la infamia de las leyes raciales, salían los trenes hacia los campos de concentración nazis, no tuvo dudas: «Indiferencia», dijo. Nadie había pensado en esa palabra. Pero fue la indiferencia cobarde de muchos lo que permitió entonces que se consumara la masacre de al menos quince millones de personas, y es a menudo el silencio y nuestra indiferencia globalizada lo que permite que se cumplan las masacres de hoy.

El lenguaje del horror, de la vejación, de la miseria, de la decadencia, de los valles más oscuros en los cuales el camino de los hombres y de las mujeres se hunde, se alimenta casi siempre de las mismas palabras, aún con más frecuencia de lo tácito, porque la indiferencia ni siquiera necesita voz: yo no tengo nada que ver, no es mi problema, mira hacia otro lado…

Salvarse solo uno mismo, preocuparse solo por uno mismo, pensar solo en uno mismo es la cantinela de la humanidad que crucificó al Señor (Lc 23, 35-37) y de un cuerpo social profundamente enfermo. Porque el egoísmo no es solo anticristiano. El egoísmo es también autodestructivo. La cortísima visión de un egoísmo sin fantasía ni creatividad hace que se pierda en gastos de rearme, en conflictos, en destrucciones ambientales una riqueza inmensamente mayor. «Cuando los pueblos empiezan a desangrarse físicamente, ya están medio desangrados financieramente. Porque matar cuesta: suicidarse supone gastos. La estupidez es un lujo. Y la estupidez es la protección intelectual del odio», escribió Igino Giordani, cofundador del Movimiento de los Focolari y precursor de la temporada conciliar, a propósito de la inutilidad de la guerra.

El egoísmo es estúpido.

Todo está relacionado, todo está conectado. Hoy más que nunca. Este dato de hecho indiscutible está en el corazón de las dos encíclicas de mi pontificado, *Laudato si'* y *Hermanos todos*.

Y la pandemia de coronavirus que, a principios de 2020, todos padecimos, tendría que habérnoslo enseñado una vez más.

El anuncio del fin de la guerra, el primer paso de un hombre en un cuerpo celeste, la caída de un muro que durante treinta años dividió en dos el corazón de Europa, el atentado terrorista de dos aviones que se estrellaron contra sendos rascacielos, creando un cráter que se tragó miles de vidas en un acto insensato de destrucción: hay noticias que cristalizan el momento y fijan la memoria de cada uno de nosotros en el tiempo y en el espacio.

Aquella vez, en cambio, fue diferente, en Santa Marta como en todas partes. Fue un crescendo.

Empezó a hablarse de una rara pulmonía en una ciudad muy poblada de China centrooriental: Wuhan, once millones de habitantes, en la provincia de Hubei. Al principio, solo una noticia pequeña, cuya importancia, sin embargo, fue aumentando a diario. Nuevos contagios, muchos trabajaban en el mercado de pescado y de animales. En los primeros días de febrero, en el *Angelus,* elevé mi oración «por los hermanos chinos que sufren esta enfermedad tan cruel». Todavía parecía un fenómeno aislado, pero en febrero fue precisamente Italia la que comprobó de la forma más dramática posible que no iba a serlo. En el norte del país, en Lombardía, los hospitales se llenaron de repente, mientras el virus, como un enjambre, se desplazaba de una región del país a otra y luego de una región a otra del planeta. Por doquier las imágenes se van haciendo más angustiosas: gente que implora ayuda desde los balcones, estructuras sanitarias colapsadas, cuerpos amontonados. El 11 de marzo, los países afectados ya son ciento catorce y la Organización Mundial de la Salud declara oficialmente el estado de pandemia; el mundo entero redescubre palabras de las que desde hacía generaciones no guardaba recuerdo: aislamiento, cuarentena. El sonido de las sirenas de las ambulancias se convierte en la banda sonora de las calles desiertas y de una humanidad distanciada, encerrada en casa, a veces exiliada en nuevos lazaretos. Al cabo de tres años seguidos, se calcula que hubo más de veinte millones de víctimas. Una guerra mundial.

La pandemia nos hizo palpar nuestra fragilidad personal y social y, al mismo tiempo, nos demostró una vez más que, bajo las tormentas de la historia, todos vamos en el mismo barco.

Al igual que para todos, para mí fue al principio un momento de frustración; habría querido hacer mucho y me sentía un papa un poco «enjaulado», mientras la agenda se modificaba sin remedio por las medidas anticontagio: el *Angelus* del domingo desde la biblioteca del palacio Apostólico, y no desde la ventana, sino emitido en directo por las pantallas colocadas en la plaza de San Pedro; la misa de la mañana sin fieles. Entonces me entregué todavía más a la oración. Noté la urgencia, una urgencia universal.

Caminando hacia la iglesia de San Marcelo en una Roma desierta por la pandemia.

Por ello es por lo que una tarde de marzo, tras avisar únicamente a seguridad y al director de la oficina de prensa, salí de Santa Marta hacia Santa María la Mayor: sabía que una vez más María, la Virgen *Salus populi romani*, recibiría nuestras angustias y nuestras heridas. Sentía que a ella, a su protección de madre, podía confiarle una vez más mi persona, y la ciudad, Italia, el mundo.

Me detuve un buen rato bajo aquel icono por mí tan querido, que la tradición atribuye a san Lucas, evangelista y patrón de los pintores. Después, en una Roma casi desierta y besada por el primer sol primaveral, en una calma surrealista, acompañada aquí y allá por el crujido de una bicicleta o el graznido de una gaviota, me encaminé por la via del Corso hacia la iglesia de San Marcelo, donde se conserva el crucifijo que en 1522, en la época de la Gran Peste, se sacó en procesión por los barrios de la ciudad.

Volví a tener conmigo el icono de la Virgen y ese crucifijo milagroso, que lleva consigo de manera visible los signos del afecto y el sufrimiento de quien se le aproxima, cuando, dos semanas más tarde, mientras todas las televisiones del mundo estaban conectadas en directo, caminé por una plaza de San Pedro vacía y brillante de lluvia en la *Statio Orbis*, para responder a la pandemia del COVID con la fuerza de la oración, de la compasión, de la ternura.

Avanzaba solo y tenía en el corazón la soledad de todos, notaba sus pasos en los míos, sus pies en mis zapatos, podría decir. En aquel silencio sentía resonar millones de súplicas y una necesidad universal de esperanza. Había llegado el «atardecer» (Mc 4, 35), el tiempo de la tempestad, para desenmascarar falsas y superfluas seguridades, y todos juntos nos encontramos abrazados como a un ancla a ese Cristo capaz de vencer el miedo, de brindar apoyo. «Meté mano —le decía, una expresión muy mía, que utilizo con frecuencia en la oración—. Meté mano, por favor. Lo hiciste en el siglo XVI, ya conoces esta situación». De vez en cuando dirigía mi mirada hacia la columnata de la derecha y al monumento al Migrante que hacía un año decidí colocar ahí, para que nos ayudase, en el centro de la cristiandad, no solo a aceptar el desafío evangélico de la hospitalidad, sino precisamente a leer los signos de los tiempos. Se titula *Angels Unawares*, ángeles sin saberlo, esa escultura de bronce y arcilla en la que están representadas personas de todas las edades, de varias culturas, de distintas etapas históricas: están juntas, muy pegadas entre sí, hombro con hombro, de pie sobre una patera, con los rostros marcados por el drama de la huida, del peligro, del futuro incierto. Estábamos todos juntos en esa patera, ahora, con idéntica inquietud, sin saber cuántos lograríamos desembarcar, ni cuándo. Estábamos todos juntos. También por eso en esa plaza nunca me he sentido realmente solo. Besé la base del Crucifijo y eso me dio esperanza, me la da siempre. Le pedí al Señor que alejara el mal con su mano y a la vez la gracia y la creatividad de saber abrir nuevas formas de fraternidad y de solidaridad, incluso en ese contexto para nosotros desconocido. Porque de repente, en mí y en la Iglesia entera, la urgencia de la oración se unió a la del servicio. De manera especial a las personas más frágiles, en apuros: los indigentes, los presos, los hospitalizados, las personas mayores.

La Iglesia reaccionó, hizo su papel.

Recuerdo la llamada de teléfono de un obispo, algo rígido: «Tengo un problema —me dijo agitado—, no me dejan entrar en el hospital para confesar, ni en las residencias de ancianos, ¿qué hago?». Le sugerí que pensase en lo que pasa en los barcos durante un naufragio: aunque le entre agua al casco, un sacerdote puede darles la absolución a todos en la popa, desde lejos, llega igualmente; y, del mismo modo, puedes darla desde la entrada, desde la portería. «¿Y la comunión?», me preguntó luego. Puedes entregar la eucaristía en un sobre cerrado a un enfermero, que la suministrará. Se esmeró todo lo que pudo, aquel obispo. Ante el dolor humano nos organizamos, fuimos capaces de cambiar.

Cuántos laicos, cuántos párrocos demostraron la valentía del servicio ocupándose de las personas más solas, llevando consuelo y medicamentos, mostrando el rostro hermoso de una Iglesia amiga, que cuida… Después del primer año, solamente en Italia fueron casi trescientos los sacerdotes que dieron la vida, no solo por la fragilidad de una edad avanzada, sino pagando con la sangre la proximidad al pueblo, la presencia en los ambientes más expuestos al virus. Y cuántos mártires entre los médicos, entre los enfermeros, cuántos héroes desconocidos. Nuestras vidas, las vidas de todos, fueron mantenidas, salvadas, por personas habitualmente ausentes de los titulares de los periódicos, que no aparecen en las pasarelas o en los espectáculos, pero que estaban escribiendo los hechos decisivos de nuestra historia: el personal sanitario, los empleados de los supermercados y de la limpieza, los transportistas, las fuerzas del orden…

No olvidar las lecciones de la pandemia es la única manera que tenemos de honrar, más allá de la vacía retórica, el sacrificio de tantos.

La primera que nos ha impartido es la de que la paz no debe ser consecuencia sino condición previa. Enseguida apoyé y relancé la resolución 2532 del Consejo de Seguridad de las Naciones Unidas que, por primera vez en su historia, pidió por unanimidad el cese del fuego global, junto con una invitación a abrir corredores humanitarios para suministrar ayuda a los más vulnerables. Esta conciencia no es sino la prueba de que con la guerra, siempre, todas las soluciones se alejan, todos los problemas se agravan y arraigan, a veces ya no tienen solución. Con la guerra todo puede estar perdido.

Y la segunda lección es la de nuestra interdependencia, unos con otros como familia humana y todos juntos con el planeta. Además de hacernos percibir con angustiosa inmediatez cuán profunda es la exigencia de una comunicación que no puede ser solamente virtual, que por nuestra propia existencia es necesario que sea sobre todo «de carne», la pandemia ha puesto de manifiesto las deformidades, los desequilibrios, la soberbia de nuestro sistema económico global. La economía que mata, que excluye, que hace pasar hambre, que concentra enormes riquezas en manos de pocos en perjuicio de la mayoría, que multiplica a los pobres y pulveriza los sueldos, que contamina, que produce guerras, no es economía: es solo un vacío, una ausencia, una enfermedad. Es una perversión de la propia economía y de su vocación. «Cría cuervos y te sacarán los ojos», dice un proverbio español. Hemos contaminado y depredado, poniendo en peligro nuestra propia vida.

Es significativo de esta perversión el hecho de que, paradójicamente, el tiempo de la pandemia, en gran medida, coincidió con aquel en que el planeta, nuestra casa común, volvió a respirar: durante unos meses redujimos las emisiones de CO_2 como nunca antes.

No podemos permitirnos pensar que se trató solo de un entusiasmo pasajero. En la tragedia griega, el antecedente que produce consecuencias terribles es la *hybris*, la arrogancia, esa inflación psíquica que vuelve al sujeto inconsciente de sus límites. Todo está relacionado: un sistema perverso de falso desarrollo, la deforestación que avanza de manera ilógica y criminal y nos hace perder cada año una zona de bosques primarios del tamaño de Bélgica, la destrucción de enteros ecosistemas, el ataque a la biodiversidad, la antropización salvaje... Hasta llegar a lo que la comunidad científica ya considera un hecho demostrado: en los hábitats degradados hay más virus que pueden infectar al hombre. No hay dos crisis separadas, una ambiental y otra social, sino una sola y compleja crisis socioambiental, destinada a desembocar más fácilmente en tragedias sanitarias. Devolver la dignidad a los excluidos, combatir la pobreza y la explotación, cuidar el medioambiente y proteger nuestras propias vidas no son en absoluto exigencias separadas y menos que nunca opuestas, sino las directrices del mismo enfoque integral, que ya debe considerarse ineludible.

Las catástrofes globales del COVID y de los cambios climáticos nos dicen a gritos que ya no podemos seguir esperando: hay que actuar ahora. En el drama, la pandemia tendría que habernos enseñado que tenemos los medios para enfrentarnos al desafío y que seremos más resilientes si lo hacemos todos juntos.

Todos vivimos nuestros lutos. También yo perdí seres queridos, en Argentina y en Italia, parientes, amigos. Como el profesor Fabrizio Soccorsi, que era mi médico personal.

Seguir adelante no significa olvidar.

¿Quién puede atreverse a olvidar las filas de vehículos militares que sacaban los ataúdes de la ciudad, donde no había sitio ni para los muertos, el dolor de los médicos derrotados una y otra vez ante los enfermos, los rostros deformados por las mascarillas y el cansancio, la terrible soledad de padres, madres, abuelos en las residencias de ancianos y en los centros de salud?

Seguir adelante significa cambiar.

Porque «el año en el que no fuimos a ninguna parte» nos arrojó a la cara la trágica realidad del camino que lleva a la autodestrucción.

20

Tu vara y tu cayado me sosiegan

La pandemia dio al traste con los planes de todos, también con los míos: hubo que saltarse algunas citas, otras se mantuvieron «a distancia», los viajes apostólicos se pospusieron. Pero en cuanto se abrió un resquicio hubo uno al que no quise renunciar: el viaje a Irak, la tierra de los dos ríos, la patria de Abraham. Encontrarme con aquella Iglesia mártir, con aquel pueblo que tanto había sufrido. Y, con los demás líderes religiosos, dar un paso adelante en la hermandad entre creyentes.

Casi todos me desaconsejaron aquel viaje, que iba a ser el primero de un pontífice a ese país de la región de Oriente Próximo devastada por la violencia extremista y las profanaciones yihadistas: el COVID-19 todavía no había abierto la mano, el nuncio del país, monseñor Mitja Leskovar, acababa de dar positivo en coronavirus, y, sobre todo, las fuentes informaban del alto riesgo para la seguridad, hasta tal punto que una serie de sangrientos atentados habían ensombrecido la vigilia de su comienzo.

Pero yo quería llegar hasta el final. Sentía que debía hacerlo.

Decía, en tono familiar, que sentía la necesidad de visitar a nuestro abuelo Abraham, el ascendiente común de los judíos, los cristianos y los musulmanes.

Si la casa del abuelo arde, si en su país sus sucesores arriesgan la vida o la han perdido, lo suyo es dirigirse hacia allí lo antes posible.

Además, no podía defraudar de nuevo a la gente que veinte años atrás no pudo abrazar a Juan Pablo II, cuyo viaje, con el que él tanto deseaba inaugurar el Jubileo del año 2000, fue impedido por Sadam Husein tras una primera apertura.

Me acordaba muy bien de aquel sueño quebrado.

También recordaba muy bien la profecía del papa santo que, tres años más tarde, viejo y enfermo, había tratado de impedir por todos los medios, desde llamamientos a iniciativas diplomáticas, una nueva guerra que, con mentiras acerca de la existencia de armas de destrucción masiva que nunca llegaron a encontrarse, aumentaría la muerte y la destrucción y sumiría el país en el caos, transformándolo durante años en la sentina del terrorismo.

El pueblo y la Iglesia iraquíes llevaban demasiado tiempo esperando. Había que multiplicar los esfuerzos para, por lo menos, arrancar esa región de la resignación al conflicto, de la ley de la injerencia del más fuerte, de la impotencia de la diplomacia y del derecho, con mayor motivo en una coyuntura en la que el impacto de la pandemia parecía haber borrado esa crisis, y muchas otras, de la agenda del mundo.

Probablemente también influyó una historia concreta, la de Nadia Murad, que fue la que me dio el empujón decisivo. Había recibido a aquella joven yazidí —galardonada en 2018 con el Premio Nobel de la Paz— en 2017, en el Vaticano, junto con el arzobispo Paul Gallagher, secretario vaticano para las Relaciones con los Estados y las Organizaciones Internacionales: «Quiero ser la última —me dijo Nadia—, la última chica en el mundo con una historia como la mía». A pesar de que no era única, su historia era realmente terrible. Una joven vida repentinamente destruida un día de agosto de 2014, cuando, con poco más de veinte años, el supuesto Estado Islámico la raptó en el norte de Irak, en el curso de la campaña genocida contra las minorías, especialmente contra la yazidí. Los milicianos irrumpen con una ferocidad brutal en su aldea, Kojo, incendian las casas, juntan a los hombres adultos y matan a seiscientos a golpe de kalásnikov, y raptan a las mujeres, que suben a un autobús con los cristales tintados. Ese día pierde a su madre y a seis hermanos. A partir de ahí, empieza el calvario para ella y sus hermanas menores: despojada de todo atisbo de dignidad, la venden en un mercado como *sabaya*, esclava, donde la compran unos milicianos que la violan repetidamente antes de venderla de nuevo. Al cabo de cuatro meses de torturas, logra huir casi de milagro y en noviembre del año siguiente llega a Alemania gracias a un programa humanitario. Unos meses más tarde ya está al frente del Consejo de Seguridad de las Naciones Unidas, donde libra una batalla contra la trata de seres humanos. Desde entonces no ha parado.

Escuché esta historia de su boca y leí su libro; las palabras de esa chica habían hecho mella en mi interior, y, junto con otras muchas reflexiones, fueron la base sobre la que cristalizó mi decisión de partir.

Volví a ver a Nadia en Irak, y de nuevo en Santa Marta. Admiro su lucha, que no conoce el prejuicio. Además de la suya, escuché otras muchas historias terribles de masacres del Dáesh.

Mosul fue una herida en el corazón. Ya desde el helicóptero, me golpeó como un puñetazo: una de las ciudades más antiguas del mundo, rebosante de historia y de tradiciones, testigo del sucederse de las civilizaciones y emblema de la convivencia pacífica entre diferentes culturas en un mismo país —árabe, kurda, armenia, turcomana, cristiana, siria— se presentaba ante mis ojos como una extensión de escombros tras tres años de ocupación del Estado Islámico, que la había convertido en su bastión.

Mientras la sobrevolaba, desde lo alto me parecía la radiografía del odio, uno de los sentimientos más eficientes de nuestro tiempo, pues suele generar por sí solo los pretextos que lo desatan: la política, la justicia y, siempre de manera blasfema, la religión son sus motivos de fachada, hipócritas, provisionales; porque en verdad, como dice un bonito verso de la poeta polaca Wisława Szymborska, el odio «corre solo».

La visión de Mosul me golpeó como un puñetazo.

Pero los vientos del odio no amainaban ni siquiera tras aquella devastación.

La víspera, en cuanto aterrizamos en Bagdad, me habían informado. La policía había comunicado a la Gendarmería vaticana que los servicios secretos ingleses los habían advertido de que una mujer bomba, una joven kamikaze, se dirigía a Mosul para inmolarse durante la visita papal. También de que una furgoneta había salido a toda velocidad con la misma intención.

El viaje siguió adelante.
Se celebraron encuentros con las autoridades en el palacio presidencial de Bagdad. Hubo uno con los obispos, sacerdotes, religiosos y catequistas en la catedral católica siria de Sayidat al-Nejat (Nuestra Señora de la Salvación), donde once años antes habían sido asesinados dos sacerdotes y cuarenta y seis fieles para los cuales está en curso la causa de beatificación.
Hubo también un encuentro con los líderes religiosos del

país en la llanura de Ur, la extensión desierta donde las ruinas de la casa de Abraham lindan con el maravilloso templo escalonado, el zigurat sumerio: cristianos de varias Iglesias, musulmanes, tanto chiíes como suníes, y yazidíes estuvieron por fin juntos bajo la misma tienda, unidos en el espíritu de Abraham, para recordar que el pecado más blasfemo es profanar el nombre Dios con el odio a los hermanos; que la hostilidad, el extremismo y la violencia siempre son traiciones a la religión; que depende de nosotros, sobre todo de los creyentes, convertir los instrumentos de odio en instrumentos de paz, destapar las turbias maniobras que giran alrededor del dinero y el tráfico de armas, tener la valentía de alzar la mirada hacia las estrellas de la promesa de Abraham.

Pero, antes de eso, visité la ciudad santa de Náyaf, el centro histórico y espiritual del islam chií, donde se encuentra la tumba de Alí, primo del Profeta, para un encuentro privado importantísimo para mí, pues representaría un hito en el camino del diálogo interreligioso y de la comprensión entre los pueblos. La Santa Sede llevaba años preparando el encuentro con el gran ayatolá Ali al-Sistani, y ninguno de mis predecesores había podido concretarlo.

El ayatolá al-Sistani me recibió fraternalmente en su casa, un gesto que en Oriente es más elocuente que las declaraciones y los documentos, porque significa amistad, pertenencia a la misma familia. Fue bueno para mi alma y me hizo sentir honrado: el ayatolá nunca había recibido a jefes de Estado y nunca se había puesto en pie. Sin embargo, aquel día fue muy significativo que conmigo lo hiciera varias veces y, en señal de respeto, yo le correspondí descalzándome antes de entrar en su casa. Al instante me pareció un hombre sabio, de fe, preocupado por la violencia y decidido a levantar la voz en defensa de los más débiles y los perseguidos, defensor de la sacralidad de la vida humana y de la importancia de la unidad del pueblo. Percibí su inquietud por la amalgama de religión y política, una cierta idiosincrasia que compartimos, por los «eclesiásticos de Estado», y también una

Descalzo en casa del ayatolá al-Sistani en Náyaf.

exhortación común a las grandes potencias a renunciar al lenguaje de la guerra y priorizar la razón y la sabiduría. Me acuerdo sobre todo de una frase concreta, que he conservado como el más valioso de los regalos: «Los seres humanos son hermanos por religión o iguales por creación». La hermandad ya implica la igualdad, pero en cualquier caso la igualdad es indiscutible. Por eso, del mismo modo que el verdadero desarrollo, el camino de la paz nunca puede ser binario, nunca puede ir en contra, solo puede ser inclusivo y profundamente respetuoso.

Cuando al día siguiente le pregunté a la Gendarmería si tenían noticias de los dos terroristas, el comandante me respondió lacónicamente: «Ya no existen». La policía iraquí los había interceptado y los había hecho explotar. Eso también me conmocionó. Era otro fruto envenenado de la guerra.

Sin embargo, tanto en Hosh al-Bieaa, la plaza de las Cuatro Iglesias, donde una extensión de escombros representa gráficamente el drama de un pueblo, como en Bajdida, en la llanura de Nínive, donde vivía la comunidad cristiana más grande del país antes de que la furia del Estado Islámico destruyera las casas, transformara la iglesia de la Inmaculada Concepción en un polígono de tiro y obligara a huir a ciento veinte mil cristianos, que en su mayoría llevarían una vida de prófugos en el Kurdistán iraquí, todo daba fe con fuerza no solo de que la trágica disminución de los discípulos de Cristo es un daño incalculable incluso para la comunidad que dejan atrás, sino de que aquella Iglesia estaba y está viva, que Cristo vivo actuaba entre su pueblo mártir y fiel.

Cuántos testimonios valientes escuché en aquel viaje.

Cuántos santos de la puerta de al lado.

Recuerdo a una madre que había perdido a su hijo en uno de los primeros bombardeos del Dáesh, y que lo primero que me dijo fue: «Yo perdono». El terrorismo y la muerte no tendrán la última palabra, a pesar de las profundas heridas de ayer y de hoy, de las grandes dificultades. Nunca la tendrán. La fraternidad es más fuerte que el fratricidio, la paz es más fuerte que la guerra, la esperanza es más fuerte que la muerte.

Mientras viva, Irak permanecerá en mi corazón: debemos ser dignos del compromiso de esos cristianos y del sacrificio de ese pueblo.

A medida que la pandemia empezaba a remitir gracias a las vacunas y a los llamamientos para que estas estuvieran a disposición de todos en todas las regiones del planeta, sobre todo de los más frágiles y pobres, aquel viaje fue una bendición y un nuevo estímulo para comprender mejor la realidad de nuestra interdependencia, y la necesidad de una vacuna para los corazones.

La plaga del COVID-19 nos obligó a encarar la indiferencia y una dura verdad: no hemos venido al mundo a morir, sino a generar la vida y a cuidarla. Nos enseñó que educar en el cuidado es fundamental para nuestra supervivencia: el cuidado de la creación, el cuidado de los demás y el cuidado de las relaciones entre las personas. Puso de manifiesto que la enfermedad del egoísmo globalizado puede ser criminal y que siempre es inútil.

Pero también supimos que existe un remedio.

En un ensayo acerca de la inutilidad del egoísmo, el escritor estadounidense George Saunders nos invita a ser, antes que nada, pacientes de nosotros mismos: «Buscad las medicinas más eficaces contra el egoísmo, buscadlas con ahínco mientras estéis vivos; descubrid qué os libera y qué hace aflorar la versión más afectuosa, generosa e intrépida de vosotros mismos, y buscadlas como si no hubiera nada más importante». Porque, además de potencialmente criminal, el egoísmo también es contraproducente.

Poco antes del viaje a Bagdad, el limosnero apostólico, el cardenal Krajewski, vino a verme a Santa Marta con doce desplazados iraquíes acogidos por la Comunidad de Sant'Egidio: uno tenía una prótesis en una pierna porque al huir se la había aplastado un camión. La migración es dos veces un derecho: el derecho a encontrar en el propio país las condiciones para llevar una existencia digna y el derecho a desplazarse cuando esas condiciones mínimas no existen. Sin embargo, pensaba mientras abandonaba Bajdida en coche, entre multitudes de jóvenes a los que se les había robado todo menos la esperanza, el mundo aún no ha tomado conciencia de esta verdad universal, ni siquiera frente a infiernos semejantes.

Una vez, hablando del invierno demográfico en Italia, un sociólogo me dijo: dentro de cuarenta años, como mucho, tendremos que importar extranjeros para que paguen nuestras pensiones con su trabajo y sus impuestos. Eso vale para muchos países de Europa y de Occidente.

Pero, en muchos sentidos, se sigue considerando la inmigración como una invasión, se juega a ping-pong con las personas que, en cambio, son indispensables para nuestra salvación, con una actitud no solo profundamente inhumana, sino también perjudicial para nosotros mismos.

Se hace cada vez más urgente la adopción de medidas concretas con el fin de que la gente disponga de medios de vida en su propio país. Asimismo, es urgente la adopción de medidas para garantizar el derecho a la emigración. La integración es la clave de este proceso y Suecia fue uno de los primeros países en convertirse en un caso ejemplar hace ya cuarenta años. Yo mismo lo experimenté y lo viví de cerca: cuántos de mis connacionales argentinos, cuántos uruguayos y cuántos chilenos se refugiaron allí en la época de las dictaduras militares. A algunos los ayudé personalmente a huir. Hermanos y compatriotas que fueron acogidos e integrados. Y cuando, en 2016, fui a Lund en viaje ecuménico con ocasión de la conmemoración de la Reforma de 1517, la representante del gobierno que fue a despedirme al aeropuerto, la responsable de la Cultura y la Democracia, Alice Bah Kuhnke, lucía unos magníficos rasgos africanos porque es hija de una mujer sueca y de un emigrante de Gambia. Aquella inmigrante de segunda generación estaba integrada hasta tal punto que era ministra. Historias como esta deben servir de ejemplo. Por otra parte, la migración es connatural a las raíces mismas de Europa, a su historia, hecha de migraciones e interacciones, que han sido el elemento esencial de su desarrollo cultural y político. También es ejemplar la generosidad del Líbano y de Jordania.

Animado por estas reflexiones, unos meses después de la visita a Irak volví a Lesbos, la isla griega que alberga el campo de refugiados de Moria, el más grande de Europa, que durante demasiado tiempo ha mostrado el rostro del fracaso de la política migratoria del Viejo Continente. Lo había visitado cinco años antes, en 2016, un viaje relámpago con el patriarca de Constantinopla, Bartolomé, y el arzobispo de Atenas, Ieronymos, por invitación del entonces primer ministro griego, Alexis Tsipras, un hombre por el que siento un profundo respeto, un político que supo luchar por el bien de su pueblo. «Vamos a ver la catástrofe más grande después de la posguerra», dijo en aquella ocasión.

El campo me pareció de inmediato un círculo del infierno: humanidad herida, andrajos, barro, chapas y dolor. Sus moradores provenían de Irak, Afganistán, Siria, África y tantos otros países que uno perdía la cuenta. Muchos de ellos eran niños, y, entre ellos, muchos habían asistido a la muerte de sus padres y de sus compañeros, que se habían ahogado en el mar. Una niña sostenía un cartel de colores que decía: «Somos yazidíes, necesitamos ayuda, ayuda, ayuda». Tres veces.

Aquel día abrazamos, acariciamos y estrechamos las manos a todos. No he olvidado la historia de un joven musulmán casado con una cristiana, padres de dos niños: se querían y se respetaban mutuamente, me dijo el hombre entre sollozos, sin parar de llorar. Pero un día los terroristas irrumpieron en su casa y degollaron a su mujer delante de sus ojos, porque esta no quiso renegar de su fe. Una mártir consciente entre miles de mártires inconscientes de serlo…

Fue allí, en Moria, donde el primer ministro Tsipras me habló de tres familias de refugiados sirios: tenían los papeles en regla para marcharse, pero no lograban encontrar un lugar donde establecerse. Doce personas en total, de las cuales seis eran niños. Me los llevo conmigo, le dije. Reunimos los papeles a toda prisa, obtuvimos los visados del Estado griego y del italiano, y tres horas más tarde estaban en el avión que los conduciría a Roma, huéspedes del Vaticano y de la Comunidad de Sant'Egidio.

Durante el vuelo contaron sus historias: lo habían perdido todo, la casa, el trabajo, los recuerdos.

Ramy y Suhila venían de Deir Ez-Zor, una región limítrofe con Irak, escenario de las más brutales matanzas cometidas por los yihadistas durante la guerra civil de Siria. Maestro él, modista ella, se habían enfrentado a toda clase de peligros para llegar a Grecia, vía Turquía, con sus tres hijos.

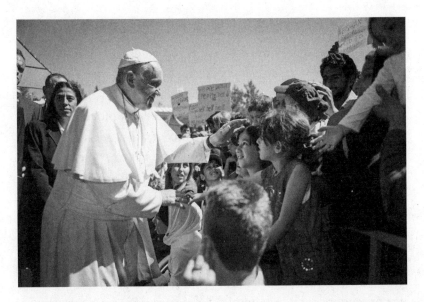

En Lesbos, en el campo de refugiados de Moria, el más grande de Europa.

Osama y Wafa, en cambio, eran de Zamalka, un suburbio de Damasco, de donde tuvieron que huir el día que su casa fue bombardeada. Tenían dos hijos. El pequeño, contaba su madre, había dejado de hablar durante mucho tiempo a causa del trauma y aún se despertaba por las noches chillando.

También estaban Hasan y Nour: él era arquitecto paisajista y ella ingeniera agraria, de familia siriopalestina, huidos de la periferia de Damasco con su hijo de dos años. «Antes de la guerra —me contó Nour Essa—, mi país era un símbolo de convivencia pacífica. Nosotros somos musulmanes, pero entre nuestros mejores amigos hay cristianos, drusos y alauíes. Celebrábamos la Navidad y la fiesta islámica del Fin del Ayuno todos juntos. Luego llamaron a mi marido para el reclutamiento, pero ni él ni yo queríamos matar a nuestros hermanos». Su odisea duró meses: primero huyeron de las bombas, luego cayeron en manos de los traficantes, del Estado Islámico, del régimen, y más tarde afrontaron un terrible viaje por mar; los rechazaron varias veces y el barco se volcó. «Solo la paz es santa —dice Nour—, la guerra es una abominación».

A causa del fuerte shock con que la experiencia los había marcado, cuando aterrizamos titubearon antes de bajar del avión, aún paralizados por el miedo a pesar de que ya habían emprendido el camino de la salvación. También recuerdo una conversación telefónica con Tsipras pocos minutos antes de embarcar, cuando a punto de despedirnos me mencionó otra lista de desplazados que también tenían los papeles en regla: «Pero soy consciente de que en su avión ya no cabe nadie más», añadió. No se preocupe, le dije al primer ministro, encuentre la manera de mandármelos y yo me ocuparé de acogerlos. Y así fue: al cabo de un par de meses, otros nueve desplazados sirios llegaron al aeropuerto de Roma gracias a la colaboración del Ministerio del Interior griego. Y, en diciembre de 2019, otros cuarenta y tres refugiados, esta vez procedentes de Afganistán, Camerún y Togo, desembarcarían en Roma procedentes de Lesbos gracias a la Limosnería Apostólica.

En Roma, Nour Essa se licenció en Biología gracias a una beca y ahora trabaja como bióloga en el hospital pediátrico Bambino Gesù. Ella, que estuvo a punto de ver cómo el Mediterráneo se tragaba a su pequeño, salva ahora la vida a otros niños en un centro superior de diagnosis y tratamiento de las enfermedades raras.

Regresaría una vez más, a finales de 2021, a esa isla del Egeo que para mí representa el desafío al naufragio que debemos evitar a toda costa: el de nuestra civilización. No podemos seguir permitiendo que ese laberinto de contenedores, humanidad rechazada y fraternidad negada continúe representándonos, representando la vergüenza de la Unión Europea. No podemos seguir permitiendo que el Mediterráneo, que durante miles de años ha unido a sus pueblos y a sus tierras, se transforme en un frío cementerio sin lápidas, que el *mare nostrum* se convierta en un desolador *mare mortuum*, escenario de desencuentro en lugar de encuentro. Quien teme a los rostros que he visto en Lesbos es porque nunca ha tenido la valentía de mirarlos a los ojos, porque nunca ha visto los ojos de sus hijos.

Me acuerdo de una mujer con una niña en brazos, aquejada esta de queilosquisis, el llamado labio leporino, una malformación que puede tener graves secuelas si no se corrige a tiempo, preferiblemente antes de cumplir el año. Quería ayudarla, pero no sabía qué hacer exactamente. Se me ocurrió pedirle al comandante de la Gendarmería que se pusiera en contacto con la dirección del Bambino Gesù. La señora y su hija salieron inmediatamente, aquel mismo día. Fue una gracia enorme que se me concedió.

Debemos alimentar la esperanza con la fuerza de los gestos en vez de confiar en los gestos de fuerza. Y debemos huir a toda costa de la propaganda que instiga el miedo al otro en la opinión pública. Esa propaganda, en absoluto inocente, se alimenta de guerras generosamente financiadas, de maniobras ocultas para traficar con armas y hacer proliferar su comercio, de acuerdos económicos hechos a costa de la vida de los demás.

Hay que luchar contra los motivos en origen, no contra la pobre gente que paga las consecuencias. Y para hacerlo es necesario enfrentarse a los cambios históricos con amplitud de miras, sabiendo que, más allá de los míseros intereses electorales, no existen soluciones fáciles para problemas complejos.

De una cosa sobre todo debemos estar convencidos: cuando se rechaza a los pobres, se rechaza la paz, y cuando lo hacemos cavamos nuestra propia tumba, pues, como la historia nos enseña amargamente, el aislamiento y el nacionalismo exasperado traen consecuencias desastrosas también para quienes los defienden.

El año 2021 fue doloroso también desde un punto de vista personal. Llevaba tiempo sufriendo de fuertes dolores abdominales y fiebre, y, por segunda vez, tras la lo ocurrido en 1957, sería la experiencia de un enfermero la que me salvaría la vida. A pesar de que otros eran de la opinión de que me limitara a seguir tomando antibióticos, Massimiliano Strappetti, que ahora es mi asistente sanitario personal, me dijo muy convencido: «Tiene que operarse». Su insistencia resultaría decisiva, pues al realizar la resección de la dolorosa diverticulitis que me afligía, los cirujanos encontraron tejido necrótico. En julio me sometieron a una operación de tres horas en el colon transverso, que requirió una segunda operación dos años más tarde: me abrieron de nuevo y lavaron las adherencias a conciencia; pude ver la grabación y solo les faltó usar jabón.

Estos achaques interrumpieron un poco mi actividad, y psicológicamente me deprimieron, pero siempre mantuve la mente lúcida y el espíritu de trabajo —seguir adelante con los proyectos, dar indicaciones— me ayudó mucho. Ahora estoy bien, puedo comer de todo, lo que pasa es que sencillamente soy viejo. Ha sido más bien la gonalgia, el dolor en la rodilla, la humillación física que más me pesa. Al principio me apuraba tener que usar la silla de ruedas, pero la vejez nunca viene sola y hay que aceptarla tal y como se presenta: la Iglesia se gobierna con la cabeza y con el corazón, no con las piernas. Hago fisioterapia dos veces por semana, me apoyo en un bastón, camino todo lo que puedo y sigo adelante. Me apoyo en el Señor, sobre todo: su vara y su cayado «me sosiegan» (Sal 23, 4). Y, si no puedo correr como cuando era un muchacho, sé que Él va conmigo, que no me dejará ni me abandonará (Dt 31, 6-8).

Cada vez que un papa tiene un problema de salud soplan vientos de cónclave, pero la verdad es que ni siquiera cuando tuve que operarme pensé en dimitir. Desde luego, puede pasarle a todo el mundo, y por eso cuando fui elegido papa le entregué al camarlengo una carta de renuncia en caso de impedimento por motivos médicos, como por otra parte también hizo Pablo VI. Si sucediera, me quedaría en Roma como obispo emérito.

Al principio del pontificado tenía la sensación de que mi cargo sería breve: pensé que duraría unos tres o cuatro años como mucho. Incluso lo afirmé en una entrevista para la televisión mexicana. Era un sentimiento vago, pero fuerte, que nacía de la convicción de haber sido elegido para que el cónclave fuera breve, pues no me lo explicaba de otra manera. No creía que escribiría tres encíclicas, y tantas cartas, documentos y exhortaciones apostólicas, ni que viajaría a más de sesenta países. El primer viaje, a Brasil, ya fue para mí asombroso. Pero lo hice, y he sobrevivido.

La verdad es que el Señor es el reloj de la vida. Mientras tanto, sigo adelante.

Siento que toda mi existencia está impregnada de esperanza; incluso en los momentos más oscuros —pienso en aquella noche oscura en Córdoba, donde volví como confesor entre 1990 y 1992— nunca sentí que la había perdido. Jamás. Y sin duda puedo afirmar lo mismo de mi vida como papa, aun en los trances más difíciles, más duros. El asunto de la compraventa del edificio de Londres, al que llamaron «el escándalo de Sloane Avenue», por ejemplo, fue muy doloroso, un mal trago, pero siempre he sentido que debía seguir adelante, sin ocultar nada. Las decisiones que tomé entonces no fueron fáciles, estaba seguro de que causarían problemas, pero también sé que nunca hay que ocultar la verdad y que elegir el camino de la opacidad es lo peor que puede hacerse.

Adelante, pues.

Nuestro tiempo es apremiante: cuando quieres atrapar el presente, este ya se ha convertido en pasado; y el futuro no puede atraparse, porque aún no existe. He vivido en tensión estos años de pontificado, con la mirada puesta más allá. Pero la vejez es también un tiempo de gracia, e incluso de crecimiento: los ancianos tienen la capacidad de comprender las situaciones más difíciles, y por eso su oración suele ser fuerte y poderosa.

El camino de la Iglesia, nuestras vidas, el fundamento de nuestra alegría y la razón de nuestra esperanza dependen del Señor, no de ventajas o corrientes. Y, cuando estamos un poco cansados, el Señor nos lleva en volandas.

21

El escándalo de la paz

Dos mujeres caminan juntas por el anfiteatro consagrado a la memoria de los mártires cristianos en el Jubileo de 1750. Avanzan en la oscuridad, entre las antorchas, en una fría noche de abril. Las dos son jóvenes, con largos cabellos de un rubio oscuro, y las dos van cubiertas por sendos abrigos negros; a simple vista parecen indistinguibles. Ninguna de las dos habla. Otros han decidido por ellas que son enemigas, pero no es eso lo que Irina, enfermera ucraniana, y Albina, posgraduada rusa, se consideran. Permanecen juntas. Juntas se detienen bajo la cruz y juntas cargan con ella. Las secuelas de una bronquitis que me obligó a un breve ingreso hospitalario me imponen que ese año no presencie el Via Crucis en el Coliseo, pero estoy con ellas; recogido en oración, en Santa Marta, miro en la pantalla ese doble escándalo: el de la cruz y el de la paz.

A principios de 2022, la tela de araña de una tercera guerra mundial fragmentada se extiende a un nuevo y terrible escenario, transformándose cada vez más en conflicto global: poco después de haber reconocido la independencia de la República Popular de Donetsk y la de Lugansk, dos estados de la región de Dombás que se autoproclaman independientes, las fuerzas armadas de la Federación Rusa invaden Ucrania el 24 de febrero al amanecer. La guerra alcanza el corazón de Europa y barre las últimas ilusiones sobre el «final de la historia» que, veinticuatro siglos después de Tucídides, trajo consigo la caída del Muro de Berlín. Al igual que en 1962, el año de la crisis de los misiles de Cuba, el mundo se ve de nuevo reflejado en el espectro de la destrucción nuclear bajo la amenaza concreta de artefactos cuya sola posesión debería ser considerada inmoral.

No era el momento de preocuparse por los protocolos y los ceremoniales. Aunque el pontífice suele recibir a los embajadores solo cuando presentan sus credenciales, al día siguiente de la invasión anulé todas las audiencias y me presenté personalmente de buena mañana en la embajada rusa en la Santa Sede. Era la primera vez que un papa lo hacía. La rodilla no había dejado de darme guerra, así que fue un papa renqueante el que se presentó ante el embajador Avdeev para expresarle su preocupación. Le imploré que cesaran los bombardeos, aposté por el diálogo, propuse una mediación vaticana entre las partes y me declaré dispuesto a ir a Moscú lo antes posible si Putin, con quien ya me había encontrado tres veces en el curso del pontificado, abría un mínimo resquicio a la negociación. El embajador me escuchó con atención, pero el ministro de Exteriores, Lavrov, me escribió más tarde para decirme, con cortesía institucional, que no era el momento adecuado.

También llamé al presidente ucraniano Zelenski, a quien recibiría al año siguiente en el Vaticano, y de nuevo en octubre de 2024, para expresarle mi dolor, mi apoyo y mi cercanía a su pueblo.

Estaba y sigo estando a disposición de cualquiera de las partes, como un trabajador, dispuesto a hacer lo que sea necesario para alcanzar el objetivo de la paz; por ese motivo la representación diplomática vaticana es la única que no ha abandonado su sede en la capital ucraniana, ni siquiera durante los bombardeos más brutales.

El pueblo ucraniano no solo ha sido invadido, es también un pueblo mártir, perseguido ya en tiempos de Stalin con un genocidio por hambre, el Holodomor, que causó millones de víctimas. En estos años de conflicto, la Santa Sede ha puesto en marcha muchas iniciativas para paliar los nuevos y grandes sufrimientos. Las misiones a Ucrania del cardenal Czerny, en la zona fronteriza con Hungría, y del cardenal Krajewski, en las limítrofes con Polonia, fueron desde el primer momento una expresión concreta de solidaridad y compromiso. También el viaje de monseñor Gallagher, secretario vaticano para las Relaciones con los Estados y las Organizaciones Internacionales, y las misiones realizadas, no solo en los países implicados, sino también en Washington y Pekín, por el cardenal Zuppi, que se ha desvivido para lograr que los niños ucranianos deportados a Rusia por las autoridades ocupantes regresen a sus casas gracias a un mecanismo creado *ad hoc* para resolver casos concretos. Yo mismo me puse inmediatamente manos a la obra para favorecer los intercambios de prisioneros entre Moscú y Kiev, empezando por los heridos y los enfermos, y dos años después del inicio del conflicto también me reuní con el nuevo embajador ruso en la Santa Sede, Soltanovski sin cesar de buscar una solución diplomática.

Pero sé que no es suficiente: hay que multiplicar los esfuerzos, empezando por la comunidad europea y la internacional, que deben asumir la tarea de hallar nuevas vías eficaces para facilitar el diálogo, la negociación y la mediación. Sabemos que no es posible obtener resultados a toda costa, pero todas las partes deben ser conscientes del alcance de su responsabilidad. Los intereses imperiales, sean del imperio que sean, no pueden anteponerse de nuevo a las vidas de cientos de miles de personas. Demasiados huérfanos, demasiadas viudas, demasiados evacuados y demasiados escombros: después de otro año de muerte y destrucción, tras haber consagrado ambos países al corazón inmaculado de María y haber recordado la necesidad de transformar los frentes en puentes, lloré ante la Virgen durante la oración en piazza di Spagna por todo ese dolor; cada día en que las armas siguen hablando, es un día más de fracaso y de sufrimiento insensato y culpable.

Kiev, Járkov, Mariúpol, Izium y Bucha son ciudades mártires, cartografía de horribles crueldades contra civiles indefensos, mujeres y niños, víctimas cuya sangre inocente clama al cielo e implora: «¡Basta! ¡Poned fin a esta locura!». Al principio de los bombardeos, en Járkov hasta el zoológico fue escenario de la devastación: las explosiones rompieron los cristales y los monos, los gamos, los felinos y los pájaros huyeron del parque presas del pánico. Un chiquillo contó que había visto un lobo buscando comida en la basura: se miraron fijamente a los ojos, inmóviles y desorientados, con la certeza de que el mundo había perdido el juicio.

No cabe duda de que camino hacia la paz conlleva riesgos, pero el de las armas acarrea otros muy superiores, la compulsión de perpetuar una eterna carrera armamentista que ensucia el alma y desperdicia los recursos que servirían para luchar contra la desnutrición, para garantizar cuidados médicos al alcance de todos, para edificar la justicia, y, en definitiva, para tomar de una vez por todas el único camino que puede conjurar la autodestrucción de la humanidad. Decía Antón Chéjov que, si en una novela aparece una pistola, esta tiene que disparar; ilustraba así un principio fundamental de toda narración novelesca o teatral. En la vida pasa lo mismo: el número de armas de fuego que circulan en una sociedad, en un estado, es proporcional al número de personas que mueren asesinadas.

Son cincuenta y nueve las guerras que se libran hoy en día en el mundo, ya sean conflictos declarados entre naciones o entre grupos organizados, étnicos o sociales. Algunas son menos mediáticas que otras, pero no por eso menos terribles: me refiero a la guerra de Kivu, a la guerra civil yemení, a la guerra en Myanmar contra los rohinyás, a la de la región Karabaj, en el Cáucaso, a la de Tigré en Etiopía. En total, afectan directamente casi a un tercio de las naciones del planeta, y un número bastante mayor de manera indirecta. A veces, incluso se las llama hipócritamente «operaciones de paz».

Es así desde hace mucho tiempo, demasiado.

Esta consideración debería bastar por sí sola para desenmascarar la insensatez de la guerra como instrumento de resolución de conflictos: no es más que una locura que solo beneficia a los traficantes de muerte y que pagan los inocentes. Si durante un año no se fabricaran armas, se acabaría con el hambre en el mundo: un solo día sin gastos militares salvaría a treinta y cuatro millones de personas; en cambio, el gasto militar aumenta más que nunca… y se fabrica hambre.

Soy lo bastante viejo para haber visto con mis propios ojos que la guerra siempre es un callejón sin salida: no abre perspectivas, no resuelve nada, todo lo corrompe y cada vez deja el mundo peor que antes. Es una insensatez criminal a la que hoy más que nunca es necesario contraponer la profética admonición del papa Juan XXIII en la encíclica *Pacem in Terris*: a la luz de la terrorífica fuerza destructiva de las armas modernas, y de decenas de miles de artefactos nucleares más destructivos que los de Hiroshima y Nagasaki, es aún más evidente que las relaciones entre estados no tienen que regirse por la fuerza armada, sino por los principios del buen juicio, es decir, de la verdad, la justicia y la cooperación activa.

No obstante, a pesar de esta patente irracionalidad, en la actualidad la palabra «paz» parece haberse vuelto aún más incómoda, a veces incluso prohibida, y se desconfía de los artesanos de la paz y de la justicia, que reciben ataques, como si fueran aliados del «enemigo», por parte de una comunicación que se demuestra incapaz de sustraerse, aunque sea con el pensamiento, a la «lógica ilógica» y perversa de la guerra, y que quizá desearía que la Iglesia usara el lenguaje propio de tal o cual política y no el de Jesús, o que el papa fuera el capellán militar de Occidente antes que el pastor de la Iglesia universal.

A veces, nada parece provocar más escándalo que la paz…

Pero no hay que rendirse, no hay que cansarse de esparcir las semillas de la reconciliación. Y no hay que ceder ni a la retórica ni a la psicosis belicista, porque el destino de la humanidad no puede ser el de construir reinos del miedo, armados hasta los dientes, dispuestos a enfrentarse los unos a los otros.

Es cierto, la Iglesia suele ser una *vox clamantis in deserto* (Mc 1, 3), una voz que grita en el desierto: no hay más que fijarse en los últimos treinta años, en los llamamientos desoídos de Juan Pablo II ante la inminencia de la guerra en Yugoslavia o de los dos conflictos del Golfo, en su profecía entonces no atendida y que luego saldría a flote en toda su dramática verdad, admitida por todos cuando ya era demasiado tarde. Medio millón de muertes inútiles después, en última instancia. No obstante, debemos cultivar la certeza de que cada semilla de paz dará su fruto. Del mismo modo que cada acción de guerra, incluso si se trata de una guerra de palabras, aleja el momento en que «la paz y la justicia se besan» (Sal 85, 11).

A menudo, el arte también posee el don de la profecía. Pablo Picasso decía que «el arte es una mentira que nos acerca a la verdad», porque sabe percibir la realidad más profunda de las cosas. Tengo presente un cuadro de finales del siglo XIX que representa a la perfección la angustia y la tragedia de las guerras del siglo siguiente y de nuestros días. Retrata a un hombre que se sujeta la cabeza, bajo un cielo de un rojo antinatural. Si se observa con detenimiento, no se distingue si es joven o viejo, y tampoco si es un hombre o una mujer; es un rostro que carece de edad y de género, hecho de ojos y boca muy abiertos, que lo único que puede hacer es gritar: es todos nosotros. *El grito* de Edvard Munch es el sentimiento de cada ser humano frente a la matanza de los inocentes y a la catástrofe humanitaria en Tierra Santa.

La masacre del 7 de octubre de 2023, perpetrada por los milicianos de Hamás que cruzaron la valla que separa la Franja de Gaza de Israel y mataron a civiles y militares israelíes, marcó el principio de una nueva barbarie. Más de mil personas fueron asesinadas de la manera más diabólica y brutal en sus propias casas o mientras trataban de huir, y muchas otras, entre las que se cuentan chicos, chicas, mujeres y niños, fueron capturadas como rehenes. Para mí fue dos veces doloroso: en aquella matanza perdí a viejos amigos argentinos que vivían en un kibutz de la frontera con Gaza.

A ese desastre, a esa barbarie, luego se añadiría otra, enorme: los raides aéreos israelíes, que causarían miles de muertes de inocentes, sobre todo mujeres y niños; y cientos de miles de evacuados, casas destruidas, gente a un paso de la carestía…

Estoy constantemente en contacto con Gaza y con la iglesia de la Sagrada Familia, cuyo párroco es el padre Gabriel Romanelli, argentino como yo. Incluso ese conjunto parroquial, que acoge a familias y enfermos, se ha convertido en un escenario de muerte. La señora Nadha Khalil Anton y su hija Samar Kamal, que era cocinera en la casa de los niños discapacitados al cuidado de las monjas de la madre Teresa, murieron a manos de un francotirador del ejército israelí mientras se dirigían al convento y trataban de protegerse mutuamente. A otros los mataron a sangre fría en los alrededores de la parroquia, una pequeña comunidad cristiana que llora la muerte de más de veinte de sus miembros. Eso también es terrorismo. La guerra que mata a civiles indefensos y desarmados, incluso a voluntarios de Cáritas que distribuyen ayuda humanitaria, que atormenta sin tregua a los civiles, que reduce al hambre a la población produce el mismo terror insensato.

Desde Gaza, el conflicto se ha expandido, extendiéndose desde Palestina a Siria, Irán, Líbano, sumando más y más víctimas, más y más desplazados. Centenares de miles. Ante la vergonzosa incapacidad de la comunidad internacional y de los países más poderosos para poner fin a esta masacre, la ola de odio se ha convertido en un maremoto de violencia. La sangre derramada acrecienta el miedo y la rabia, junto al deseo de venganza, en una espiral criminal que se autoalimenta de forma vertiginosa apresando entre sus fauces también el futuro. En la ciudad de Tiro, a pocas decenas de kilómetros de Beirut, el convento franciscano de la Custodia de Tierra Santa se ha convertido en un centro de acogida para desplazados, sin distinciones de color o religión, en un número ya imposible de contar. Poco antes de partir junto a la caravana de los desplazados, llevando consigo a la capital las reliquias y el Santísimo Sacramento, el párroco, el padre Toufic Bou Merhi, lanzó durante la misa una conmovedora y dramática invocación, dirigiéndose directamente a las armas: «Queridísima bomba, te lo suplico, déjanos en paz. Queridísimo misil, no estalles. No obedezcáis la mano del odio. Me dirijo a vosotros porque los otros oídos están tapados, y los corazones de los responsables se han endurecido, y la brutalidad se ha extendido en el trato entre las personas. Así que os lo ruego, escuchadme vosotros. Os llaman bombas inteligentes; sed más inteligentes que aquellos que os manejan». No ha quedado nadie a quien matar, dijo. Familias exterminadas. Sila, una niña de seis años, perdió a su padre, a su madre, a su hermanita de año y medio, a su abuelo, a su abuela, a su tío junto a su familia. El día anterior a esa homilía, un misil destruyó nueve casas a cincuenta metros del convento. Las piedras cayeron en el patio donde se encontraban los desplazados. Terror, gritos, llanto y miedo se mezclaron con la sangre de los heridos. Estoy con ellos. Estoy con los que se han visto forzados a dejar sus viviendas, con las familias atormentadas, al límite. Estoy con quien se ve obligado a dejar la escuela y el trabajo, a deambular en busca de una meta para escapar de las bombas. Estoy con las madres que lloran a sus hijos muertos, y con los niños a los que se les ha negado incluso el derecho a jugar. Estoy con quien teme alzar la mirada, porque es fuego lo que cae del cielo. A todos los tengo cada día en mis pensamientos, en mis oraciones, a veces en mi llanto.

Frente a esa violencia que se extiende, las lágrimas resbalan por las mejillas y las bocas de los niños de todos los rincones del mundo repiten el grito de Munch: «¡Basta!». Yo lo hago mío, y es la misma súplica que he repetido a los jefes de Estado en todas las conversaciones telefónicas, a los responsables de gobernar las naciones en mis llamamientos. «¡Basta! Cesad el ruido de las armas, pensad en los niños».

Hace un tiempo me mostraron un dibujo que ilustraba el eterno conflicto afgano. Representaba el perfil de un niño mutilado con una línea punteada en el lugar del rostro. Al pie, una frase decía: «Si queréis entender lo que es la guerra, insertad aquí la foto de vuestro hijo». Eso es la guerra, el terror que no captan las cámaras de los drones, el que solo se ve en los hospitales de campaña: en Kabul, en Kiev, en un kibutz, en Gaza o en Tiro. Pensar en todos los niños como en hijos propios es un antídoto contra la deshumanización que transforma cualquier reclamación de existir en un conflicto cada vez más cruento para acallarla.

La salvación no puede construirse con palabras y gestos de venganza; la vida solo puede construirse con palabras y gestos de justicia que renuncian a la humillación del adversario.

Me reuní varias veces en el Vaticano con las familias de los rehenes israelíes y con los de las víctimas de Gaza, y en todos vi el mismo deseo de paz, de serenidad y de justicia.

Me reuní con los padres de una adolescente israelí y otra palestina, que perdieron a sus hijas en la guerra: una, de catorce años, víctima de un atentado; la otra, de diez, muerta a manos de un soldado en la puerta del colegio. El dolor era idéntico y también la determinación: superar el odio para buscar un camino donde su luto sirviera de algo. Aquellos dos hombres, aquellos dos padres que habían sufrido la misma crucifixión, se hicieron amigos, testimonio de que otro mundo es posible; es más, de que otro mundo es el único posible.

Para Tierra Santa solo puede emprenderse el camino marcado por los Acuerdos de Oslo de 1993, que se quedaron en papel mojado tras el asesinato del primer ministro Isaac Rabin a manos de un extremista israelí: la ecuánime solución de dos estados bien delimitados y de un estatus especial para Jerusalén. Cualquier solución que se funde en la venganza, dondequiera que se adopte, nunca podrá traer la paz y solo servirá para esparcir nuevas semillas de odio y resentimiento, generación tras generación, formando una interminable cadena de afrentas.

En junio de 2014, durante el segundo año de mi pontificado, el entonces presidente israelí Shimon Peres, el palestino Mahmud Abás, el patriarca Bartolomé y yo plantamos un olivo en los Jardines Vaticanos para invocar la paz en Oriente Próximo.

Poco antes había peregrinado a Tierra Santa. En Jerusalén, recé frente al Muro de las Lamentaciones y deposité en una de sus hendiduras un papel en el que había escrito, en español, una frase del padrenuestro: «perdona nuestras ofensas, como también nosotros perdonamos a los que nos ofenden...». Solo si perdonamos las ofensas, nos libraremos del mal. Más tarde, durante el trayecto hacia Belén, me crucé con un muro muy alto, el que

En Jerusalén, deposito mi oración en una de las hendiduras del Muro de las Lamentaciones.

separa a los israelíes de los palestinos a lo largo de cientos de kilómetros. Saltándome el protocolo de seguridad, le pedí al chófer que se detuviera y también recé allí, con la frente apoyada en esa barrera y rodeado de un grupo de jóvenes palestinos.

Fue en Belén donde expresé el deseo de que los líderes de los dos pueblos se reunieran para tener un gesto significativo e histórico de dialogo y de paz, y ofrecí como lugar de oración mi casa, en el Vaticano.

El sueño de Belén ha cumplido diez años. En junio de 2024 quise conmemorar aquel encuentro invitando a los Jardines a todo el cuerpo diplomático, de manera especial a los embajadores de Israel y Palestina, así como al rabino y al secretario general de la mezquita de Roma: aquel plantón ya se ha convertido en un árbol de más de cinco metros de altura, y aunque el ruido de las armas no se ha acallado, aunque sigamos viendo morir a muchos inocentes, y de la manera más cruel, miles y miles de palestinos e israelíes de buena voluntad no abandonan la esperanza de que llegue un nuevo día. No debemos rendirnos, no debemos dejar de reclamar y construir relaciones de fraternidad que anticipan el amanecer de un mundo en que todos los pueblos convertirán las espadas en arados; asimismo, hoy más que ayer, debemos ser conscientes de que la paz necesita corazones transformados por el amor de Dios, que libra del egoísmo y vence los prejuicios. Como proclamó Juan Pablo II, no hay paz sin justicia y no hay justicia sin perdón.

El perdón no es traición ni debilidad, todo lo contrario. Como dije en el discurso que di en el Congreso de Estados Unidos en septiembre de 2015, no hay mejor manera de ocupar el lugar de los tiranos y los asesinos que imitando su odio y su violencia. Nuestra respuesta, en cambio, debe ser una respuesta de esperanza y de sanación, de paz y de justicia. Tratemos a los demás con la misma pasión y compasión con la que quisiéramos que nos trataran a nosotros. Busquemos para los demás las mis-

En el trayecto hacia Belén, apoyo la frente sobre el muro que separa a israelíes y palestinos.

mas posibilidades que buscamos para nosotros. Ayudemos a los demás a crecer como nos gustaría que nos ayudaran a nosotros. En definitiva, si queremos seguridad, demos seguridad; si queremos vida, demos vida; si queremos oportunidades, ofrezcamos oportunidades. La medida que usemos para los demás será la medida que el tiempo usará con nosotros.

Debemos sustituir la cobardía de las armas con la valentía de la reconciliación.

Guerra es un sustantivo femenino, pero la guerra no tiene rostro de mujer: necesitamos la mirada de las madres; necesitamos su valentía. Y necesitamos arquitectos que sepan encarnar esta conciencia y esta perspectiva. Porque no podemos permitir que, dentro de diez años, el próximo papa se vea obligado a seguir regando el olivo.

A los hombres y a las mujeres de todas las regiones del mundo, y sobre todo a los jóvenes, les digo: no creáis a quien os dice que nada puede cambiar, o que luchar por la paz sea cosa de ingenuos o soñadores; no creáis a quien quiere convenceros de que es lógico llevar una existencia contra los demás, o sin los demás, contra los pueblos, o sin ellos. Quienes lo sostienen fingen fortaleza, pero son débiles. Puede que incluso finjan una sabiduría que en realidad es locura. Son locos que suelen urdir intrigas y actuar para favorecer los intereses, a menudo oscuros, de los fabricantes de violencia, de quienes anteponen los negocios a la paz: detrás de muchas guerras libradas en nombre «del pueblo» o «de la seguridad» hay sobre todo mezquinos intereses personales, también políticos. No os contentéis con sus sueños estrangulados, atrapados, destinados a construir nuevas pesadillas; soñad en grande. La guerra es una locura, la paz es racional, porque refleja y realiza la naturaleza humana y las naturales aspiraciones de los pueblos. Es soñar despierto, a la luz del sol, y compartirlo con los demás, siempre en plural.

Nosotros no negamos la existencia de conflictos, no los ocultamos, no hacemos como si nada, no los ponemos a un lado, porque sabemos que hacerlo trae como consecuencia acrecentar las injusticias y generar malestar y frustración, que pueden traducirse, tanto individual como colectivamente, en acciones violentas.

Nosotros no confundimos agresor con agredido, y no negamos el derecho a defenderse: afirmamos con convicción que la guerra nunca es «inevitable» y que la paz siempre es posible.

Invocamos el *ius pacis* como derecho de todos a resolver los conflictos «repudiando la guerra», como también recoge la Constitución italiana, el país del que soy obispo.

Nosotros no somos neutrales: tomamos partido por la paz.

Sabemos que la paz nunca será el fruto de los muros, de las armas que se apuntan entre sí. Sabemos que una paz real y duradera es la consecuencia de una economía que no mata, que no produce muerte, que cultiva la justicia, que no se rinde a los paradigmas tecnocráticos y a la cultura del beneficio a toda costa. Como dice san Pablo: «Lo que uno siembre, eso cosechará» (Gál 6, 7).

La guerra, todas las guerras, son sacrílegas porque la paz es un don de Dios, pero es un don que ha de ser sembrado por hombres y mujeres. Si ahora nuestra civilización siembra muerte, destrucción, miedo, injusticia y decepción es señal de que debemos ser artesanos de un cambio que afirme los derechos de las personas y de los pueblos, empezando por los más débiles, por los marginados, y de la creación, nuestra casa común, agotando los pozos de odio con la fraternidad.

Hay que plantar cara a los ladrones de futuro y oponernos a ellos con la convicción de que el único futuro posible pertenece a los hombres y a las mujeres solidarios y a los pueblos hermanados, y que la única autoridad posible es la que se pone al servicio de esta causa, porque la autoridad que no es servicio es dictadura.

La guerra no es solo el teatro de las mentiras: puesto que la mentira siempre la precede y la acompaña, y puesto que la verdad es su principal víctima, la guerra es en sí misma una mentira. No es de extrañar que en un escrito titulado ejemplarmente *Arrepentíos*, el gran escritor ruso Lev Tolstói asocie este sentimiento con «el peor mal del mundo, la hipocresía. No en vano, Cristo se enfadó una sola vez, y fue a causa de la hipocresía de los fariseos».

La verdad es que solo puede haber futuro si somos realistas y sensatos, sembradores de paz y de esperanza.

22

De la mano de una niña irreductible

«¿Estáis seguros?».

Faltaba poco para llegar a Iquique, la última etapa de mi viaje apostólico a Chile, un viaje complicado, y por eso aún más necesario. El avión estaba silencioso; miraba por la ventanilla, a través de las nubes, aquella tierra a la que tanto debo y por la que siento tanto apego, cuando Carlos se presentó para el tradicional saludo a la tripulación. Lo había conocido el día antes, en el trayecto de vuelta de Temuco, la capital de la región de La Araucanía, a Santiago: me había puesto en pie para estirar las piernas un momento y un asistente de vuelo se había apresurado a pedirme, algo cohibido, que volviera a mi sitio porque estábamos empezando las maniobras de aterrizaje. Miré su distintivo y leí un nombre que me sonaba familiar.

—¿De qué parte de Italia es originario? —le pregunté.

Me respondió que sus abuelos eran de Liguria. Como mis abuelos maternos.

—Entonces somos primos —le dije para hacer que se sintiera cómodo.

En fin, nos pusimos a hablar, sobre todo de Chile. Luego le pregunté si podía conocer a los pilotos; entré en la cabina y les di la bendición.

Al día siguiente, durante la nueva etapa, en el momento de las fotografías, Carlos Ciuffardi se acercó a mí acompañado por una mujer joven. Quería presentarme a Paula.

DE LA MANO DE UNA NIÑA IRREDUCTIBLE 277

—¿Has traído a tu mujer en el avión?

Me contó que se habían conocido once años antes, cuando Paula era su responsable de a bordo, y que seguía desempeñando ese cargo.

—Que quede entre nosotros, pero también es tu jefa en casa, ¿verdad? —le pregunté sonriendo.

Carlos me devolvió la sonrisa y asintió con la cabeza.

—Por eso funciona —respondió.

Me pidieron que los bendijera, y fue entonces cuando me contaron su historia.

Me dijeron que tenían dos niñas y que estaban casados solo por lo civil porque el día señalado para la boda religiosa, el 27 de febrero de 2010 por la mañana temprano, el tejado de su iglesia se derrumbó a causa del terremoto que sacudió Chile, el de más magnitud registrado en América del Sur en los últimos cincuenta años, tan intenso, certificarían los sismólogos, que llegó a desplazar ocho centímetros el eje de la Tierra. Miles de casas, escuelas, lugares de culto, edificios públicos y hospitales sufrieron daños irreparables, y la iglesia de Paula y Carlos no volvería a abrir sus puertas hasta un año más tarde. Mientras se contaban las víctimas, los desaparecidos y los millones de desplazados, prácticamente la mitad de la región fue declarada «zona catastrófica», y en algunas áreas se llegó a decretar el toque de queda.

Me acordaba muy bien de la violencia de aquella tragedia, las réplicas se sintieron a miles de kilómetros, incluso en Buenos Aires; cuando todo acabó, hubo que organizar la vida de los supervivientes.

Mientras los escuchaba, pensé que si el Espíritu Santo los había conducido hasta mí, en aquel avión, era porque aquella historia necesitaba un final.

—¿Queréis que os case aquí, ahora? —les pregunté.

Más que emocionarse, se quedaron de piedra.

—Sí —respondieron casi a la vez.

—¿Estáis seguros?

—¡Sí! —repitieron.

Se lo pregunté por tercera vez y me respondieron que el amor que se profesaban el uno al otro era lo que más habían deseado en su vida, y que era para siempre.

—Pues necesitamos dos testigos —concluí.

En el vuelo a Iquique uno en matrimonio a Paula y Carlos.

Carlos fue a buscar al jefe de la compañía aérea y monseñor Rueda, el organizador del viaje, fue el otro.

Tras las advertencias y la confesión, celebré el rito entre las butacas del avión, dándonos las manos; luego, en un folio, extendimos el certificado matrimonial, que el nuncio apostólico registraría en los días siguientes.

—Atestiguad la belleza de ser una familia —les dije a modo de despedida.

La familia cristiana es una fábrica de esperanza, sobre todo en esta época carente de sentido. Lo es para toda la sociedad. Y sin esperanza nada tiene futuro, todo es provisional, efímero, hasta la fe parece perder su sentido.

La esperanza era el sentido de la historia de Carlos y Paula, y esta la conclusión que esa historia esperaba, una conclusión que hay que renovar cada día. Ten esperanza, ten esperanza y sigue teniendo esperanza. La fuerza discreta e invencible de la esperanza es, en el fondo, lo que celebramos sobre los Andes, en la diócesis del cielo en que se había convertido aquel avión.

Cuatro años después de aquel día de enero de 2018, fue una carta la que transportó de nuevo mi pensamiento y mi corazón a la cordillera. También hablaba de un avión: me la enviaba uno de los supervivientes del accidente aéreo del vuelo 571 de la Fuerza Aérea Uruguaya, el que sería recordado como el Milagro de los Andes. Me acordaba perfectamente de la dramática historia acaecida cincuenta años antes, en un 1972 marcado por el atentado en los Juegos Olímpicos de Múnich, por el escándalo Watergate, y, en Argentina, por las insurrecciones sociales, las represiones y el estado de emergencia. Por aquel entonces, yo era maestro de novicios en Villa Barilari, en San Miguel. Sucedió una tarde de octubre: cuando sobrevolaba la zona situada entre el cerro El Sosneado y el volcán Tinguiririca, en el límite entre Chile y Argentina, un chárter que había partido de Montevideo con destino a Santiago se estrelló con cuarenta y cinco personas a bordo, entre pasajeros y miembros de la tripulación, incluidos los diecinueve jugadores del equipo de rugby del Old Christians Club, sus familiares y amigos. Tras estrellarse contra la pared de la montaña, el avión perdió primero un ala, luego la otra, y finalmente aterrizó sobre una empinada ladera nevada, cerca del valle de las Lágrimas, a más de 3.600 metros de altitud. En esas condiciones extremas, a temperaturas que de noche descendían a treinta y cinco grados bajo cero, y respirando un aire azotado por violentas tempestades y tan fino y pobre de oxígeno que los dejaba sin aliento, los treinta y dos supervivientes, heridos, mal equipados y protegidos por una barrera improvisada hecha con asientos, maletas y chatarra, se atrincheraron en lo que quedaba del fuselaje para esperar a los equipos de socorro, que no llegaban. Se quedaron solos, en lo que se convertiría en su «sociedad de la nieve», y se enfrentaron a un desafío en apariencia desesperado, entre grandes sufrimientos, nuevos lutos, hermandad, mutuo socorro y oración cotidiana. Sellaron un extremo y recíproco pacto de amor —sobre cuya licitud, con el objeto de poner fin a alguna que otra polémica morbosa, se pronunciaría el papa Pablo VI— y los compañeros que no lograron sobrevivir serían el alimento y la esperanza de los que siguieran con vida.

Al cabo de dos meses, cuando solo quedaban dieciséis supervivientes y era evidente que la búsqueda se había suspendido y que nadie iría a salvarlos, tres de ellos tomaron la decisión de emprender una hazaña que parecía imposible de superar en aquellas condiciones: escalar la montaña que veían perfilarse al oeste, una cumbre de 4.600 metros, más allá de la cual creían que estaba Chile. Abandonaron el esqueleto del avión, que durante ese tiempo había sido arrollado por varias avalanchas que habían causado más víctimas, equipados solamente con sacos de dormir hechos con los cojines de los asientos cosidos entre sí, un trineo obtenido de una maleta, dos palos de aluminio que utilizarían como bastones y tres capas de ropa encima, y se encaminaron rumbo a lo desconocido. Cuando, hiperventilando y medio deshidratados, tras días de agotadora escalada, alcanzaron por fin la cumbre, constataron que al otro lado no les esperaba lo que habían imaginado, sino una intricada cadena montañosa que se extendía ante ellos a lo largo de muchos kilómetros.

Ni siquiera entonces se rindieron. Valoraron juntos que los alimentos que llevaban consigo no bastarían para los tres, así que uno volvió al campamento deslizándose, entre el hielo y las grietas, hasta el fuselaje con la maleta que hacía las veces de trineo. Los otros dos, cada vez más agotados y tambaleantes, increíblemente siguieron adelante, abrazándose con tanta fuerza que se convirtieron en una sola persona, hasta que, al cabo de otros siete días, vislumbraron primero una lata, luego la cáscara de una man-

DE LA MANO DE UNA NIÑA IRREDUCTIBLE 281

darina, más tarde una vaca y por ultimo un pastor cuya expresión de incredulidad al ver a aquellos dos fantasmas superó la de ellos.

Fue la salvación. Para ellos y para sus amigos, que habían sobrevivido setenta y dos días en la montaña.

Uno de los supervivientes, Gustavo Zerbino, que entonces tenía diecinueve años, me escribió en nombre de todos con motivo de la conmemoración de los cincuenta años del accidente. En la montaña, contaba, habían construido una sociedad solidaria y habían trabajado codo con codo siguiendo los valores de lealtad, amistad y solidaridad que habían aprendido de sus familias y de la parroquia del barrio de Carrasco, en Montevideo; un vínculo que en aquella experiencia extrema se sellaba cada noche rezando el rosario todos juntos.

Aquellos hombres y aquellas mujeres compartieron la esperanza sacando fuerzas de la oración y de su espíritu de equipo. En las condiciones más difíciles, fueron testigos y profetas de esperanza compartida. Y, cuando todo acabó, incluso el inmenso dolor de las madres de quienes no regresaron de la montaña supo trascender a sí mismo y convertirse, en clave pascual, en el símbolo de una vida de servicio a los demás, de palabra y de obra.

La esperanza es una experiencia real y concreta. Incluso la esperanza laica.

La comunidad científica considera que esta característica de la especie humana forma parte de los mecanismos de supervivencia más poderosos que existen en la naturaleza, por ejemplo para reaccionar ante las enfermedades. Se trata de una de las cualidades más complejas del hombre, que permite que nuestro cerebro, dotado de dianas químicas, pueda ser eficazmente alcanzado por la interacción social, las palabras y los pensamientos. A la luz de los descubrimientos más recientes, se ha establecido que la confianza, la espera y las expectativas positivas mueven una infinidad de moléculas, y que este importante componente psicológico utiliza los mismos mecanismos que las medicinas y activa las mismas vías bioquímicas. En definitiva, no se trata de ilusión ni de simple confianza, la esperanza humana es, en realidad, una medicina que cura.

Pero la esperanza es muchísimo más que eso: es la certeza de que hemos nacido para no morir nunca más, de que hemos nacido para las cumbres, para disfrutar de la felicidad. Es la conciencia de que Dios nos ama desde siempre y para siempre, que nunca nos deja solos: «¿Quién nos separará del amor de Cristo?, ¿la tribulación?, ¿la angustia?, ¿la persecución?, ¿el hambre?, ¿la desnudez?, ¿el peligro?, ¿la espada? [...] Pero en todo esto vencemos de sobra gracias a aquel que nos ha amado», dice el apóstol Pablo (Rom 8, 35-37).

La esperanza cristiana es invencible porque no es un deseo. Es la certeza de que caminamos hacia algo que no *desearíamos que fuera*, sino que *ya es*.

Debo a mi madre el amor por la lírica, que me ha acompañado a lo largo de toda la vida, y siendo cardenal de Buenos Aires invité a menudo a la gran soprano Haydée Dabusti, considerada la Callas argentina, a cantar en la misa de la catedral o a dar conciertos; adoro a Bellini, a Verdi y desde luego a Puccini..., y, no obstante, considero un pasaje de su obra maestra, *Turandot*, el falseamiento por antonomasia de la esperanza, que no es en absoluto «un fantasma» que «cada noche nace y cada día muere» y que por eso «siempre defrauda», como se canta en respuesta al primero de los tres enigmas que plantea la princesa, sino todo lo contrario: es algo que no puede defraudar porque ya se ha cumplido (Rom 5, 5).

La esperanza nunca nos defrauda.

El optimismo, que en cualquier caso es una actitud muy valiosa, una actitud psicológica, una cualidad del carácter que nos hace proclives a ver las cosas desde un punto de vista favorable, sí que puede defraudar; la esperanza, no.

Dios no defrauda la esperanza porque no puede renegar de sí mismo.

A lo largo del camino, sigue diciendo san Pablo, la esperanza también es «casco» de salvación (1 Ts 5, 8), protege nuestra cabeza de nuestros pensamientos y de nuestros temores. Porque, como todos los bienes de este mundo, como todas las virtudes, la esperanza también tiene enemigos que la desaniman para que renuncie, para que desista, para que ceda a la noche, y a menudo los más acérrimos no están en el exterior, sino que habitan nuestro interior. Es el pensamiento amargo, oscuro, que a veces nos seduce. Es la tentación que nos coge por sorpresa cuando menos nos lo esperamos y que los monjes de la antigüedad llamaban el «demonio del mediodía», que revienta incluso una vida de compromiso, justo cuando el sol brilla en lo alto. Es la voz holgazana e indolente que desanima, que vacía, que susurra que el esfuerzo es inútil. Es, en su último estadio, la apatía, la acidia que merma la vida desde el interior hasta dejarla reducida a una cáscara vacía. La esperanza es el «casco» contra estas condiciones que nunca deben ser aceptadas resignadamente, sino rechazadas. Como dijo el reverendo Martin Luther King: «Si supiera que el mundo se acaba mañana, yo, hoy, todavía plantaría un árbol». La esperanza es el valor supremo, y su contrario es el infierno en la tierra, hasta tal punto que Dante, de forma elocuente, colocó en la puerta del infierno la frase: «¡Oh vosotros los que entráis, abandonad toda esperanza!».

En un célebre mito de la antigua Grecia, narrado por Hesíodo, que se ha convertido en una expresión metafórica en la cultura de masas, Pandora, la primera mujer mortal que aparece en la tierra, abre una caja de cuyo interior se escapan todos los males del mundo. Pocos, sin embargo, se acuerdan de la última parte de la historia: cuando todos los males ya han salido de la caja, en el fondo queda un minúsculo don que al parecer puede conceder la revancha contra el mal que se extiende: los griegos lo llaman *Elpis*, que significa esperanza.

Ese antiguo mito da fe de que la esperanza, lo que queda en el fondo de la caja, es de suma importancia para la humanidad. Suele decirse que «mientras hay vida hay esperanza», pero si acaso es cierto lo contrario: es la esperanza la que mantiene en pie la vida, la que la protege, la custodia, hace que crezca. Si los hombres y las mujeres no hubieran cultivado esta virtud desde siempre, si no se hubieran aferrado a ella, nunca habrían salido de las cavernas ni habrían dejado huella en la historia. Es lo más divino que existe en el corazón humano.

Charles Péguy, un poeta francés de principios del siglo xx, dedicó a la esperanza páginas espléndidas. En *El pórtico del misterio de la segunda virtud*, narra que a Dios no le sorprende mucho que los seres humanos tengan fe, pues es la consecuencia evidente de todo lo que resplandece en la creación. Tampoco su caridad, que, dice, «camina por sí misma», hasta el punto de que «para amar a su prójimo no hay sino que dejarse llevar», y para no amarlo «habría que violentarse, torturarse, atormentarse, contrariarse. Oponerse. Hacerse daño. Deformarse, darse la vuelta, ponerse al revés». Lo que sí que le sorprende, lo maravilla y lo conmociona es, en cambio, la esperanza de la gente: «Que vean cómo pasa eso hoy y crean que irá mejor mañana por la mañana». La fe, escribe, «es una esposa fiel», la caridad «es una madre», la esperanza, en cambio, «es una niñita insignificante», que «avanza entre sus hermanas mayores y no se la toma en consideración». Sin embargo, es precisamente esa niña, esa niña de nada, que pasa inadvertida, la que «atravesará los mundos», «sola, llevando a las otras», la pequeña «que va todavía a la escuela y que camina perdida entre las faldas de sus hermanas». Es ella, la esperanza, «la pequeña, la que lo empuja todo»; porque «la fe no ve sino lo que es, y ella ve lo que será»; y «la caridad no ama sino lo que es, y ella ama lo que será».

A mis ojos, es la imagen de una multitud de campesinos, artesanos, obreros y emigrantes en busca de un futuro mejor, de una vida más digna para ellos y sus seres queridos. Es el rostro marcado de mis abuelos, de mis padres, de las muchas personas que lucharon con tenacidad a pesar de los días amargos y difíciles, que lucharon por sus hijos, que lucharon con esperanza.

Una canción de un cantautor de la llamada «escuela genovesa» —Génova fue la ciudad de donde zarpó la nave que condujo a mi familia a Argentina—, cuyo texto representa la carta en la que un padre invita a su hijo a soñar, a no conformarse ni desengañarse, a dirigir la mirada hacia amplios horizontes, dice que «en cuanto sube la marea, los hombres sin ideas son los primeros en hundirse». Eso vale también para los hombres sin esperanza. La esperanza cristiana es la virtud humilde y fuerte que nos mantiene a flote y evita que nos ahoguemos en las muchas dificultades de la existencia.

La esperanza es un ancla; así la representaban los cristianos de los primeros siglos, obligados a reunirse en las catacumbas, donde todavía, en algunas partes del mundo, nuestros hermanos y hermanas oprimidos siguen escondiéndose. En Roma pueden admirarse magníficas representaciones muy antiguas, por ejemplo en las catacumbas de Domitila, de Calixto y de San Sebastián. En las catacumbas de Priscila, que se extienden a lo largo de varios kilómetros bajo tierra, y que visité por primera vez con emoción siendo ya papa, en 2019, un mes de diciembre de setenta y seis años antes, en plena ocupación nazi, se reunieron ocho chicas y un sacerdote dominico para declarar su compromiso. En la noche más oscura de la historia del siglo XX, se aferraron al ancla y de aquel compromiso de esperanza nació y se desarrolló la que hoy es la Agesci, la asociación de las guías y scouts católicos, que es experiencia viva para millones de chicos y chicas de ayer y de hoy.

Todos sabemos, porque lo hemos experimentado en primera persona, que el camino de la vida está hecho de alegría y de fatiga. A veces se avanza viento en popa; otras, en bonanza, o lo que es peor, bajo la tempestad, y nos vemos obligados a apoyarnos en un bastón, a rendir cuentas con límites e impedimentos. También tropezamos. La esperanza no es superficialidad ni un placebo para bobalicones, y menos aún un eslogan conformista, a lo «todo va bien», sino la fuerza para vivir en el presente con valor y capacidad de mirar al futuro.

Pienso en un poema de santa Teresa di Calcuta:

«¿El día más bonito? Hoy.
¿El obstáculo más grande? El miedo.
¿La cosa más fácil? Equivocarse.
¿El mayor error? Hundirse…».

El tema del error es ineludible en la experiencia humana. Si os topáis con alguien que lo sabe todo y lo entiende todo, despedíos de él con afecto y cambiad de acera. No caminéis a su lado. Porque el camino exige estar abierto al descubrimiento, a la autocrítica, al cambio, a la evolución. Y también al asombro.

Y eso vale para todos, también para el papa.

Aunque algunos reaccionaron con actitudes cerradas al proceso de reforma, de moralización y de cambio, lo cierto es que en el curso de mi pontificado han sido más numerosas las sorpresas en sentido contrario: a pesar de las diferencias de carácter, he encontrado una gran generosidad y sabiduría que han permitido superar cuestiones que al principio dudaba que se pudieran resolver.

Yo también hago examen de conciencia y reconozco mis errores. Uno de los problemas que suelo tener es la impaciencia; a menudo mis tropiezos han sido fruto de una incapacidad para esperar que ciertos procesos siguieran su curso natural, que los frutos estuvieran maduros, y con eso debo andarme con cuidado. El error es una experiencia que une y enseña. Si bien nadie llega a ser justo a los ojos de Dios (Rom 2, 1-11), nadie puede vivir sin la seguridad de que será perdonado, porque «Dios es mayor que nuestro corazón» (1 Jn 3, 20). Hay que pedir perdón. Hay que perdonar. Y hay que seguir teniendo esperanza, porque, sea cual fuere nuestro pasado, la historia que cada uno empieza hoy no está escrita.

Por eso, tras convocar un Jubileo extraordinario en marzo de 2015 con el objeto de manifestar y encontrar el rostro de la misericordia, anuncio central del Evangelio para cada uno de nosotros en cualquier época, nueve años más tarde llegó el momento de celebrar un nuevo Jubileo para ofrecer la experiencia que suscita en nuestros corazones la certeza de la esperanza de la salvación.

Si Misericordia es el nombre de Dios, Esperanza es el nombre que Él nos ha dado a nosotros, el que responde a nuestra realidad más profunda, a nuestra experiencia más verdadera. Estamos hechos de vida y para la vida. Estamos hechos de relación. Estamos hechos de amor y para el amor, y nuestros amores, nuestros seres queridos, no se han desvanecido en la oscuridad, sino que nos aguardan en la luz, en la plenitud de ese amor. Todos somos hijos predilectos, hechos para las grandes cosas y los sueños audaces.

Caminamos de la mano de una niña irreductible cuyo nombre llevamos. Porque Dios ha hecho de nosotros esperanza.

23

A imagen de un Dios que sonríe

La esperanza es también una niña graciosa. Sabe que el humor y la sonrisa son la levadura de la existencia y un instrumento para enfrentarse a los problemas, e incluso para sobrellevar el peso de la cruz con la que cargamos, con resiliencia. La ironía, por otra parte, y en este sentido encaja perfectamente la sagaz definición del escritor Romain Gary, es una declaración de dignidad, «la afirmación de la superioridad del ser humano por encima de lo que le acontece».

Cuando era niño, en mi familia estos aspectos también eran materia de educación por parte de mis padres. En Argentina teníamos buenos cómicos. Como Niní Marshall, a quien el gobierno desterraría de la radio en 1940 y, en 1943, también del cine, imponiéndole un radical exilio artístico bajo la dictadura de Pedro Pablo Ramírez. O Pepe Biondi, nacido de inmigrantes napolitanos en el barrio de Barracas, que debe su nombre a los almacenes, barracas y mataderos que surgieron a lo largo de la orilla del río Matanza a partir del siglo XVIII. De orígenes muy humildes —contó que su padre decidió emigrar a Baires porque le habían dicho que las calles estaban adoquinadas con oro, y, una vez allí, constató que algunas ni siquiera estaban asfaltadas y que si quería comer tenía que espabilarse por su cuenta—, empezó como acróbata en el circo siendo muy niño para que en su casa hubiera una boca menos que alimentar. Se hizo famoso en toda Sudamérica gracias a espectáculos, películas y televisión, distinguiéndose por un estilo inocente inspirado en los payasos. También me acuerdo de las largas colas para ver *Don Camilo*, la obra maestra del humor de Guareschi, protagonizada por Fernandel y Gino Cervi («¡Tengo un hambre que me comería un obispo!»), que echaban en el cine en Buenos Aires cuando yo era un muchacho.

Mis padres consideraban que era importante educar para cultivar la alegría, la ironía sana y el sentido del humor. Por otra parte, el *Homo sapiens* es tal en cuanto *Homo ludens*, y la capacidad de jugar y ponerse en juego resulta fundamental para el desarrollo educativo primero, y luego, de adultos, para mantener la entereza que representa por completo nuestra humanidad. Mi familia ha conocido las vicisitudes de la vida: contratiempos, sufrimientos y lágrimas, pero incluso en los trances más duros sabíamos que una sonrisa o una carcajada podía arrancar a la fuerza la energía para volver a la carga. Mi padre, sobre todo, nos enseñó mucho. No se trataba de olvidar, de fingir que no pasaba nada, de empequeñecer los problemas —la comicidad, por otra parte, no es más que la tragedia vista de espaldas—, sino más bien de guardar en nuestro interior un espacio para la alegría, decisivo para enfrentarnos a los problemas y superarlos.

Pocos seres vivos saben reír: estamos hechos a imagen de Dios y nuestro Dios sonríe. Debemos sonreír con él. Incluso podemos reírnos de Él, con el afecto que se le profesa a un padre, del mismo modo que jugamos y bromeamos con nuestros seres queridos.

En este sentido, la tradición sapiencial y literaria judía es magistral.

Con nuestros hermanos mayores en la fe, somos descendientes del abuelo Abraham y de Isaac, cuyo nombre significa, literalmente, «el que ríe». Hay un episodio que, de manera significativa, aparece en los textos sagrados justo al principio de la historia de la salvación, tanto en el primer libro de la Torá y del Tanaj como en el primero de la Biblia cristiana, el Génesis. Podría decirse que Dios se rio y el mundo se creó…

Se trata de una historia conocida: Abraham se ha casado con Sara, que desgraciadamente es estéril. Los dos son ancianos cuando Dios le promete al primero que antes de un año tendrán un hijo. La Biblia también nos cuenta que Abraham reaccionó de manera muy humana: se postró con el rostro en tierra y... se rio. Se rio ocultando el rostro, como los niños cuando se ríen a escondidas. ¿Qué más podía hacer? Luego dijo para sus adentros: «¿Un centenario va a tener un hijo y Sara va a dar a luz a los noventa?» (Gén 17, 17). En definitiva, no estaba muy convencido. La reacción de su esposa no fue muy diferente de la suya. Por otra parte, el Génesis puntualiza que hacía mucho tiempo que «Sara ya no tenía sus periodos» (Gén 18, 11), lo cual no es de extrañar. Así que ella también se rio para sus adentros y dijo: «Cuando ya estoy agotada, ¿voy a tener placer, con un marido tan viejo?» (Gén 18, 12). Pero también esa vez, en cuanto a sentido del humor, Dios no tuvo rival y todo se cumplió exactamente como había anunciado; la anciana Sara tuvo un hijo antes de un año, lo cual la hizo muy feliz: «Dios me hizo reír», dijo (Gén 21, 6). Si nuestro nombre, el nombre de la humanidad, es Esperanza, se debe también a que somos la progenie de aquel niño, de Isaac, el Señor del Humor. Una herencia que no podemos permitirnos perder.

Para subrayar este lazo indisoluble, este matrimonio bien avenido entre esperanza y alegría, en los meses que precedieron a la apertura de la Puerta Santa con motivo del nuevo Jubileo quise reunirme en el Vaticano con un grupo de más de cien artistas cómicos de varias nacionalidades y disciplinas. Hubo quien comentó que era un gran paso adelante con respecto a los tiempos en que actores y juglares no podían ser enterrados en tierra consagrada, pero de alguien que elige llamarse Francisco, «el juglar de Dios», es lo mínimo que podía esperarse. Uno de ellos tuvo una ocurrencia muy ingeniosa y me dijo que sería bonito tratar de hacer reír a Dios... si no fuera porque, con eso de la omnisciencia, conoce todos los chistes y te echa a perder el final. Esta es la clase de humor que sienta bien al corazón.

Mi encuentro con artistas cómicos de todo el mundo.

La vida conlleva inevitablemente amarguras, forman parte de todo camino de esperanza y de conversión. Pero hay que evitar a toda costa hundirse en la melancolía, permitir que anide en nuestros corazones y los endurezca. Hay una cierta tristeza que se convierte en el «placer del no placer» y que se deleita en el dolor pertinaz, que es como la dependencia de un caramelo amargo, que deja mal sabor de boca, pero que seguimos masticando. También existe una especie de seducción de la desesperación muy presente en la masoquista conciencia contemporánea, que, como en un bonito tango argentino titulado *Barranca abajo*, te atrae cada vez más y al final vacilas y resbalas. Hay lutos indefinidamente prolongados, en los que la espiral del vacío dejado por quien se ha ido se ensancha cada vez más, que no son propios de la vida en el Espíritu; hay laberintos en los que uno se pierde a fuerza de mirarse solo los pies; hay amarguras rencorosas que ocupan la mente de quien las alimenta hasta convertirlo en una eterna víctima, a pesar de que al principio quizá su exigencia fuera legítima. Nada de eso conduce a una vida sana, y mucho menos cristiana. Un cristiano triste, al final, no deja de ser un triste cristiano.

Son tentaciones a las que ni siquiera los consagrados son inmunes. Por desgracia, los hay amargados, melancólicos, más autoritarios que reputados, más solterones que maridos de la Iglesia, más funcionarios que pastores, o más superficiales que alegres, y eso no está bien. Pero, en general, nosotros los curas tendemos al humorismo y tenemos una cierta familiaridad con los chistes y los chascarrillos que, además de protagonizar a menudo, sabemos contar con gracia.

Incluso los papas. Juan XXIII, famoso por su carácter bromista, durante un discurso dijo más o menos lo siguiente: «A veces por las noches me pongo a pensar en una serie de graves problemas. Entonces tomo la decisión, valiente e irrevocable, de que al día siguiente se los consultaré al papa. Pero luego me despierto empapado en sudor y me acuerdo de que el papa soy yo». Cómo lo entiendo... Y Juan Pablo II no le iba a la zaga. En las sesiones preparatorias del cónclave, cuando aún era el cardenal Wojtyła, un cardenal mayor que él y más bien severo se le acercó para reñirlo porque esquiaba, escalaba montañas, montaba en bicicleta y nadaba... «No las considero actividades apropiadas para el cargo que ocupa», le dijo a media voz. A lo que el futuro papa respondió: «¿Sabe que en Polonia son actividades comunes para al menos el cincuenta por ciento de los cardenales?». En aquella época, en Polonia solo había dos cardenales.

La ironía es un medicamento, no solo para animar e iluminar a los demás, sino también a uno mismo, porque reírse un poco de uno mismo es un instrumento poderoso para vencer la tentación del narcisismo. Los narcisistas se miran continuamente en el espejo, se acicalan, se remiran, pero el mejor consejo delante de un espejo siempre es reírse de uno mismo. Sienta bien. Pone en evidencia cuánto hay de verdad en el antiguo proverbio chino que dice que solo hay dos clases de hombres perfectos: el que está muerto y el que aún no ha nacido. Reírse de uno mismo es la condición para no caer en el ridículo, y el ridículo no tiene vuelta atrás. Si no quieres que mañana se rían de ti, empieza por hacerlo tú, hoy mismo.

En este sentido, la Iglesia tiene, informalmente, una compleja serie de categorización de chistes y chascarrillos en base a los órdenes, las congregaciones, las figuras. Por ejemplo, durante una reunión en el Vaticano, el exarzobispo de Canterbury, Welby, me contó el siguiente: «¿Sabes cuál es la diferencia entre un liturgista y un terrorista? —me preguntó—. Pues que con el terrorista puedes negociar…». Me reí con ganas.

Los chistes sobre los jesuitas y de los jesuitas son un auténtico género, quizá solo equiparables a los de los *carabinieri* en Italia, o a los de las madres en el humorismo yidis.

A propósito del peligro del narcisismo, que hay que prevenir con las justas dosis de ironía, me viene a la cabeza el chiste sobre un jesuita algo vanidoso que tiene un problema cardiaco y debe ingresar en el hospital. Antes de entrar en el quirófano, el jesuita le pregunta a Dios: «Señor, ¿ha llegado mi última hora?». «No, vivirás por lo menos otros cuarenta años», le responde Dios. En cuanto se restablece, el jesuita aprovecha para hacerse un trasplante capilar y un lifting facial, una liposucción, arreglarse los párpados, la dentadura… En fin, sale del hospital siendo otro hombre. Pero justo al salir, un coche lo atropella y muere. Cuando se presenta ante Dios, protesta: «Señor…, ¡me dijiste que viviría otros cuarenta años!». Y Dios le responde: «Uy, perdona…, no te había reconocido…».

Y también me han contado uno que me atañe directamente, el del papa Francisco en América. Dice más o menos: recién llegado al aeropuerto de Nueva York para iniciar su viaje apostólico por Estados Unidos, el papa Francisco descubre que lo está esperando una enorme limusina. El lujo ostentoso lo incomoda un poco, pero luego piensa que hace mucho que no conduce, y que nunca ha conducido un coche así. En fin, se dice para sus adentros: ¿cuándo volveré a tener una oportunidad como esta? Mira la limusina y le pregunta al chófer: «¿Le importaría dejar que la pruebe?». Y el chófer le responde: «Lo siento de veras, Su Santidad, pero no puedo, ya sabe, la seguridad, el protocolo…». Pero ya conocéis lo que dicen del papa cuando se le mete algo en la cabeza; en fin, insiste una y otra vez hasta que el chófer cede. El papa Francisco se sienta al volante, conduce por aquellas carreteras anchísimas y… le coge gusto. Se pone a pisar el acelerador: 50, 80, 120 kilómetros por hora… Hasta que se oye una sirena y un coche de la policía se aproxima y lo para. Un joven agente se acerca a la ventanilla tintada. El papa, algo apurado, la baja, y el chico palidece. «Disculpe un momento —dice, y vuelve a su coche para llamar a la central—. Jefe…, creo que tengo un problema». Y el jefe: «¿Qué problema?». «Bueno, acabo de detener un coche por exceso de velocidad…, pero el que va ahí es un tío muy importante». «¿Cómo de importante? ¿Es el alcalde?». «No, jefe, es más que el alcalde…». «¿Y quién hay más importante que el alcalde? ¿El gobernador?». «No, más…». «¿No será acaso el presidente?». «Creo que más…». «Pero ¿quién hay más importante que el presidente?». «Mire, jefe, no sé quién es, pero solo le digo que el papa le hace de chófer».

Al recordarnos que debemos ser como niños (Mt 18, 3) para conseguir la salvación, el Evangelio nos dice que debemos recuperar su capacidad para sonreír, que según los cálculos de los psicólogos que se han tomado la molestia de estudiarlo es diez veces superior a la de los adultos.

No hay nada que me dé más alegría que encontrarme con los niños: si de chiquillo tuve a mis maestros de la sonrisa, ahora que soy anciano los niños son mis mentores. Los encuentros con ellos son los que más me emocionan, los que más bien me hacen. Y también con los ancianos, que bendicen la vida, que abandonan todo resentimiento. Los ancianos que tienen la alegría del

Ahora que soy viejo, los niños son mis maestros de la sonrisa.

vino que ha mejorado con el paso del tiempo son irresistibles: poseen la gracia del llanto y de la risa, como los niños. Cuando cojo en brazos a los niños durante las audiencias en la plaza de San Pedro, casi siempre me sonríen, pero algunos, al verme vestido de blanco de pies a cabeza, creen que soy un médico que va a ponerles una inyección y se echan a llorar. Son campeones de la espontaneidad, de la humanidad, y nos recuerdan que quien renuncia a su propia humanidad renuncia a todo, y que cuando nos cuesta llorar en serio o partirnos de risa ha empezado nuestro declive. Las personas se aletargan, y los adultos aletargados no son buenos ni para sí mismos ni para la sociedad ni para la Iglesia.

Los adultos suelen tener la tentación de decirles a los niños que «no se metan», pero el cristiano es precisamente uno que se mete, que siempre está en movimiento, que vence la pereza, incluso espiritual, y que se arriesga en primera persona.

Nuestro Dios nace niño, y tiene todos los rasgos de los niños felices, los mismos que admiramos en la infancia, los que nos dejan con la boca abierta: viven el presente, son confiados, curiosos, comprensivos, no juzgan, se entusiasman, se emocionan, se alegran.

El malhumor nunca es señal de santidad, todo lo contrario.

Normalmente, la alegría cristiana va acompañada del sentido del humor, tan evidente, por ejemplo, en santo Tomás Moro, cuya *Oración del buen humor* rezo cada día desde hace más de cuarenta años, o en san Felipe Neri, el padre de los oratorios, que a mediados del siglo XVI empezó a ocuparse de los jóvenes pobres, chicos y chicas sin distinción, acercándolos a las celebraciones litúrgicas al tiempo que los distraía con canciones y juegos que constituían su formación. Como el auténtico místico que era, creía en los hombres, en su energía y en su capacidad para estar juntos, y, consciente de que los egoístas siempre son muy tristes y que casi toda la infelicidad está causada por el amor desmedido por uno mismo, se dedicó sobre todo a los demás, pues «el paraíso no está hecho para los perezosos». Un sociólogo vienés, por su parte, añadió que el paraíso debe de ser un lugar donde se ríe a gusto y al que irán a parar los que se salven del infierno de la falta de humor y del purgatorio de la seriedad. Quien siempre está triste y rígido, vive bloqueado, y el humor es uno de los medios principales para invertir este proceso. Si podéis reíros de algo, también podéis cambiarlo. Por eso los niños y los santos son grandes revolucionarios, y el Señor es el más grande todos: «Lo necio del mundo lo ha escogido Dios para humillar a los sabios, y lo débil del mundo lo ha escogido Dios para humillar lo poderoso» (1 Cor 1, 27).

El humor también es auténtica sabiduría. Y es relación con los demás, porque es fácil reír en compañía, pero casi imposible hacerlo en soledad.

Los dinka, una tribu de pastores de Sudán del Sur que visité en el viaje apostólico de febrero de 2023, reaccionan a lo diferente, al extranjero, a los blancos —a quienes ellos llaman con acierto «los rojos», pues bajo el sol africano suelen ponerse más rojos que un tomate—, de una manera que a nosotros, los occidentales, nos resulta inconcebible: mientras que en otros lugares

A IMAGEN DE UN DIOS QUE SONRÍE 297

se mira al extranjero con recelo, sospecha y circunspección, ellos reaccionan a lo nuevo, a lo insólito, con una sonrisa; es más, los niños, con una carcajada franca. Asombro en vez de recelo. Curiosidad en vez de prejuicio y rechinar de dientes. Es una bonita lección que viene de aquella tierra tan atormentada.

En términos generales, la sonrisa rompe barreras, crea conexiones y aspira a conjugar diferentes realidades, a veces contrastantes. Y ya que reír es, además, contagioso, una carcajada se transforma fácilmente en una especie de pegamento social. Donde se ríe, se suele difundir un espíritu de paz y se alimenta el interés y la sana expectativa por el otro, muy diferente del interés de los cizañeros, que es como llamamos en Argentina a las personas que en vez de abrirse a la luz se mueven en las sombras y esparcen el veneno de los chismes y las maledicencias en lugar del elixir natural de la sonrisa, considerado tal incluso por los médicos en cuanto reduce el nivel de estrés, aumenta los anticuerpos y eleva el umbral de tolerancia al dolor.

En todos los lugares y en todos los tiempos, los cizañeros, además de untadores que difunden más o menos conscientemente el mal que sufren, son personas sin esperanza, son desesperados. Y la desesperación no ríe, como mucho ridiculiza, lo cual es una privación de la sonrisa y una perversión del humor, hasta el punto de que la ridiculización —de la que los medios de comunicación e incluso la política están hambrientos— no es más que el termómetro de una sociedad depresiva y masoquista que siente más necesidad de destruir que de construir, que estimula más el instinto de muerte que el gusto por la vida.

Esa niña irreductible y graciosa que es la esperanza, en cambio, esa niña alegre que no para de moverse, que corretea de aquí para allá, que se bebe la vida, que no corre para llegar sino que llega para correr, sabe qué es bueno para nosotros.

Yo la conocí en el seno de mi familia, fue la compañera de mis juegos infantiles. La abracé siendo un chico y me casé con ella aquella primavera en que mi vida cambió para siempre. De adulto, en algunos días oscuros, la perdí de vista, creí que se había alejado de mí y que me había abandonado, pero era yo el que rehuía su mirada; entonces me prometí a mí mismo que siempre la seguiría, porque su cielo ya está en la tierra.

24

Porque los días mejores están por venir

«Nuestro mundo ha alcanzado un estadio crítico, los hijos ya no escuchan a sus padres. El fin del mundo no puede estar lejos».

Tomar conciencia del significado de frases como esta puede ser positivo para afrontar el peligro de una retórica a la que todas las generaciones están expuestas. Por lo que parece, cada generación ha considerado peor, a veces casi desastrosa, a la siguiente, un fenómeno al que tampoco ha sido inmune la de mis hermanos y hermanas, la de los jóvenes argentinos de los años cincuenta, hijos y nietos de emigrantes, que en la mayoría de los casos habían pasado por un calvario, y que gracias a los esfuerzos de sus padres y abuelos disfrutaban en general de un cierto bienestar. En este sentido, como suele decirse, en todas partes cuecen habas: en los años veinte, Henry Ford, el hombre que revolucionó el sector automovilístico, no se cansaba de criticar a los «blandengues» jóvenes de su tiempo, a quienes describía como descuidados y desganados, los mismos jóvenes que más tarde serían celebrados como «The Greatest Generation», la generación más grande, porque fue la que salió victoriosa de la Gran Depresión y, con enormes sacrificios, de la Segunda Guerra Mundial. Y así repetidamente, adelante y atrás en el tiempo y en el espacio. Al parecer, ser un genio o un gran intelectual no impide caer en el error, visto que Giovanni Boccaccio, autor de algunas de las grandes obras maestras del siglo XIV, consideraba «enfermizos» y débiles a los «jóvenes modernos», es decir, a los de la segunda mitad del siglo XIV, la generación que sentaría las bases del Renacimiento.

La frase que abre este capítulo, sin embargo, no pertenece a la generación de mis abuelos, y ni siquiera a un amargado contemporáneo nuestro, aunque bien podría serlo, pues todos la hemos oído alguna vez. La frase se remonta nada más y nada menos que a hace cuatro mil años y aparece en el texto en escritura jeroglífica de un sacerdote egipcio; retrocediendo otro milenio, pueden encontrarse frases del mismo tenor escritas en caracteres cuneiformes en jarras de arcilla de la antigua Babilonia.

La verdad es que la letanía del «o tempora, o mores», la queja del «se estaba mejor cuando se estaba peor», es más vieja que Cicerón. Podría afirmarse que es antigua como el mundo, aunque la ubicación temporal de nuestros presuntos paraísos perdidos es diferente para cada generación y se caracteriza por mantener una distancia prudencial del presente que la evoca.

Si bien pretender detener el tiempo de manera individual es un delirio, a veces incluso patético, la seducción que pinta uniformemente de rosa las complejidades del pasado, en oposición al presente, además de ser un espejismo antihistórico, resulta lejana desde la perspectiva de la fe; de alguna manera, anticristiana. Porque los discípulos de Cristo no son los chicos de «los buenos recuerdos», y Jesús no es una reliquia, un valioso resto arqueológico de hace dos mil años, ni siquiera un bonito recuerdo de «en mis tiempos»: los cristianos deben ser testigos de su presencia viva hoy y están llamados a serlo mañana. Estar insatisfecho, sobre todo de uno mismo, es ser hombre, y, en su justa medida, también es un buen antídoto contra el engreimiento y la vanagloria, pero nosotros, los cristianos, debemos vivir con la conciencia de que nuestros días mejores están por venir. Y debemos luchar, cumplir con nuestra parte en los límites de nuestras posibilidades y capacidades, para que así sea.

Existe una nostalgia positiva que nada tiene que ver con el lamento y la resignación, sino más bien con el impulso creador, vital, y que está asociada a la esperanza: es la nostalgia del peregrino que camina con la mirada puesta en el horizonte, que se enfrenta a las dificultades y las supera, manteniendo vivo un lazo visceral con sus propias raíces. También existe otra amarga, involutiva, propia de las personas y de las comunidades en crisis: es una nostalgia estática que se alimenta de reconstrucciones falsas, y que, cuando no es pura conservación de lo existente, exculpa y mitifica los aspectos ridículos o incluso inquietantes.

Los cristianos no son los del «gran porvenir a nuestras espaldas»; la suya es una trepidante nostalgia de futuro: «*com saudades do futuro*», como dice Pessoa en el *Libro del desasosiego*; en este sentido, la idea puede asociarse a la frase del escritor francés Julien Green: «Mientras siga inquieto, puedo estar tranquilo».

En este sentido, podría pensarse que los jóvenes nunca corren el peligro evocado en el Evangelio de san Lucas: «¡Ay si todo el mundo habla bien de vosotros» (Lc 6, 26). Pero, sobre todo, que, en vez de pontificar o quejarse, cada generación está llamada a no eludir su desafío crucial: educar. Es la tarea fundamental que los hombres y las mujeres deben cumplir para sacar provecho de su paso por la tierra y edificar el futuro. Parafraseando al sociólogo Bauman, con quien me reuní en Asís en septiembre de 2016, cuando él ya contaba noventa y un años, encuentro que significó para mí una valiosa confrontación, sobre todo por su análisis de la «sociedad líquida»: «Si piensas en el próximo año, planta maíz. Si piensas en la próxima década, planta un árbol. Pero si piensas en el próximo siglo, educa a la gente».

Educar es la prueba más apasionante de la existencia; también lo fue para mí. Cuando fui párroco en San Miguel, la pastoral juvenil era una de mis tareas principales: acogía a los chicos en las grandes salas del colegio, organizaba espectáculos y juegos, impartía catequismo los sábados y celebraba la misa de los niños los domingos. Pero ya antes, como profesor de instituto, hubo algo que me conquistó. Es un gesto de amor, paternal, como dar la vida, que requiere ponerse en tela de juicio una y otra vez. La educación siempre es un acto de esperanza que mira al futuro desde el presente; y, como la esperanza, es peregrina, pues no puede existir una educación estática. Es una trayectoria en dos sentidos, un diálogo que no significa ni condescendencia ni relativismo, y que desvela su secreto en tres lenguajes: el de la mente, el del corazón y el de las manos. La madurez exige que se piense en lo que se siente y se hace, que se sienta lo que se piensa y se hace, que se haga lo que se siente y se piensa. Es un coro, una armonía que pide ser cultivada en primer lugar por nosotros mismos.

Entre estas tres inteligencias que vibran en el alma humana, la de las manos es la más sensorial, pero no la menos importante. Podría afirmarse que es como la chispa del pensamiento y del conocimiento, y, a la vez, su resultado más maduro. La primera vez que salí a la plaza de San Pedro como papa, me acerqué a un grupo de chicos ciegos. «¿Puedo mirarle?», me preguntó uno de ellos. No entendí a qué se refería, pero le respondí: «Sí, por supuesto». Entonces las manos de aquel chico se pusieron a buscarme: me vio con las manos. Me impresionó. Aristóteles decía que las manos son «como el alma», por la capacidad que tienen de distinguir y explorar. Y Kant no dudaba en definirlas como «el cerebro exterior del hombre». La experiencia de la manualidad, de la concreción, es crucial en una trayectoria educativa auténtica.

Mi esperanza crece cuando me encuentro con los jóvenes.

En el curso de mi pontificado he celebrado cuatro Jornadas Mundiales de la Juventud, en Brasil, en Polonia, en Panamá y en Portugal, y en todas experimenté un sentimiento de agradecida esperanza mezclado con un sentimiento de misterio. Me acuer-

En Copacabana, entre un millón de chicos y chicas por la Jornada de la Juventud.

do muy bien de lo sorprendido que me quedé al ver un millón de chicos y chicas en la playa de Copacabana, aquel julio de 2013, pocos meses después de ser elegido; no estaba acostumbrado a baños de masas como aquel y sigo sin estarlo. Como sacerdote, estoy acostumbrado a mirar a las personas de una en una, a establecer contacto con quien tengo delante, por eso busco rostros entre la multitud, un contacto directo, aunque sea ocular. Me esfuerzo en atravesar la multitud para llegar a los individuos, porque, dejando a un lado la incapacidad de los adultos para relacionarse con ellos, los jóvenes, a pesar de sus características comunes, no son una masa uniforme, un estereotipo.

Los jóvenes te aprietan los tornillos, no transigen con nada, y así es cuando vienen al Vaticano: hacen preguntas incisivas basadas en sus experiencias, sus problemas, su vida cotidiana, sin muchos rodeos, y uno debe responderles, no para hacerse la ilusión de que se llevará un trofeo a casa, para ganar un desafío dialéctico o para dar una solución de fachada, sino para abrir una puerta, para vislumbrar un horizonte. Puedes echar mano de la memoria, y eso es sin duda importante, porque sin memoria no eres más que un desarraigado, una desarraigada, y no podrás dar frutos. Pero debes hacerlo para trascenderla.

Dios ama las preguntas de manera especial. En cierto sentido, las ama más que las respuestas. Antes de responder, Jesús nos enseña a hacernos una pregunta esencial: ¿qué estoy buscando? Si uno se hace esta pregunta, es joven aunque tenga ochenta años. Y, si nunca se la hace, es viejo aunque tenga veinte.

Como decía Rilke, educar es «amar las preguntas», dejar que vivan, que hagan su proceso. Quien tiene miedo de las preguntas es porque tiene miedo de las respuestas, lo cual es propio de las dictaduras, de las autocracias, o de la democracias vacías, no de la libertad de los hijos. Educar no es «domesticar», y tampoco entregar un bonito paquete rematado con un lazo diciendo: aquí tienes, sobre todo consérvalo exactamente tal y como está. Educar es «acompañar», enseñar a transformar los sueños que se han recibido, sacarlos adelante, planear otros nuevos.

La verdad es que, en vez de juzgar a nuestros jóvenes, lo primero que deberíamos hacer es pedirles perdón. Deberíamos hacerlo por todas las veces que no hemos atendido sus necesidades más auténticas, no los hemos tomado en serio, no hemos sabido entusiasmarlos o los hemos aparcado como un complemento de las infinitas adolescencias de los adultos que no han sabido crecer. Por haberlos abandonado a menudo en un mundo de exterioridad, de apariencias, viviendo una vida proyectada al exterior que deja un vacío interior. Por cómo los relegamos a la subordinación, a una eterna dependencia que vuelve frágil su presente e incierto su futuro, por haber convertido en precaria su existencia, tanto desde un punto de vista emocional como práctico, por ofrecerles una sociedad basada en lo efímero y en lo descartable en la que los primeros en ser descartados son ellos.

PORQUE LOS DÍAS MEJORES ESTÁN POR VENIR   305

La verdad es que no siempre lo que hemos entregado a las nuevas generaciones es un don que hemos sabido poner en valor y custodiar.

Más de tres mil millones y medio de personas viven en la actualidad en regiones altamente sensibles a las devastaciones del cambio climático, que los empuja a migraciones forzosas, a jugarse la vida en viajes desesperados. Hemos saqueado, contaminado y explotado sin freno los recursos naturales, hasta comprometer nuestra propia supervivencia y la de nuestros hermanos y hermanas. Honrar el mandato divino de proteger la casa común, y al mismo tiempo defender la sacralidad y la dignidad de todas las vidas humanas es, en la actualidad, una de las mayores emergencias de nuestro tiempo. El espectro del cambio climático se cierne amenazadoramente sobre el agua, el aire, los alimentos y los sistemas energéticos, e igual de alarmantes son las amenazas a la salud pública: las previsiones son preocupantes, el tiempo apremia. Hay que reducir a la mitad la tasa de calentamiento en el breve plazo de un cuarto de siglo, y para hacerlo es indispensable una acción inmediata y enérgica, un enfoque universal capaz de producir cuanto antes cambios progresivos y la adopción de decisiones políticas comprometidas.

Es un cuadro que los jóvenes de todo el mundo parecen tener muy claro: los estudios dan fe de que, junto con la lucha contra la pobreza y la desigualdad —estrechamente ligadas a la crisis climática—, los jóvenes consideran que el medioambiente es la máxima prioridad de la política pública. Una política que hasta ahora ha tenido una reacción demasiado tímida, vacilante, contradictoria e insuficiente. Es una evidente carencia que incluso el arte de nuestros contemporáneos ha sabido representar con dramática eficacia, y no sin ironía. Me viene a la cabeza la obra de un artista gallego, una diminuta escultura que tiene por título *Politicians discussing global warming*, políticos hablando del calentamiento global: representa a un grupo de hombres con traje y corbata que discuten, con actitud totalmente impasible, con el agua al cuello. Una joven científica, por su parte, comentó que la agenda política sobre temas medioambientales le recuerda a menudo a la respuesta que le da su hijo por las mañanas cuando lo despierta para ir al colegio: «Cinco minutos más, mamá»; siempre «cinco minutos más». Pero ya no disponemos de cinco minutos más, el timbre está a punto de sonar y el bedel está a punto de cerrar las puertas. A estas alturas ya no se trata de esperar, de aplazar, sino solo de actuar. Se trata de dejar atrás las rencillas entre hinchadas, entre catastrofistas e indiferentes, entre radicales y negacionistas, y aunar fuerzas para salir progresiva y enérgicamente de la noche oscura de los estragos medioambientales. Se trata de supeditar por fin el interés de unos pocos al derecho de todos, en beneficio de las generaciones presentes y futuras.

Los chicos que arman jaleo, que se manifiestan para reclamar el futuro, son el eco del grito de la cuenca del Amazonas y del Congo, de las turberas y los manglares, de los océanos y de las barreras coralinas, de los casquetes polares y de las tierras de cultivo, de los pobres y de los marginados. Nos enseñan lo que es obvio, lo que a estas alturas solo a una actitud suicida y nihilista puede resultarle indiferente: no hay mañana si destruimos el medioambiente que nos sostiene.

Los jóvenes siempre son la esperanza de la humanidad en camino, pero vivimos en una época en que para muchos la esperanza parece ser la gran ausente, incluso entre las nuevas generaciones. Así es para quienes sufren experiencias de violencia, acoso escolar y pobreza, y lo demuestra dramáticamente la elevada tasa de suicidios entre los jóvenes en varios países. Un psicoterapeuta de origen argentino la llama «época de las pasiones tristes»: un malestar difuso, una persistente sensación de incertidumbre e impotencia que induce a percibir el mundo como una amenaza y a encerrarse en uno mismo, a aislarse.

Un fenómeno que en los casos más graves —que se definen

con la palabra japonesa *hikikomori*, es decir, los que permanecen al margen— se convierte en una auténtica dependencia de la soledad y un rechazo total de contacto con el exterior a menos que sea por internet, a veces incluso con sus propios padres.

Con más de cuatro mil millones de personas, que son las nacidas antes de 1990, es decir, más o menos la mitad de la población que habita el planeta, comparto los recuerdos de una época en que un mapa de papel era el único medio para orientarse en un viaje; la cabina de fichas, el teléfono del peregrino; pulsar las teclas de una máquina de escribir, la única alternativa a la caligrafía; efectuar una búsqueda, una complicada aventura entre archivos y bibliotecas; la oficina de correos, la única vía para enviar documentos, y así por el estilo. Como ocurre con todo, para al menos tres generaciones de contemporáneos el peligro de volver la vista a nuestros «pequeños mundos antiguos» con cierto romanticismo y simplificación, en este caso al mundo antes de internet, siempre está al acecho: antes la gente era más honrada, más buena, más generosa, más virtuosa, más pacífica, las relaciones eran más auténticas… etcétera, etcétera. Por suerte, el valor universal de la literatura da fe de que las expectativas, las pulsiones, las virtudes y las miserias de los seres humanos son atemporales. Leyendo a Shakespeare, a Manzoni o a los grandes escritores rusos («Lo que leo en Tolstói es más cierto que lo que leo en los periódicos», tuvo a bien escribir un estudioso de sus textos), podemos tomar acta de que en todas las épocas, también en la nuestra, los hombres y las mujeres abordan en primer lugar su propia humanidad, su propia libertad y su propia responsabilidad. Al mismo tiempo, estas lecturas pueden educar la mirada a la lentitud de la comprensión, a la humildad de la no simplificación, a la mansedumbre de no pretender controlar la realidad y la condición humana a través del juicio, e impedir que este último se vuelva ciego o superficialmente condenatorio.

La red es un extraordinario recurso de nuestra época, fuente de relaciones y conocimientos que antes eran inimaginables. Aunque, en general, parece que durante las dos primeras décadas no se haya hecho otra cosa que alabar sus ventajas sin percatarse de sus límites, y durante la última no se haya hecho otra cosa que condenar sus límites sin percatarse de sus ventajas, nadie, ni tan solo los que hoy en día se acaloran en vano desplegando retóricas vagamente «ludistas», querría ni sabría en la práctica volver a la época de antes de la llegada de internet. Desde que estuvo disponible, la Iglesia siempre ha tratado de promover su uso al servicio del encuentro entre las personas y de la solidaridad entre todos: el sitio web del Vaticano, consultable en seis idiomas, fue inaugurado en la Semana Santa de 1997 bajo el pontificado de Juan Pablo II, con la finalidad de asegurar una mayor difusión del magisterio pontificio y de la actividad de la Santa Sede; las primeras cuentas de un pontífice fueron abiertas por Benedicto XVI pocas semanas antes de que dimitiera, y yo mismo, a través del Dicasterio para la comunicación, utilizo las redes sociales como instrumento de comunicación, reflexión y evangelización. Los ejemplos de participación creativa en las redes sociales son numerosos en todo el mundo, tanto por parte de comunidades locales como de particulares que dan testimonio de compromiso, de solidaridad y de fe en estas plataformas, a menudo de manera más intensa que la Iglesia institucional, y también existen espléndidas iniciativas educativas y pastorales promovidas por movimientos, comunidades, congregaciones o particulares.

Sin embargo, son ya muchos los expertos que ponen de relieve que la red, sobre todo desde que se ha permitido que su explotación económica y su gestión se concentre en las manos de una pocas corporaciones, es también uno de los ámbitos más expuestos a la desinformación y a la distorsión consciente e intencional de los hechos y de las relaciones interpersonales, que a menudo asume la forma del desprestigio. Entre los más jóvenes, un chico de cada cuatro se ve afectado por algún episodio de ci-

PORQUE LOS DÍAS MEJORES ESTÁN POR VENIR   309

beracoso, y, en general, todos los usuarios están expuestos al peligro
de hacerse la ilusión de que la web puede satisfacer totalmente
sus relaciones sociales, un error que provoca una grave erosión
del tejido social. Todo el mundo conoce la experiencia de familias
que en la mesa, en vez de charlar, se dedican a trastear cada
uno con su móvil, tanto los jóvenes como los adultos (porque
muchos de los que acusan a los primeros de «pasarse el día con el
móvil en la mano» son los primeros que están enganchados). Una
vez más, el meollo de la cuestión es la responsabilidad y la educación:
si bien es cierto que los utensilios son neutros, que el cuchillo
que rebana el pan es idéntico al que rebana la garganta y
que solo la mano que lo empuña marca la diferencia, también lo
es que los medios más dominantes y poderosos requieren una
mayor concienciación, educación y testimonio. El caleidoscopio
de los avatares y la profusión de las pantallas —una palabra que,
empezando por su etimología, indica interposición con la experiencia
real— saben poner en práctica la mirada hipnótica de
la serpiente Kaa en la película de dibujos animados *El libro de la
selva*, socavando lenta pero firmemente la voluntad con la seducción
de lo virtual que toma el lugar de lo real: «Duerme mi niño,
duérmete en paz… Duerme y sueña…». Pero nuestro tiempo no
necesita jóvenes ni adultos «de sofá», o que se limitan a ver pasar
la vida desde el balcón de una pantalla, a «balconear» la vida,
como suelo decir; no necesita sueños que aletargan o marginan,
sino sueños que despiertan, que desafían, que construyen proyectos,
que hacen tomar decisiones, que convierten en protagonistas
a quienes los abrigan.

Tampoco la democracia, esa por la que lucharon nuestros abuelos
en muchos lugares del mundo, parece gozar de buena salud,
expuesta como está también al peligro de una virtualización que
sustituya la participación o la vacíe de significado. En este sentido,
un sistema informativo basado en las redes sociales que se
concentra en las manos de poderosas oligarquías del mundo de

310 ESPERANZA

los negocios solo puede representar un peligro sucesivo que no debe cogernos por sorpresa. Hace más de veinte años, un célebre lingüista ponía en guardia contra las insidias de una interactividad más ilusoria que concreta, dictada por el paradigma comercial, como en las encuestas televisivas intercaladas en los grandes eventos deportivos, decía, en las que entre un anuncio y otro se le pide al espectador que se pronuncie sobre qué deberían hacer el entrenador o el jugador en una situación concreta. El espectador expresa su opinión y se hace la ilusión de que ha participado, de que ha tomado parte en el juego, mientras que en realidad este se desarrollará de manera completamente independiente de su opinión y el jugador y el entrenador harán, ni más menos, lo que quieran y deban hacer.

La democracia no es un televoto, y tampoco un supermercado. Hay que concebir nuevas formas creativas de participación real que no sean adhesiones a personalizaciones populistas o idolatría del candidato de turno —eso es precisamente lo que al final causa el aumento del abstencionismo—, sino implicación ideal y concreta en un proyecto de comunidad, en un sueño colectivo. Debemos ensuciarnos de nuevo las manos y reapropiarnos de nuestra centralidad, colocar de nuevo al hombre en el centro, no sus mercancías. Porque la alternativa, la opción que ya tenemos delante de un mundo en que el hombre corre el peligro de convertirse en un bien de consumo, es un atentado a la dignidad de la persona, a la integridad de la naturaleza, a la belleza y al derecho a vivir una vida feliz, y también una lenta y constante erosión de los derechos, que a duras penas logran sacar la cabeza de nuestras magníficas cartas constitucionales para aplicarse a la vida concreta.

De la invención de la rueda en adelante, cada época ha estado marcada por la innovación, pero resulta evidente para todos que desde principios del siglo pasado la aceleración científica y tecnológica ha sido extraordinaria y ha dejado de ser solo un proceso lineal para convertirse en exponencial. Se habla de «rapidación», una palabra acuñada por los holandeses para referirse a una progresión geométrica del tiempo que lleva inherente el peligro de no disponer del necesario para detenerse a asimilar, a pensar y a reflexionar, y que está caracterizada por una prisa y una aceleración de la vida que nos vuelve violentos.

A menudo, cada nueva fase, con el entusiasmo y las inquietudes que la acompañan, se ha caracterizado por el debate entre dos categorías, que en el fondo no son más que dos ingenuidades opuestas, que se parecen a las que el semiólogo Umberto Eco definió brillantemente: por un lado, los «apocalípticos», expresión de una actitud hipercrítica y aristocrática con las novedades; por otro, los «integrados», defensores de una visión hiperoptimista, panacea de todos los males.

Hemos asistido a este enfrentamiento muchas veces en nuestra historia reciente. Aunque ahora podrá hacernos sonreír, a finales del siglo XIX y a principios del siglo siguiente tuvo lugar una animada discusión sobre el tema siguiente: ¿los curas pueden montar en bicicleta (que entonces llamaban velocípedo) o no? Más de una diócesis desaconsejó e incluso prohibió su uso, pues consideraban una falta de decoro «contemplar a un sacerdote haciendo cómicas cabriolas para subirse a una bicicleta [...] y circular patosamente con la sotana, a horcajadas sobre el cuadro. El cura ha de guardar la compostura». El debate terminó con la aceptación de la bicicleta como medio de locomoción por excelencia de todo párroco de pueblo o de ciudad.

Mucho más comprometida sería la controversia ética nacida del primer trasplante de corazón efectuado por el cirujano sudafricano Christiaan Barnard en 1967 —por aquel entonces, yo aún era estudiante de teología—, que se resolvió con la adopción de unos criterios comunes para la definición de «muerte cerebral» del donante que se convirtieron en la referencia de todas las legislaciones nacionales.

Tras millones de trasplantes de corazón, que hoy en día son la cotidiana maravilla de la ciencia médica, es la inteligencia artificial la nueva trinchera en el frente de la innovación tecnológica, donde se jugará el futuro próximo de la economía, de la civilización y de la humanidad misma. Se trata de un instrumento extremadamente poderoso que se utilizará cada vez más en innumerable áreas de la actuación humana, de la medicina al mundo del trabajo, de la cultura a la comunicación, de la educación a la política, destinado a influenciar profundamente nuestra manera de vivir, nuestras relaciones sociales y quizá incluso la manera en que concebimos nuestra identidad.

Me inspiré en Romano Guardini, el teólogo cuyas teorías me han echado una mano en más de una ocasión, mientras preparaba el discurso que di sobre este tema ante los líderes de muchos países del mundo en junio de 2024, con ocasión de la reunión extraordinaria del G7 celebrada en Borgo Egnazia, Apulia. Deseaba despejar el campo de las interpretaciones catastrofistas y de sus efectos paralizantes, de la intransigencia que se opone a lo nuevo tratando en vano de conservar un mundo que de todas maneras está condenado a desaparecer, y al mismo tiempo de apelar a nuestra responsabilidad de no perder la sensibilidad ante todo lo que es destructivo y no humano. Sobre todo, en escenarios complejos como este.

Dios ha donado a los hombres su Espíritu con el fin de que los llene «de sabiduría, de prudencia y de habilidad para toda clase de tareas» (Éx 35, 31)»; la ciencia y la tecnología son, pues, productos extraordinarios del potencial creativo de los seres humanos. Pero debemos ser conscientes de que, como dice el antiguo adagio que hace alusión al mito de la espada de Damocles, un gran poder conlleva una gran responsabilidad.

Es indudable que la llegada de la inteligencia artificial representa una auténtica revolución cognitivo-industrial que contribuirá a la creación de un nuevo sistema social caracterizado por transformaciones históricas. Dependerá de nosotros establecer

Mi intervención sobre inteligencia artificial en el G7 de 2024.

qué dirección tomará el uso de este instrumento fascinante y tremendo a la vez, mucho más complejo que los demás, porque la inteligencia artificial puede adaptarse autónomamente a la tarea que se le asigne y, si se proyecta con tal fin, tomar decisiones independientes del ser humano para alcanzar el objetivo prefijado. De acuerdo con Guardini, creemos que cualquier problema de naturaleza técnica, social o política solo podrá afrontarse y resolverse «planteándolo desde el punto de vista humano. Debe brotar una nueva humanidad, dotada de una profunda espiritualidad, de una libertad y una vida interior nuevas».

Un algoritmo no puede decidir la vida y la muerte, y tampoco el desarrollo del pensamiento humano, o la información, que ya tiene que bregar con una especie de contaminación cognitiva, a la que ahora se añade el fenómeno del *deepfake*, es decir, de la creación y difusión de imágenes y voces que parecen perfectamente verosímiles pero que son falsas. Yo mismo he sido objeto de ello. En términos generales, la libertad y la convivencia pacífica están amenazadas cuando los seres humanos ceden a la tentación del egoísmo, de las ansias de beneficio y de la sed de poder.

¿Acabaremos construyendo nuevas castas basadas en el dominio informativo, que generan nuevas formas de explotación, o, por el contrario, sabremos utilizar la inteligencia artificial de modo que genere igualdad y favorezca que se escuchen las numerosas demandas de las personas y de los pueblos?

¿Será la inteligencia artificial otra excusa para la destrucción y la muerte, y aletargará aún más que la locura de la guerra, o sabremos convertirla en un instrumento de justicia, de desarrollo y de paz?

Una vez más, debemos conceder importancia a estas preguntas, abrirles un hueco, hacerlas vivir para que las preguntas nos eduquen en la conciencia y en la responsabilidad.

Depende del hombre convertirse en alimento de los algoritmos o avanzar por el camino conservando intacto el propio señorío y recuperando aquello que es más importante y necesario, el núcleo de cada ser humano, su centro más íntimo: el corazón. Se podría pensar que la sociedad mundial lo está perdiendo, escribí en octubre de 2024 en mi cuarta encíclica, *Dilexit nos*, sobre el amor humano y divino del corazón de Cristo. Solo puede ser signo de un mundo sin corazón ver llorar a las abuelas sin que nos resulte intolerable a todos. Y, sin embargo, es un escándalo al que me he enfrentado demasiadas veces, en demasiados viajes, en demasiadas audiencias, en un mundo desgarrado por conflictos devastadores: ancianas desconsoladas llorando por sus nietos asesinados u obligadas a vagar sin hogar, con miedo, con angustia. No podemos no encarar esta indignidad.

El mundo solo puede cambiar desde el corazón, porque, como nos enseñó el Concilio Vaticano II, los desequilibrios de los que adolece, que vienen de lejos y chapotean en la sociedad líquida de hoy, están conectados con ese desequilibrio más profundo que hunde sus raíces en el corazón humano. El algoritmo que opera en el mundo digital demuestra básicamente que nuestros pensamientos y las decisiones de nuestra voluntad son mucho más convencionales, ordinarios, estandarizados de lo que podríamos pensar. En cierto modo, son fácilmente predecibles, e igual de fácilmente

PORQUE LOS DÍAS MEJORES ESTÁN POR VENIR 315

manipulables. No así el corazón. Somos nuestro corazón porque es lo que nos distingue, lo que nos configura en nuestra identidad espiritual, lo que nos pone en comunión con los demás.

Solo el corazón es capaz de unificar y armonizar nuestra historia personal, que parece fragmentada en mil pedazos. El anticorazón, por el contrario, es un horizonte cada vez más dominado por el narcisismo y la autorreferencialidad, que en última instancia conduce a la apatía, a la depresión, a la «pérdida del deseo», precisamente porque el otro desaparece del horizonte. En consecuencia, nos volvemos incapaces de acoger a Dios, porque, como diría Heidegger, para recibir lo divino debemos construir una «casa de huéspedes», e incluso de acogernos a nosotros mismos, de responder a nuestra esencia más auténtica y verdadera. Si el corazón no vive, escribe Guardini en su análisis del mundo de Dostoievski, «el hombre sigue siendo un extraño para sí mismo».

Ningún algoritmo podrá albergar jamás esos recuerdos de la infancia que conservamos con cariñosa envidia, esas imágenes que parecen dormir en el cofre de nuestra memoria y despertar de nuevo cada vez, tan vívidas como siempre, tal vez al paso de un perfume y la melodía de una vieja canción. Pienso en mi abuela enseñándome a cerrar los bordes de las empanadas con un tenedor, en esas tardes frente a la radio con mi madre, a medio camino entre el juego y el aprendizaje, en la sonrisa que florece en el rostro de mi padre ante mi chiste, en el estremecimiento ante el nacimiento de mi hermana María Elena, en la emoción de cuidar a un pájaro caído del nido o en una margarita deshojada recitando «me quiere, no me quiere». En la era de la inteligencia artificial, no podemos olvidar que la poesía y el amor son indispensables para salvar lo humano. Son, como la infancia, la sal de la tierra: que pierda su sabor, advertía un escritor francés, y el mundo no será más que podredumbre y gangrena. Cuando no se aprecia lo específico del corazón, perdemos las respuestas que la inteligencia por sí sola no puede dar, perdemos el encuentro con los demás, y perdemos la historia y nuestras historias, porque la verdadera aventura personal es la que se realiza desde el corazón. Al final de la vida, esto es lo único que contará.

No se tropieza con el mañana, el mañana se construye, y todos estamos llamados a la responsabilidad de hacerlo respondiendo al proyecto de Dios, que no es otra cosa que la felicidad del hombre, la centralidad del hombre, sin excepciones.

En los albores del que se perfila como un nuevo cambio de época, me es grato recordar las palabras que pronunció Juan Pablo II en el Jubileo del año 2000: «¡No tengáis miedo! ¡Abrid de par en par las puertas a Cristo!». Y si un día los miedos y las preocupaciones os asaltan, pensad en el episodio de las bodas de Caná que cuenta el Evangelio (Jn 2, 1-12) y decíos a vosotros mismos: el mejor vino está por venir. Es una imagen que a un biznieto de campesinos como yo le resulta muy entrañable.

Estad seguros de que la realidad más profunda, más feliz, más hermosa para nosotros y para nuestros seres queridos está por llegar. Y si una estadística os dijera lo contrario, aunque el cansancio os hubiera mermado las fuerzas, nunca perdáis esta esperanza que no puede ser derrotada. Rezad repitiendo estas palabras, y, si no lográis rezar, susurradlas en vuestro interior; hacedlo aunque vuestra fe sea débil, susurradlas hasta creer en ellas, susurrádselo también a los desesperados, a los que tienen poco amor: el mejor vino está por venir.

Mientras la mirada de un niño y las infinitas posibilidades de hacer el bien sigan iluminándonos, mientras permitamos que en nosotros viva la misericordia, todo será posible. Aferrados al ancla de la esperanza, podremos decir con Hikmet que «el más hermoso de los mares es aquel que no hemos navegado. El más hermoso de nuestros hijos aún no ha crecido. El más hermoso de nuestros días aún no lo hemos vivido. Y aquello, lo más hermoso, que quiero decirte, aún no te lo he dicho».

El viento del Espíritu no ha cesado de soplar. Que tengáis buen viaje, hermanos y hermanas.

25

Yo soy solo un paso

La Iglesia siempre tiene futuro. Es curioso: arraiga sus raíces en el pasado, en Cristo vivo, vivo durante su época, en su Resurrección, y en el futuro, la promesa de que Cristo se quedará con nosotros hasta el fin de los siglos. Y en esa promesa se halla el futuro de la Iglesia.

¿La perseguirán? Cuántas veces ya ha sido perseguida...

A veces, aduciendo pretextos, que se había vuelto demasiado frívola, por ejemplo; otras, sin razón alguna: cuántos mártires que de frívolos no tenían nada. Aún hoy sigue habiendo demasiados mártires, asesinados por el mero hecho de ser cristianos. En el siglo XXI, nuestra Iglesia sigue siendo una Iglesia de mártires.

La Iglesia seguirá adelante y, en su historia, no soy sino un paso.

El papado también madurará; espero que también madure mirando hacia atrás, que cada vez más desempeñe el papel del primer milenio.

En la unidad con los ortodoxos, lo cual no significa que los ortodoxos deban convertirse en católicos; hablo de la unidad en el servicio a la que también se refieren las palabras de Juan Pablo II, de la comunión plena y visible de todas las comunidades de cristianos, que es «el deseo ardiente de Cristo», un camino que hay que recorrer sin vacilar.

Sueño con un papado que sea cada vez más servicial y comunitario. Fue especialmente intensa, para mí, la experiencia de julio de 2018 en Bari, el encuentro ecuménico de oración para la paz en Oriente Próximo que tuve con veintidós patriarcas y jefes de las Iglesias y Comunidades cristianas orientales: católicos, ortodoxos, protestantes, todos juntos. Fue precioso.

Esto es el papado: servicio. El título papal que más me gusta es *Servus servorum Dei*, que se pone al servicio de todos y para todos. Cuando dos meses después de la elección me llegó el borrador del Anuario Pontificio, devolví la primera página, esa en la que figuran los títulos que se atribuyen al pontífice: Vicario de Jesucristo, Sucesor del príncipe de los Apóstoles, Soberano, Patriarca... Fuera todo: solo obispo de Roma. Todo lo demás lo pusimos en la segunda página. Me presenté así desde el primer día, sencillamente porque es la verdad. Los demás títulos son verdaderos, añadidos por distintas razones a lo largo de la historia por los teólogos, pero justamente porque el papa era y es el obispo de Roma.

En el mundo contemporáneo se habla a menudo de secularización, pero, como pasa con la persecución, tampoco es la primera vez en la historia. Solo hay que fijarse en el reino de Francia, en los curas secularizados de la corte, en los *Monsieur l'Abbé*: el pastor de la Iglesia, el que huele a sus ovejas, no tiene nada que ver con eso. La Iglesia siempre ha pasado por momentos de secularización; incluso durante las primeras herejías, el arrianismo, por ejemplo, cuyos obispos cortesanos consideraban la política religiosa del emperador la norma suprema a seguir y, compinchados con los emperadores, perseguían a los obispos católicos que no eran arrianos. E incluso antes. Ha pasado muchas veces.

Es cierto que la secularización no es una fotocopia siempre igual, sino algo que se adapta a la cultura del tiempo. Pero no hay más secularización ahora en la Iglesia que en otras épocas.

Actualmente convivimos con elementos científicos, con descubrimientos que tienen que ver con el dominio sobre la vida y la muerte, pero el espíritu mundano, el secular, siempre ha existido. Por eso, en la oración de la Última Cena (Jn 17,11-19), Jesús le pide al Padre que no nos quite del mundo, sino que nos proteja para que no nos convirtamos en gente mundana. La mundanidad espiritual, la manera de vivir mundana que también la Iglesia ha conocido desde sus primeros tiempos —recuérdese la historia de Ananías y Safira en los Hechos de los Apóstoles (Hch 5, 1-11), el matrimonio de la primera cristiandad de Jerusalén que vendió los bienes de la comunidad y se quedó con parte de las ganancias— es la peor peste. Según el teólogo Henri de Lubac, es el peor mal en que puede incurrir la Iglesia, «la tentación más pérfida, la que resurge siempre, insidiosamente». La mundanidad espiritual, escribe en *Meditación sobre la Iglesia*, es «peor aún que aquella lepra infame que, en ciertos momentos de la historia, desfiguró cruelmente la Iglesia», cuando la religión llevaba el escándalo al «santuario mismo y, representada por un papa indigno, ocultaba el rostro de Jesús bajo las piedras preciosas, los artificios y los oropeles»; peor aún que los papas concubinos, dice. Terrible. Es un peligro del que Jesús ya advertía, hasta el punto de que, en la oración que es acto fundacional de la Iglesia, le pidió al Padre que librara de él a sus discípulos.

Es una amonestación que debe dirigirse en primer lugar a los pastores, y luego a todos los demás, porque todos somos la Iglesia, el pueblo de Dios, no las bonitas murallas que lo custodian o lo delimitan.

Si hoy en día las nuevas generaciones declaran tener una relación difícil con la religión, antes de interrogarnos acerca de la secularización deberíamos cuestionarnos nuestro testimonio. Es el testimonio el que mueve los corazones. Ya lo dijo Ignacio de Antioquía, que bien sabía que «es mejor ser cristiano sin decirlo que proclamarlo sin serlo», porque al final de la existencia no se nos exigirá que hayamos sido *creyentes*, sino *creíbles*.

La Iglesia debe crecer en creatividad, en comprensión de los retos de la contemporaneidad, abrirse al diálogo y no encerrarse en el miedo. Una Iglesia cerrada, asustada, es una Iglesia muerta. Hay que confiar en el Espíritu, que es el motor que guía a la Iglesia y que siempre se hace notar. Fijémonos en el relato del Pentecostés sobre los apóstoles, que armó un gran jaleo: «De repente, se produjo desde el cielo un estruendo, como de viento que soplaba fuertemente, y llenó toda la casa donde se encontraban» (Hch 2, 2), y todos empezaron a hablar idiomas hasta entonces desconocidos, y salieron. Salieron a la calle. Afuera todo el mundo. Fuera de nuestras zonas de confort. Porque solo esta apertura genera armonía. El Espíritu es el Paráclito, el que sostiene y acompaña en el camino, es un soplo de vida y no un gas paralizante. Un día, mientras predicaba ante doscientos niños, en San Miguel, uno de ellos lo confundió con la palabra «paralítico», y me hizo gracia... Pero esa es precisamente la Iglesia que no debemos ser, una Iglesia estancada, paralizada. Nos corresponde, pues, discernir, comprender lo que la contemporaneidad nos pide, pero teniendo presente que la rigidez no es cristiana, porque niega el movimiento del Espíritu. La rigidez es sectaria. La rigidez es autorreferencial. La rigidez es una herejía cotidiana. Confunde a la Iglesia con una fortaleza, un castillo distante y soberbio que mira el mundo y la vida desde lo alto en lugar de habitar en ellos.

Hay una película que me gusta mucho, y que vuelvo a ver siempre que tengo ocasión, inspirada en un cuento de Karen Blixen, *El festín de Babette*, que además, creo, ha ganado muchos premios. Trata de un pueblo escandinavo, un lugar bastante gris que no brilla precisamente por su alegría, donde la gente está tan obsesionada con las reglas y se ha impuesto tantas que han perdido la cuenta. Hasta que una mujer, Babette, llega para trabajar como criada y revoluciona el pueblo. Cuando Babette descubre que había ganado la lotería antes de irse de París, en lugar de gastarse el dinero para volver a casa, organiza un maravilloso «festín a la francesa» para toda la comunidad. Ese festín insólito —que en un primer momento es visto con recelo— y la generosidad de Babette lo cambian todo, rompen las cadenas, vuelven a asentar las bases de la comunidad, abren a la alegría de la existencia.

Hay que salir de la rigidez, lo cual no significa caer en el relativismo, sino caminar hacia delante, apostar; y hay que huir de la tentación de controlar la fe, porque no se puede controlar al Señor Jesús, que no necesita cuidadores ni guardianes. El Espíritu es libertad. Y la libertad también es riesgo.

La Iglesia que camina será cada vez más universal, y su futuro y su fortaleza llegarán también de Latinoamérica, de Asia, de la India, de África, y eso ya puede apreciarse en la riqueza de las vocaciones. En Indonesia, en Singapur, en Nueva Guinea o en Timor Oriental, en septiembre de 2024 —una experiencia fabulosa, muy importante para mí, con infinidad de niños, de personas que lanzaban sus mantos al paso del vehículo papal a lo largo de los dieciséis kilómetros de trayecto hasta la nunciatura—, encontré asimismo una Iglesia que crece, con identidad propia, hija de una cultura fresca y a la vez profunda, que me ha conmovido. Existen inteligencias muy vivas; los africanos, por ejemplo, tienen una doble inteligencia, la deductiva y la intuitiva, y cuando ambas se encuentran es una maravilla. Incluso en Mongolia, mi viaje apostólico más «excéntrico», en el sentido literal de la palabra («fuera del centro»), y el primero de un pontífice a esa tierra de gran sabiduría donde una pequeña comunidad católica vive en un territorio inmenso, viví una peculiar experiencia de exquisito misticismo gracias a los valores de ese pueblo, que puede mejorarnos a todos sin caer en el proselitismo. Crecemos por atracción, no por proselitismo. Por lo demás, debemos ser conscientes de que hemos pasado de un cristianismo instalado en un marco social hospitalario a un cristianismo «de minoría», o mejor, de testimonio. Y esto requiere la valentía de una conversión eclesial, no de una cobardía nostálgica.

Con este espíritu creé en diciembre de 2024 otros veintiún nuevos cardenales, procedentes de Perú, Argentina, Ecuador, Chile, Japón, Filipinas, Serbia, Brasil, Costa de Marfil, Irán, Canadá y Australia, además de Italia. Para que sean el rostro cada vez más auténtico de la universalidad de la Iglesia. Y con la intención de que el título de «siervo» —este es el sentido del ministerio— eclipse cada vez más al de «eminencia».

La Iglesia los necesita a todos, a cada hombre y a cada mujer; y todos nos necesitamos los unos a los otros.

Nadie es una isla, un yo autónomo e independiente, y el futuro es algo que solo podemos construir juntos, sin apartar a nadie.

Tenemos el deber de mantenernos alerta y conscientes y de vencer la tentación de la indiferencia.

El amor verdadero es inquieto.

Suele decirse que lo contrario del amor es el odio, y es cierto, pero mucha gente no odia con consciencia. Lo contrario más cotidiano al amor de Dios, a la compasión de Dios y a la misericordia de Dios es la indiferencia.

Para acabar con un hombre o una mujer basta con ignorarlos. La indiferencia es agresión.

La indiferencia puede matar. El amor no tolera la indiferencia.

No podemos permanecer con los brazos cruzados, indiferentes, ni con los brazos abiertos, en un gesto de fatalismo. El cristiano tiende la mano.

Hoy más que nunca todo está conectado y hoy más que nunca necesitamos sanar nuestras conexiones: el juicio negativo que llevo en el corazón contra mi hermano o mi hermana, la herida sin cicatrizar, la ofensa no perdonada, el prejuicio sordo, la desconfianza hostil o el rencor que solo me acarreará dolor son un trocito de guerra que llevo dentro, el rescoldo que hay que apagar para que el incendio no se declare y no deje más que cenizas a su paso. Necesitamos conciliar el crecimiento de las innovaciones científicas y tecnológicas con una equidad y una inclusión social cada vez mayores. A la vez que descubrimos nuevos planetas lejanos, debemos descubrir las necesidades del hermano y la hermana que orbitan a nuestro alrededor. Solo la educación en la fraternidad y en la solidaridad efectivas puede superar la «cultura del descarte», que no solo afecta a la comida y los bienes, sino ante todo a las personas marginadas por sistemas tecnoeconómicos en los que, incluso sin darnos cuenta, ya no se prioriza al hombre, sino sus productos.

En la actualidad hay mucha gente que, por distintas razones, no cree que un futuro feliz sea posible. Tomarse en serio esos miedos no significa que sean insuperables. Podemos superarlos siempre y cuando no nos encerremos en nosotros mismos. Frente a la maldad y a la fealdad que nos reserva nuestro tiempo, la tentación es abandonar nuestro sueño de libertad. Nos escondemos en nuestras frágiles seguridades humanas, en nuestras reconfortantes rutinas, en nuestros miedos conocidos. Y, al final, renunciamos al viaje hacia la felicidad de la Tierra Prometida para volver a la esclavitud de Egipto. El miedo es el origen de la esclavitud, el origen de toda dictadura, porque su instrumentalización aumenta la indiferencia y la violencia. Es una jaula que nos excluye de la felicidad y nos roba el futuro.

Pero basta un solo hombre, una sola mujer para que la esperanza renazca, y ese hombre o esa mujer podrías ser tú. Luego, si aparece otro «tú», y otro más, ya podemos hablar de «nosotros».

Para los cristianos el futuro tiene nombre, y ese nombre es esperanza.

Albergar esperanza no significa ser un optimista ingenuo que ignora el drama del mal de la humanidad. La esperanza es la virtud de un corazón que no se encierra en la oscuridad, que no se estanca en el pasado, que no va tirando en el presente, sino que sabe mirar el mañana con lucidez.

Inquietos y alegres: así tenemos que ser nosotros, los cristianos.

La felicidad siempre es un encuentro y los demás son una oportunidad real para encontrarse con Cristo. La evangelización, en nuestra época, será posible a través del contagio de la alegría y la esperanza.

¿La esperanza empieza cuando hay un «nosotros»? No, ya ha empezado con el «tú». Cuando hay un «nosotros», empieza la revolución.

Donde el Evangelio está realmente presente, no su ostentación o instrumentalización, sino su presencia concreta, siempre hay revolución. La revolución de la ternura.

La ternura no es más que eso: el amor que acerca y se materializa; es usar la vista para ver al otro, las orejas para escuchar al otro, para escuchar el grito de los pequeños, de los pobres, de quienes temen al futuro; y escuchar también el grito silencioso de nuestra casa en común, de la tierra contaminada y enferma. Y, después de ver y de escuchar, no se habla, se actúa.

Una vez, un joven universitario me preguntó: en la universidad tengo muchos amigos agnósticos o ateos, ¿qué debo decirles para que se conviertan en cristianos? Nada, le contesté. Lo último que debes hacer es hablar. Antes tienes que actuar, y al ver cómo vives y cómo gestionas tu vida, serán ellos quienes te pregunten: ¿por qué lo haces? Y entonces podrás hablar.

Con mis ojos. Con mis orejas. Con mis manos. Y solo al final con la palabra. En el testimonio de una vida, la palabra es lo último, es la consecuencia. Es igual de importante dejar espacio para la duda.

Si alguien está absolutamente seguro de que ha encontrado a Dios, no me convence. Si alguien tiene la respuesta a todas las preguntas, esa es la prueba de que Dios no está con él. Significa que es un falso profeta, que instrumentaliza la religión, que la utiliza para sí mismo. Los grandes guías del pueblo de Dios, como Moisés, siempre han dejado espacio para la duda.

Hay que ser humilde, dejar espacio al Señor, no a nuestras falsas seguridades.

La ternura no es debilidad: es la verdadera fuerza.

Es el camino que han recorrido los hombres y las mujeres más fuertes y valientes. Recorrámosla, luchemos con ternura y con coraje.

Recorredla, luchad con ternura y coraje… Yo soy solo un paso.

Breve nota del coautor
por Carlo Musso

Por voluntad de su santidad el papa Francisco, esta autobiografía debería haber sido publicada tras su muerte. Pero el nuevo Jubileo de la Esperanza y las necesidades que imponen estos tiempos lo han persuadido a difundir ahora su valioso legado.

El trabajo que conllevó su redacción, fruto de numerosas reuniones, conversaciones, análisis de textos y de documentos públicos y privados, empezó en 2019.

La estructura cronológica avanza a través de los años hasta la ordenación sacerdotal, que ilumina el medio siglo siguiente y toda la época del pontificado, profundamente alimentada por esas raíces. Una cita de Gustav Mahler mencionada en el texto afirma: «La tradición no es la adoración de las cenizas, sino la preservación del fuego». No es un museo, comenta el papa Francisco: la idea de regresar continuamente a las cenizas es la nostalgia de los integristas, pero ese no debe ser el verdadero sentido de la palabra. La tradición es una raíz, indispensable para que el árbol no deje de dar nuevos frutos.

Junto con la imagen de auténtica humildad, si existe una palabra que su figura encarna, que solía venirme a la cabeza en las reuniones y a medida que el trabajo avanzaba, es: ¡adelante! Un hombre nacido en 1936 que solo mira atrás para impulsar su mirada aún más hacia delante.

Asimismo, estas páginas han sido escritas con espíritu de servicio y con el deseo apasionado de transmitir dos de las cosas más duraderas que los seres humanos pueden dejar en herencia: raíces y alas.

En este sentido, su historia es la nuestra.

A pesar de que se haya puesto todo el esfuerzo para evitar errores o imprecisiones, su eventual aparición es exclusivamente atribuible a mí.

Ha sido una larga e intensa aventura por la que siento un profundo sentimiento de gratitud.

Por mi parte, quiero dedicar esfuerzos, errores e imprecisiones a mi abuelo materno, nacido en Piamonte, a quien enviaron a las trincheras del Carso con sus dos hermanos en la Primera Guerra Mundial (solo él regresó), que emigró a Buenos Aires tras la Segunda y fue enterrado en Cochabamba, Bolivia, en un *camp-sant foresté* mucho antes de que yo naciera. Y a mi abuela y mi madre, que no lo vieron volver.

Por eso me llamo Carlo.

CARLO MUSSO, directivo editorial, fue director de no ficción en los sellos Piemme y Sperling & Kupfer, del grupo Mondadori, antes de fundar la editorial independiente Libreria Pienogiorno. A lo largo de su actividad, se ha hecho cargo de muchas de las ediciones con más difusión internacional de los libros del papa Francisco, empezando por el primero, *El nombre de Dios es Misericordia*, publicado en cien países y traducido a treinta y dos idiomas.

Fuentes

TEXTOS

Amicis, Edmondo de, *En el océano*, Buenos Aires, Librería Histórica, 2001.

Baricco, Alessandro, *La esposa joven*, Barcelona, Anagrama, 2022.

Barzini, Luigi, «Gli allucinati», en *Corriere della Sera*, 13 de enero de 1902.

Bauman, Zygmunt, *Comunidad. En busca de seguridad en un mundo hostil*, Madrid, Siglo Veintiuno, 2003.

Borges, Jorge Luis, «Leyenda», en *Elogio de la sombra* (vol. 3 de *Obras completas*), Barcelona, Círculo de Lectores, 1995.

— *El informe de Brodie*, Barcelona, Debolsillo, 2012.

Brecht, Bertolt, «Catón de guerra alemán», en *Poemas y canciones*, Madrid, Alianza Editorial, 2010.

Costa, Nino, *Rassa nostrana, Sal e peiver*, Turín, Viglongo, 1998.

Dostoievski, Fiódor M., «A Natalija Dmitrievna Fonvizina», en *Lettere sulla creatività*, Milán, Feltrinelli, 2005.

— *Los hermanos Karamázov*, Barcelona, Penguin Clásicos, 2015.

Galeano, Eduardo, *Mujeres*, Madrid, Siglo Veintiuno, 2015.

— *El fútbol a sol y sombra*, Madrid, Siglo Veintiuno, 2023.

Guardini, Romano, *Mundo y persona*, Madrid, Encuentro, 2000.

— *Cartas del lago de Como*, Pamplona, Eunsa, 2013.

Hikmet, Nazim, «El más bello de los mares», en *Antología*, Madrid, Visor, 2017.

Lubac, Henri de, *Meditación sobre la Iglesia*, Madrid, Encuentro, 1988.

Mazzolari, Primo, *Se tu resti con noi*, Milán, Paoline, 2000.

— *La parola ai poveri*, Bolonia, Edizioni Dehoniane Bologna, 2016.

Milani, Lorenzo, «Carta a sus jueces», en *No hemos odiado a los pobres: cien cartas en su centenario, 1923-2023*, Madrid, Popular, 2023.

Péguy, Charles, *El pórtico del misterio de la segunda virtud*, Madrid, Encuentro, 2023.

Saunders, George. *Felicidades, por cierto. Algunas reflexiones sobre la bondad*, Barcelona, Seix Barral, 2020.

Scaglione, Fulvio, *Apriamo gli occhi sul volto orrendo della guerra*, en *Terrasanta.net* (1 de marzo de 2018).

Soldati, Mario, *Cartas de Capri*, Barcelona, Bruguera, 1968.

Szymborska, Wisława, «El odio», en *Paisaje con grano de arena*, Barcelona, Lumen, 2019.

Tolstói, Lev, *El poder y la hipocresía*, Valencia, L'Eixam, 2005.

Para la traducción de las citas bíblicas, se ha seguido la edición de la Conferencia Episcopal Española (https://www.conferenciaepis copal.es/biblia/).

CANCIONES

Arauco tiene una pena, compositora original: Violeta Parra; subeditor: Essex Italiana Edizioni Musicali.

L'affondamento del Mafalda, compositor original: Gualtiero Bertelli, Paolo Favorido; editor original: Ossigeno.

L'affondamento della nave Sirio, recogida por Armando Corso.

La guerra di Piero, compositor original y autor de la letra: Fabrizio de André; editor original: La Cascina Ed. Musicali, Leonardi Edizioni.

La tradotta, compositor original: Riccardo Bizzarro; editor original: Ossigeno.

'O sole mio, autor: Giovanni Capurro; compositor original: Eduardo Di Capua, Alfredo Mazzucchi.

Ragazzo mio, compositor original y autor de la letra: Luigi Tenco; editor original: Universal Music Publishing Ricordi.

Rencor, tango, 1932, compositor original: Charlo; autor de la letra: Luis César Amadori.

Samba da Bênção, compositor original: Baden Powell; autor de la letra: Vinícius de Moraes; editor original: Editions 23; subeditor Made in M.

Turandot, compositor original: Giacomo Puccini; compositor original: Franco Alfano; libretistas: Renato Simoni y Giuseppe Adami; editor: Casa Ricordi s.r.l.

Películas

1952 *Don Camilo*, basada en una novela de Giovannino Guareschi; guion: Henri Gustave René Barjavel; guion y dirección: Julien Duvivier; producción: Produzione Film G. Amato.

1953 *Pan, amor y fantasía*, historia y guion: Luigi Comencini; guion: Ettore Margadonna; dirección: Luigi Comencini; producción: Titanus.

1954 *La strada*, historia y guion: Federico Fellini, Tullio Pinelli, Ennio Flaiano; dirección: Federico Fellini; producción: Ponti-De Laurentiis.

Créditos fotográficos

A menos que se indique lo contrario, las fotografías pertenecen al archivo privado del papa Francisco.

P. 17: Mondadori Portfolio
P. 37: Olivier Morin/AFP vía Getty Images
P. 55: Mondadori Portfolio/Archivio GBB
P. 79: Vatican Pool/Getty Images
P. 84: API/GAMMA/Gamma-Rapho vía Getty Images
P. 96: AP/LaPresse
P. 98: OLYCOM/LaPresse
P. 104: Mondadori Portfolio/Archivio GBB
P. 110: Franco Origlia/Getty Images
P. 151: Mondadori Portfolio/Archivio GBB
P. 179: ACI/IMAGO
P. 188: Jesuit General Curia vía Getty Images
P. 202: Daniel Vides/AFP vía Getty Images
P. 214: Vincenzo Pinto/AFP vía Getty Images
P. 230: Osservatore Romano Vatican Media vía Vatican Pool/ Getty Images
P. 235: Alamy/Cordon Press
P. 237: Vatican Media/New York Times/ContactoPhoto
P. 241: Vatican Pool/Vatican Media vía Vatican Pool/Getty Images
P. 250: Vincenzo Pinto/AFP vía Getty Images

P.252: Vatican Pool/Vatican Media vía Vatican Pool/Getty
   Images
P. 257: Andrea Bonetti/Greek Prime Minister's Office vía Getty
   Images
P. 271: Lior Mizrahi/Getty Images
P. 273: Eric Vandeville/Gamma-Rapho vía Getty Images
P. 278: Catholic Press/IPA
P. 291: Vatican Media vía Vatican Pool/Getty Images
P. 295: Franco Origlia/Getty Images
P. 303: Buda Mendes/Getty Images
P. 313: REUTERS/Louisa Gouliamaki

La editorial ha tratado de localizar por todos los medios a los titulares de los derechos de las imágenes que se incluyen en esta
obra. No obstante, se encuentra a plena disposición para resolver
cualquier cuestión planteada por los titulares de posibles derechos no gestionados.

Índice

Introducción. Todo nace para florecer	9
Prólogo	11
1. Que se me pegue la lengua al paladar	15
2. Demasiado llevo viviendo con los que odian la paz	24
3. Los dones de una sana inquietud	42
4. Casi al fin del mundo	53
5. Si somos muchos, mucho mejor	65
6. Como una cuerda tendida	81
7. Jugaba con la bola de la tierra	92
8. La vida es el arte del encuentro	100
9. Los días pasaban volando	109
10. Se reconocieron desde lejos	118
11. Como una rama de almendro	125
12. Devoran a mi pueblo como pan	133
13. Nadie se salva solo	149
14. Que las vibraciones más profundas resuenen en mí	162
15. La única manera de volvernos plenamente humanos	174
16. Como un niño en brazos de su madre	186
17. Para que te acuerdes y te avergüences	205
18. Fuera todos y todos dentro	220
19. Caminando por valles oscuros	233

20. Tu vara y tu cayado me sosiegan 247
21. El escándalo de la paz 262
22. De la mano de una niña irreductible. 276
23. A imagen de un Dios que sonríe 288
24. Porque los días mejores están por venir 299
25. Yo soy solo un paso 317

Breve nota del coautor 325
Fuentes 327
Créditos fotográficos. 331